守望山河

环境资源审判的玄武探索

江苏省南京市玄武区人民法院　编著

人民法院出版社

图书在版编目（CIP）数据
守望山河 ：环境资源审判的玄武探索 / 江苏省南京市玄武区人民法院编著. -- 北京 ：人民法院出版社，2025. 1. -- ISBN 978-7-5109-4418-5
Ⅰ. D927.531.268.4
中国国家版本馆CIP数据核字第2024SL2153号

守望山河——环境资源审判的玄武探索

江苏省南京市玄武区人民法院 编著

责任编辑 杨晓燕 杨 洁
执行编辑 周 敏 李益名
出版发行 人民法院出版社
地　　址 北京市东城区东交民巷 27 号（100745）
电　　话 （010）67550562（责任编辑） 67550558（发行部查询）
65223677（读者服务部）
客服 QQ 2092078039
网　　址 http：//www.courtbook.com.cn
E - mail courtpress@sohu.com
印　　刷 三河市国英印务有限公司
经　　销 新华书店

开　　本 787 毫米×1092 毫米 1/16
字　　数 298 千字
印　　张 19
版　　次 2025 年 1 月第 1 版 2025 年 1 月第 1 次印刷
书　　号 ISBN 978-7-5109-4418-5
定　　价 88.00 元

《守望山河——环境资源审判的玄武探索》
编　写　组

组　长　王劲松

副组长　高　伟

成　员　徐　海　安洪强　赵　佳　党　权

序　一

环境法治是环境治理体系的重要组成部分，环境司法是环境法治实现的基本保障。我国各级人民法院认真落实习近平总书记的重要指示，深入贯彻习近平法治思想和习近平生态文明思想，坚持环境司法创新发展，为进一步提升环境资源案件专业化审判水平，在实践中不断探索，为全球的环境资源司法改革贡献中国智慧和中国方案。

江苏的环境司法工作一直走在全国前列。江苏各级人民法院在江苏省高级人民法院的统一领导和部署下，坚持践行习近平法治思想和习近平生态文明思想，充分发挥环境司法在环境治理中的保障作用，以环境司法体制机制改革为抓手，勇于探索，不断创新，为全国的环境司法改革不断提供“江苏经验”，为我国环境司法的全面创新发展贡献了宝贵的江苏智慧和江苏方案。

本书就是江苏环境司法改革不断创新发展的一个缩影。它以“钟山脚下的守望者”为观察视角，通过讲述玄武法院西南低山丘陵区域环境资源法庭的故事，为我们描绘了一幅富有江苏特色的环境资源司法改革创新的美丽画卷。

玄武法院西南低山丘陵区域环境资源法庭设立以来，深入践行江苏省环境资源“9+1”审判机制改革，始终坚持贯彻“绿色”“修复”“为民”三大理念，着力构建“协调联动”“多元解纷”“专家合作”三项机制，认真落实“司法宣传+以案示警”“司法建议+以案促改”“司法公开+以案释法”三个结合，不断探索生态环境修复性司法机制，建立和完善新型生态文明建设司法保障体系，大力促进环境资源审判机制改革效能的不断释放，工作有声有色，一步一个脚印，取得了令人瞩目的成绩。

本书也是玄武法院西南低山丘陵区域环境资源法庭法官工作的最真实反映。本书收录的环境资源案例客观地展示了玄武法院立足环境审判职能，依法打击各类污染环境、破坏环境资源犯罪活动的生动实践。玄武法院审结了多起在全国、全省范围内有重要影响的典型环境案例，有的案例还被评为影响中国法治实施的十大事件。这些典型案例正体现了这些战斗在环境司法一线的玄武“绿色守望者”的辛勤付出。

优秀的典型案例在司法实践中发挥着重要的释法作用。在法律因其自身的相对抽象性、历史性而无法完全满足现实司法需求时，优秀典型案例可以在一定程度上为同类疑难案件的审理提供借鉴。玄武法院西南低山丘陵区域环境资源法庭审结的各类典型环境资源案例，亦能起到这样的作用。

江苏省的环境资源审判改革是服务保障美丽江苏建设的重要依托，而玄武法院西南低山丘陵区域环境资源法庭则是江苏环境资源审判改革的践行者、探索者。愿玄武法院的环境资源审判工作永远走在探索、创新的路上。

是为序。

王树义*

二〇二四年十二月

* 武汉大学教授，上海政法学院特聘教授，最高人民法院环境资源司法研究中心学术委员会副主任。

序　二

生态文明是新时代中国特色社会主义现代化建设的重要组成部分，习近平生态文明思想和绿色发展理念是新时代中国特色社会主义现代化建设的重要指南，党的二十大报告中指出："中国式现代化是人与自然和谐共生的现代化。"党的二十届三中全会审议通过《中共中央关于进一步全面深化改革 推进中国式现代化的决定》，用专门章节对深化生态文明体制改革作出重大部署，为新时代新征程深化生态文明体制改革、全面推进美丽中国建设指明了前进方向。

法治是生态文明建设行稳致远的重要保障，"坚持用最严格制度最严密法治保护生态环境"①，全面推进和深化环境资源司法保护体制和机制改革是现实需求。2007 年，江苏省无锡市中级人民法院成立环境保护庭开启江苏环境司法专门化改革之路。2012 年，江苏省拓展环境资源案件集中管辖试点。江苏法院始终坚持以问题为导向谋思路，以实践为基础探路径，以改革为抓手求破解，以创新为引领建机制，以社会为主体拓空间。2019 年，环境资源审判机制改革全面纵深推进，积极探索南京环境资源法庭统管全省，9 个基层法院环境资源法庭跨行政区划集中管辖，全生态环境系统整体保护，刑事、民事、行政案件"三合一"专门化审判的内部协调外部联动工作体制机制，着力打造具有时代特点和江苏特色的环境资源"9+1"审判工作体系。2020 年 5 月，中央深化改革委员会办公室专门发文向全国推广介绍。如今，这一体系进一步发展完善，充分展现出江苏法院环境资源审判的生机活力。

玄武法院西南低山丘陵环境资源法庭就是江苏环境资源"9+1"审判

① 中共中央宣传部、中华人民共和国生态环境部编：《习近平生态文明思想学习纲要》，学习出版社、人民出版社 2022 年版，第 2 页。

机制的重要一环。五年来，玄武法院充分发挥审判职能，审结了一系列具有重要影响的环境资源案件，某水务公司污染环境案开出“长江大保护”最严罚单并全额履行入选2023年度中国法治实施十大事件，某航运公司污染环境案被最高人民法院确立为指导性案例并载入联合国环境规划署环境法数据库及门户网站。积极践行环境司法改革实践，以生态修复基地为依托和纽带，在紫金山、老山、南京长江新济洲国家湿地公园、固城湖、石臼湖、赤山湖等自然保护区建成14个法治文化弘扬地标区，为社会公众打造环境资源保护实践中心，构建了多元参与、跨域协同的环境司法协作格局，积累了丰富的司法实践做法和经验。

玄武法院在西南低山丘陵环境资源法庭成立五周年之际，回顾过去，总结典型经验，展望可期未来，精心编写本书，以报告文学多维呈现碧水流声、青山之巅、绿色守望的环境资源司法保护丰富多彩画卷，以抽丝剥茧方式翔实展现南京乃至江苏环境资源审判工作的改革历程。在中国生态环境保护发生历史性转折变化的时代背景下，本书对于生态环境保护中国之治的密码解读具有一定参考意义，在全国各地深入推进环境资源审判改革工作的浪潮中，不失为一个可供观察、借鉴、复制的样本。

江苏位于长江经济带下游长三角地区，对于稳定全国经济大盘、筑牢国家生态安全屏障具有举足轻重的意义。期待江苏法院环境资源审判工作进一步深化“9+1”审判机制的系统改革，勇于担当，开拓创新，与时俱进，不断总结以玄武法院西南低山丘陵环境资源法庭等为典型的基层审判工作经验，探索更加完善的司法体制机制改革成果，谱写“强富美高”新江苏的环境资源司法保护华丽篇章，为中国特色社会主义法治建设，全面提升国家治理体系和治理能力现代化水平，努力构建人与自然和谐共生的人类命运共同体作出应有的贡献。

是为序。

刘亚平*

二〇二四年十二月

* 江苏省高级人民法院原一级巡视员、一级高级法官。

前　言

钟山龙蟠，石头虎踞，长江浩荡，秦淮逶迤；这里自古是东南形胜之地。如果从高空俯瞰，江苏省南京市、句容市辖区范围内低山丘陵起伏、水系交汇连通，南京地区低山缓岗约占地域面积六成，其余为平原洼地及河流湖泊，句容地区地貌特点为“五山一水四分田”，两地整体位于江苏省西南部，从生态功能定位角度被形象地称为西南低山丘陵区域。该生态功能区具有典型的江南地貌，多丘陵、多水、多平原。老山、紫金山、牛首山、云台山、茅山等山脉绵延于此；属长江和秦淮河水系，分布有玄武湖、莫愁湖、固城湖、石臼湖（部分）、赤山湖等众多湖泊；设有老山国家森林公园、南京长江新济洲国家湿地公园、宝华山自然保护区等动植物保护区；以江豚、宝华玉兰为代表的珍稀动植物种群在此繁衍生息。动植物种类丰富，生态环境条件优良。设立于江苏省南京市玄武区人民法院（以下简称玄武法院）的西南低山丘陵区域环境资源法庭坚持以司法之力守护生态之美，人与自然和谐共生的美好画卷在此徐徐展开。

目　录

上篇　玄武法院西南低山丘陵区域环境资源法庭司法护绿侧记

上部　碧水流声

中部　青山之巅

下部　绿色守望

下篇　玄武法院西南低山丘陵区域环境资源法庭工作纪实

上篇　玄武法院西南低山丘陵区域环境资源法庭司法护绿侧记*

* 上篇作者为殷学兵，现供职于南京报业传媒集团。

序　幕

“飞过来了，飞过来了！”

“不错，不错，是黑鸢，是黑鸢！”

“哇，这么多，好大一群！”

2024 年 10 月 22 日上午 9 时，江苏省南京市鼓楼区滨江路三汊河口，成群结队的黑鸢聚集在眼前的江面上，时而盘旋翻飞，时而俯冲觅食，吸引了不少路人驻足观看。

“去年被红山森林动物园救助并放归的‘黑鸢 5 号’在不在里面呢？”

“不确定，但也有一定可能，因为这段江面也是它喜欢的活动场地之一。”

人群中，鸟类爱好者们对“黑鸢 5 号”流露出特有的关切。

2023 年 3 月，一只黑鸢不幸受伤，被南京市民发现后，获南京水上公安救助，被送到红山森林动物园。经专业养护，黑鸢恢复健康。2023 年 4 月 24 日，工作人员为其背上 GPS“小书包”，命名为“黑鸢 5 号”，将其放归大自然。

根据“小书包”传回的飞行轨迹显示：2024 年，“黑鸢 5 号”已从俄罗斯远东地区一路跨山越海南下，历时 20 天、迁徙 3000 多千米，于近日飞回了它熟悉的南京长江上空；并且在当天上午，已在南京段的潜洲岛、鼓楼滨江沿岸等地欢快地飞了几个来回。

据红山森林动物园的工作人员介绍，自从回到南京，“黑鸢 5 号”告别了长途跋涉的迁徙生活，过上了规律又惬意的休养生息的日子。它每天早上“出门”，沿着长江两岸以及附近的一些河道飞行、觅食，晚上返回南京的家——位于江北的老山森林公园睡觉。

一年未见，小家伙长得怎么样了？两天前，红山森林动物园的工作人员在长江边，恰巧拍到了“黑鸢 5 号”站在江滩上的特写。从照片上看，

“黑鸢 5 号”的外形和 2023 年差不多，背部黄褐色的羽毛还未变色。“2023 年 3 月，它落入长江后被热心市民救起，送到我们这里来治疗休养时，还是一只尚未成年的亚成体。我们估计它当时是一两岁，由于体力不支导致落水。成年黑鸢的羽毛一般会转为黑褐色，我们暂时还不能确定它有没有成年。”红山森林动物园野生动物收容救护中心的工作人员说。

黑鸢，是一种中型猛禽，常栖息于开阔平原、草地、荒原和低山丘陵地带，多以捕食小鸟、鼠类、蛇、蛙、鱼、野兔、蜥蜴和昆虫等动物性食物为生；因其珍稀，被先后列入《世界自然保护联盟濒危物种红色名录》《濒危野生动植物种国际贸易公约附录Ⅰ、附录Ⅱ和附录Ⅲ》和中国《国家重点保护野生动物名录》。

而已为南京市民所熟悉的“黑鸢 5 号”，还是“黑鸢家族”中一只很有探索精神的鸟儿，2023 年和 2024 年两次迁徙，走的路线完全不同，但殊途同归，最终都是回到它“念念不忘”的故乡南京。

在背上 GPS“小书包”后，“黑鸢 5 号”4 次跨海，但走了 4 条不同的线路：2023 年北上是从潍坊飞到葫芦岛，南迁是从大连老铁山飞到烟台蓬莱；2024 年北上则是从威海最东边直接飞到朝鲜，南迁则是从朝鲜半岛最南边飞到上海的长江入海口。

从飞行轨迹看，“黑鸢 5 号”度夏地是俄罗斯远东地区，越冬地则是一定要选择南京的。尽管这次南下跨海后它一度到了上海，到了比南京更南的地方，但它依然心系故土，休整了一夜后就马不停蹄地出发，飞回了它熟悉的南京长江上空。

“黑鸢 5 号”为何对南京情有独钟？“从自然和地理环境来看，国家实施长江大保护后，长江南京段生态环境逐年向好，丰富的鱼类为黑鸢提供了丰盛的食物来源；绵延 35 千米的老山，又有南京‘绿肺’之称，其良好的生态环境，也为它提供了安全又舒适的夜宿环境。再加上近年来南京市民环保意识的增强以及对野生动物的友好与关爱等，这些都是‘黑鸢 5 号’眷念故土的原因。”南京市生态环境局副局长石勇说。2023 年 10 月，南京市生态环境局组织的全域生物多样性本底调查专家组“摸底”后发现，黑鸢在南京已形成总数约 3000 只的稳定种群，成为南京的“常住民”。在长江中下游的城市中，唯独南京拥有庞大的黑鸢种群数量。

“除了黑鸢，近年来，还有不少其他珍稀鸟类，也把南京当成了它们生活的天堂。”一位鸟类爱好者说。进入10月以来，随着气温逐渐转凉，已有部分冬候鸟迁徙的“先头部队”再次莅临南京长江新济洲国家湿地公园。

“看！‘老朋友’又回来了！”10月24日，看到视频监控画面上出现数只东方白鹳身影，南京长江新济洲国家湿地公园管理中心的工作人员发出惊喜的叫声。

东方白鹳属于大型涉禽，是国家Ⅰ级保护动物，野生种群数量稀少，有“鸟类国宝”之称。它们对生存环境要求苛刻，通常被看作当地生态环境持续向好的有力证明。而它们成群现身的地方——南京长江新济洲国家湿地公园，地处长江进入江苏的第一洲，2016年8月获评南京首个国家级湿地公园，也是我国首个长江洲滩型湿地公园。

新济洲湿地内洪泛平原湿地、沼泽地等区域，为东亚—澳大利西亚候鸟迁徙通道上65种越冬候鸟提供了重要的停歇地和越冬地，每年有超过6万只冬候鸟在此栖息繁殖过冬。由沙洲和沙滩逐渐生成的洲滩湿地，为众多迁徙水禽提供了丰富的食物来源和适宜的栖息场所。

新济洲生态监测系统监控显示，约500多只鸬鹚已于2024年10月初最先飞抵新生洲，10日前后，又有近千只斑嘴鸭、绿头鸭落脚新生洲、子母洲、新济洲等。鸬鹚、白鹭、苍鹭等候鸟在新生洲小水塘尽情嬉戏、觅食，它们时而振翅翱翔，时而静静伫立，天、水、鸟相互交织，构成一幅优美灵动的生态画卷。

“10月18日，我们又通过监控系统惊喜地发现20多只‘老朋友’白琵鹭在新生洲聚集、栖息觅食，到22日，白琵鹭数量已超过300只。”南京长江新济洲国家湿地公园管理中心的工作人员说，“24日，我们又通过子母洲、新生洲两处监控发现了几只最先来到新济洲越冬的东方白鹳。”

“老朋友”的到来预示着秋冬候鸟迁徙季已拉开序幕，新济洲一年中最热闹的时候也即将到来。2024年，鸬鹚、白琵鹭、东方白鹳等冬候鸟迁徙到新济洲湿地的时间比2023年早约15天。新济洲“头牌明星”花脸鸭、小天鹅等珍稀鸟类已在飞来的路上，预计会在12月中旬达到峰值。

去冬今春，新济洲国家湿地内共有东方白鹳124只、花脸鸭25580只、小天鹅超过300只，再次刷新历史纪录。东方白鹳、普通鸬鹚、白琵鹭、花脸鸭、罗纹鸭和斑背潜鸭6种水禽在公园范围内已形成稳定的越冬种群，数量均超过全球区域种群数量的1%。2024年年初，洲岛上又新增3种鸟类，分别是小白额雁、黑鹳和红尾歌鸲。目前，园内各类生物资源达1704种，较去年增加约400种。

2024年11月6日，溧水国家级陆生野生动物疫源疫病监测站工作人员在石臼湖沿线和凤中杨村观测点位观测到了大约80只天鹅的绰美身姿，这是今年石臼湖溧水段迎来的首批越冬天鹅。

溧水石臼湖湿地湖面广阔、碧波荡漾、食物丰富，是国家林业和草原局公告的第一批陆生野生动物重要栖息地。秋冬时节，随着水面下降，湖面出现多处滩涂，这正是天鹅喜欢的湿地环境。6日中午，监测人员发现天鹅时，它们正在湖面上休闲游弋，时而梳理羽毛，时而把长长的脖子伸入水中觅食，人、鸟、湖共同构成一幅生机盎然、赏心悦目的生态画卷。

每年11月初，石臼湖都会迎来一批天鹅前来越冬。相比2023年，2024年天鹅早到了1天，但比2022年迟了11天。溧水区林特产技术推广站负责人介绍，这些天鹅的家乡在西伯利亚的格达半岛，在我国南方属冬候鸟，每年跨越山海来石臼湖越冬，具体抵达时间受气温和水位影响，气温在0℃—10℃，就会有大批量天鹅抵达。天鹅对栖息地环境要求非常高。10年前，在石臼湖越冬的天鹅数量仅有1000—2000只，之后数量逐年增加，峰值出现在2020年，那年冬天来了约3万只，近3年来每年有5000多只。

水环境不断改善，“天空之镜”石臼湖成为各种候鸟的天堂，除了天鹅，还有豆雁、灰雁、斑嘴鸭、绿头鸭、琵嘴鸭等各种雁鸭类候鸟，以及东方白鹳、黑脸琵鹭、白头鹤等20余种国家一级、二级保护鸟类。其中，东方白鹳的数量从2021年的6只快速增加到2023年的310只，为近几年来最高监测纪录。

不久前，2023—2024年南京长江江豚省级自然保护区生物多样性动态调查结果发布，评估数量约65头，较2022年本底资源调查结果的62头增长4.84%，调查周期内还观测到母子豚9次……在保护区内江豚种群稳定，江豚数量呈增长趋势。

鸟儿、江豚是检验生态的“晴雨表”，它们成群结队迁徙、洄游而来，是在用美丽的翅膀和灵动的“舞姿”，为南京良好的生态环境点赞。

而在这良好的生态环境背后，除了南京众多的专业环保卫士为之付出不懈努力，还有不少司法工作者，在坚定护佑着身边的绿水青山。其中就有刚被最高人民法院评为“人民法院环境资源审判工作成绩突出集体”的玄武法院西南低山丘陵区域环境资源法庭的法官们，为绘就人与自然和谐共生的优美画卷，他们以法之名、积极履职、守正创新，在法庭内外谱写了一篇篇佑山护水的精彩华章；在积极践行习近平生态文明思想的道路上，走出了坚实的步伐……

上部 碧水流声

发源于“世界屋脊”的长江，全长6300余千米，其干流流经青海、西藏、重庆、江苏、上海等11个省区市，养育了全国32%的人口，创造了全国34%的经济总量，生产了全国33%的粮食，拥有超过全国1/2的内河航运里程……滚滚不息的长江，见证着两岸经济文化的发展变迁，孕育着中华文明代代相传。

然而，一度以来，两岸却有一些化工企业为了自身利益，置长江生态于不顾，将污染的魔爪伸向一江碧水……

第一章　5.2 亿元！开出全国污染环境“最严厉罚单”

一、夜深人静时，附近居民常被刺鼻气味呛醒

让我们把时间拨回到2015年，这年的6月，随着气温的逐渐上升，家住南京市江北新区长芦街道皇厂河码头附近的居民们突然发现，他们经常会在深夜被一股莫名其妙的刺鼻气味呛醒。与此同时，在附近码头干活的工人也证实，确实有一股刺鼻的气味，时不时在夜晚随风飘来，呛人肺腑。对江岸情况比较熟悉的工人怀疑，可能有不法企业偷偷向长江排放污水，于是就近向南京市公安局水上分局长芦派出所报警。

“长江江苏段总长432.5千米，流域面积3.86万平方千米，全省近60%的取水量直接来自长江，江水一旦被污染，后果不堪设想。”时任南京市公安局水上分局长芦派出所教导员的盛国华回忆说，接到报警后，他带队前往附近江岸调查，“因夏季很快到来，长江水位不断升高，为摸清水下情况，我们请来潜水员多次下潜，我本人也下潜了几次，希望能找到排污口。结果虽然发现了3个排水管，但因无法取证确认是不是排污管道，导致调查受阻。直到长江枯水期到来，水位下降，这3根管道显露出来。进一步调查发现，其中一根是排污管道，并怀疑深夜空中弥漫的刺鼻气味，就来自这根排污管。”

长芦派出所立即将调查情况向上级公安部门及环保部门汇报。接到情况汇报，南京市公安、环保等部门沟通后，经过短暂研判，迅速成立专案组，协作推进案件查办。

抽丝剥茧，随着案件侦办的逐步深入，犯罪证据的不断锁定，办案人员确信，长江水的确被污染了。而这个罪魁祸首，就是开办在南京化学工业园区的一家企业——某水务公司。

掌握大量确凿证据后，2017 年 4 月 10 日，南京市公安局水上分局对某水务公司及其相关人员正式立案，这就是后来震动最高人民检察院、公安部、生态环境部的“4·10 污染环境案”。

经查，南京这家水务公司成立于 2003 年 5 月，注册资本 1848 万美元，大股东为某（中国）投资有限公司，经营范围系为南京化学工业园区的排污企业提供污水处理及其他相关服务，属于污水处理国家重点监控企业。

也就是说，某水务公司收集来的企业污水都要通过专业处理并达到国家规定的排放标准才能排放。但该企业在生产经营过程中，为了追求高额利润，并没有这么做。

2014 年 10 月至 2017 年 4 月，某水务公司在部分废水处理系统未运行、重要污水处理设施无法正常使用情况下，多次利用暗管，向长江违法排放低浓度废水、高浓度废水及含有毒有害成分的污泥；人为篡改在线监测仪器数据，逃避环保部门监管，长期向长江超标排放污水；在无危险废物处理资质情况下，接收化工公司属危险废物的化学废液利用暗管违法向长江排放，对长江生态环境造成严重污染。经鉴定，这些违法行为造成生态环境损害数额合计约 4.7 亿元。

令人吃惊的是，这样的违法行为，在这家公司并不鲜见：

——2011 年 8 月 9 日，因超标排放污水被南京市环境保护局罚款人民币 78000 元；

——2012 年 5 月 14 日，因超标排放污水等被南京市环境保护局罚款人民币 30 万元；

——2012 年 12 月 11 日，因超标排放污水被南京市环境保护局罚款人民币 14 万元；

——2013 年 6 月 4 日，因露天堆放污泥及污泥泄漏等被南京市环境保护局罚款人民币 139000 元；

——2013 年 11 月 12 日，因超标排放污水被南京市环境保护局罚款人民币 223500 元；

——2013 年 12 月 10 日，因违规堆放生化污泥填料被南京市环境保护局罚款人民币 61000 元；

——2014 年 6 月 13 日，因超标排放污水被南京市环境保护局罚款人民币 22 万元；

——2014 年 7 月 7 日，因超标排放污水等被江苏省环境保护厅罚款人民币 568203 元；

……

履罚不改，可谓触目惊心！

在最高人民检察院、公安部、生态环境部联合督办下，自 2017 年 4 月起，以郑某庚、浦某东、李某珍为首的 12 名涉案人员陆续归案。

二、追逐高利润，利用暗管偷偷向长江排放污水

在《资本论》中，马克思对资本有过这样一段表述：如果有 10%的利润，它就保证到处被使用；有 20%的利润，它就活跃起来；有 50%的利润，它就铤而走险；有了 100%的利润，它就敢践踏人间一切法律；有 300%的利润，它就敢犯任何罪行，甚至绞首的危险。

某水务公司的这起违法犯罪，正是从追求高额利润开始的！

出生于 1965 年的郑某庚，拥有新加坡国籍。1998 年，郑某庚进入某（中国）投资有限公司下属相关单位工作。因业务能力强，2014 年 9 月，郑某庚被总公司从外地一家下属公司调来某水务公司工作，任总经理。“来之前，总部的领导对我说，南京这边的公司问题比较多，多次被罚款、被媒体曝光，经营状况不是太好；要我到南京上任后，把公司的情况搞清楚，工艺不行就换工艺，人不行就换人……一句话，利润一定要上来。”郑某庚说。公司财务报表显示：他来之前，某水务公司的年利润只有几百万元；他来后，2014 年当年，利润就达 1600 万元。之后的 2015 年、2016 年，分别是 1400 万元、1900 万元；2017 年的目标是 1800 万元，至当年 4 月案发，已创下利润 780 万元……利润一路飙升，某水务公司也成了当地很有名气的“明星企业”。因“业绩”突出，2017 年案发之时，郑某庚正被作为江苏省五一劳动奖章获得者候选人，向社会公示。

但谁也没想到，这些巨额利润，是通过污染江水、严重破坏长江生态环境换来的。

作为郑某庚的部下、原某水务公司运行部经理浦某东，在归案后曾有过这样的交代：2014 年 8 月，郑某庚提前来到南京某水务公司熟悉情况，为了公司效益，郑某庚要求浦某东接收高浓度废水。作为运行部经理，浦某东依职向他汇报了公司当时的设备运行状态和缺损情况，认为接收高浓

度废水，公司实在没法处理。但郑某庚说，他不管这些，他只关心公司效益，因为接收高浓度废水能给公司带来高额利润。浦某东就说，如果接收高浓度废水，只有通过暗管向长江偷排，“这根暗管道，是企业废弃管道，一直没有拆除，是否利用一下。”郑某庚就让浦某东试验一下，看看不经处理的高浓度废水，在总排时检测会不会达标，实验结果显而易见：不合格。郑某庚于是同意，就用这根暗管偷排，并要求大量接收企业生产产生的高浓度废水。

得到郑某庚的明确授意，浦某东便逐层安排员工实施偷排计划，并对相关偷排环节进行现场指导。根据设定的排污计划，接收来的高浓度废水，先放进一个池子里，一部分不经任何处理，直接在夜晚通过通向长江的暗管排放；另一部分通过另外一个管道公开排放，但这个公开渠道装有监测仪器，废水没有经过处理、达不到数据要求，监测仪器就会自动报警。而这个监测仪器，与市环保监测平台相连，一旦接到自动报警，环保执法人员便会上门检查。为应对环保部门检查，唯一办法就是在这个监测仪器上做手脚，人工修改数据，让排放出的废水监测数据，达到监测仪器的“放行”要求，就不会自动报警。

当时，这个自动监测仪器用的是南京某仪器仪表公司的产品。刚开始，郑某庚还对与这家公司的合作表示过异议，但当他听浦某东解释说，这家公司是他们的老合作伙伴，如果再换一家公司的监测仪器，新公司可能会对修改数据的工作不配合时，郑某庚也就默认了。

果然，跟南京某仪器仪表公司提出修改监测仪器的数据要求时，这家公司派驻的现场工作人员为了保证业务，相当配合；为确保检测出来的数据达到要求，他们对监测仪器进行了调整，让虚假数据成功“瞒过”监测仪器的“看管”。“另外，污水进入废水池后，会沉积污泥。这些污泥含有多种有害化学物质，正常情况下要经过脱离、干化处理，再打包运走；直接排放，会对环境造成严重损害。”某水务公司操作工鑫某说，但对污泥进行脱离、干化处理，就要产生成本。为了降低成本，他们就将污泥与废水搅拌在一起再排出。

环保部门现场检测怎么办？“环保部门来取样，如果不达标，我们就向样水里加自来水进行稀释，达标后再把样水给环保部门，总会顺利过关（注：某环保部门因监管失职，相关人员被另案处理）。”

负责对外业务接洽的原某水务公司商务部经理李某珍在洽谈接收高浓度废水时，为打消“供货”单位顾虑，虚构厌氧反应器等高浓度废水处理设施运行情况，虚夸公司对高浓度废水的处理能力，导致大量显著超出环境影响报告规定标准的高浓度废水，源源不断地被送到公司，又在夜深人静之时不经处理偷偷排放。

其间，中央环保督察组也曾来宁督察，事先得到消息后，他们就暂停偷排躲避检查；中央环保督察组离开后，继续如法炮制。

一江净水，就这样被这家公司偷偷污染多年！

三、案情复杂盘根错节，远超办案人员想象

污染长江的犯罪行为必须受到严惩。然而，犯罪事实的认定以及案件的审理，却比想象的还要艰难。

公安部门侦查期间，南京市鼓楼区人民检察院随即成立由检察长任组长的刑事和公益诉讼两个办案组，同时启动刑事审查和公益诉讼调查程序，提前介入该案，从案件定性、犯罪主体、危废排放数量、环境修复等方面提出取证意见。

在检察机关的提前介入下，2017 年 8 月，南京市公安机关以被告单位某水务公司、被告人郑某庚、浦某东、李某珍等 12 人涉嫌污染环境罪，向鼓楼区人民检察院移送审查起诉。

“该案纸质卷宗有 60 余册，电子证据达到 4TB，扣押的书证、物证更是堆满整整一房间，仅是审查证据材料就花费不少时间。”鼓楼区人民检察院第一检察部办案检察官严安说，由于该案涉及的违法事实及证据专业性很强，认定过程十分复杂。

2018 年 1 月 23 日，南京市鼓楼区人民检察院向玄武法院提起公诉，指控被告单位某水务公司以及被告人郑某庚、浦某东、李某珍等 12 人犯污染环境罪。

玄武法院对该案高度重视，当日立案受理后，随即确定由时任党组成员、副院长高伟担任审判长，与黄彦杰、安洪强 2 名法官及 4 名人民陪审员组成大合议庭审理此案。

审判长高伟，中共党员，三级高级法官，先后荣立个人一等功一次、二等功两次、三等功两次，并获评“全国模范法官”“全国优秀法官”

“中国优秀青年卫士”“江苏省杰出青年卫士”“江苏省青年岗位能手”等近20项荣誉称号，具有丰富的审判实践经验。

“也就是从2018年年初起，院党组调整分工，我在玄武法院开始分管环境资源审判工作。虽然办过不少各类案件，但这起案件是我审理的第一个破坏环境资源案件，感觉担子很重。”高伟说。收到检察机关起诉书后，法院随即于2018年1月23日至1月25日，依法向被告单位及各被告人送达起诉书副本，告知权利义务。

2018年1月31日，因被告单位某水务公司的住所地、被告人郑某庚等人的居住地及犯罪行为地均不在玄武区，玄武法院就该案管辖权问题向南京市中级人民法院进行请示。同年2月2日，南京市中级人民法院经研究答复：该案由玄武法院管辖。

后因需补充侦查、追加起诉被告单位和被告人遗漏的犯罪事实，2018年2月6日，鼓楼区人民检察院又向玄武法院借调该案全部侦查卷宗。为保证案件办理效果，2018年4月3日，高伟带领办案人员会同鼓楼区人民检察院、南京市公安局、南京市公安局水上分局相关办案人员，亲临被告单位进行现场勘验，了解起诉书指控的犯罪事实所涉硬件设施及其运行机制、证据保全以及公司运营状况等情况。

“刚进厂区大门，就有一股难闻的气味扑鼻而来，呛得人喘不过气来。”安洪强说，当时的现场情况跟他们想象中的“明星企业”根本对不上号！

鉴于该案案情复杂以及进一步查明案件事实需要，2018年4月15日，鼓楼区人民检察院又以书面形式向玄武法院建议：该案延期审理。玄武法院经研究，同意该案延期审理1个月。

“2018年5月15日，鼓楼区人民检察院复函表示，该案已经侦查终结，建议我院恢复案件庭审。但因检察院还未将案件卷宗送还我院、相关鉴定意见尚未确定，案件审理一时无法恢复。”高伟说。当年6月6日下午，南京市环境保护局组织召开《某水务公司违规排放废水及其污泥环境污染事件环境损害鉴定与评估报告》咨询会，他带领相关办案人员到会，全面详细地了解有关意见，为案件审理做好进一步准备工作；6月19日，南京市中级人民法院召集南京市人民检察院、南京市公安局以及鼓楼区人民检察院、玄武法院等单位召开案件推进会，要求加快推动案件相关事项的鉴定工作。

2018年8月，鼓楼区人民检察院将本案卷宗材料交还玄武法院。同年8月15日，鼓楼区人民检察院就本案作出变更起诉决定书；8月27日，生态环境部南京环境科学研究所就本案相关事项出具司法鉴定意见书。

2018年9月14日，鼓楼区人民检察院作出刑事附带民事公益诉讼起诉书，随后就本案向玄武法院提起刑事附带民事公益诉讼，请求判令被告单位某水务公司在省级以上媒体公开赔礼道歉；同时判令这家被告单位承担生态环境损害相应赔偿责任。

玄武法院随即组织向被告单位、被告人进行送达，并安排被告单位、各被告人的辩护人进行阅卷。被告单位及郑某庚等9名被告人自行委托了律师作为辩护人；对未委托辩护人的3名被告人洪某伟、谷某风、夏某，玄武法院根据刑事案件律师辩护全覆盖试点工作要求，通知法律援助机构为其指定了政治素养高、业务能力强的律师作为辩护人为其出庭辩护。

2018年10月10日，刑事附带民事公益诉讼被告人某水务公司向玄武法院申请缴纳环境生态修复资金。玄武法院审查后，同意该被告单位于10月24日预交了5000万元生态环境损害修复费用。

2018年10月12日下午，南京市中级人民法院再次组织南京市人民检察院、南京市公安局、南京市公安局水上分局、鼓楼区人民检察院、玄武法院相关办案人员，来到被告单位现场勘验了解熟悉案件事实，并对案件审理有关事项进行了研究部署。

2018年10月15日，鼓楼区人民检察院再次作出变更起诉决定书。2018年10月16日，玄武法院组织公诉人、公益诉讼起诉人、各辩护人、刑事附带民事公益诉讼被告人之代理人，围绕案件有关事项召开庭前会议，集中处理了案件程序性事项，明确了案件争议焦点等。考虑被告人郑某庚是新加坡籍人且身体有疾，为保障其诉讼权益，法庭同时征询了他的意见，是否需要为其提供英文翻译及其他合理帮助。郑某庚表示不需要英文翻译，但因其身体原因，庭审过程中说话过多时需要饮水，法庭满足了他的要求。

2018年10月30日，玄武法院正式开庭审理此案。

“本案污染环境的行为时间跨度900余天，涉及的废水处理等知识专业性较强，在法庭调查中发现被告单位内部有关水质超标的往来邮件等新的证据和事实，公诉人还要申请补充调查取证，被告单位也会补充提交新的证据，双方均需合理的时间交换、核实证据。”高伟说。事后，鼓楼区人民检察院按合议庭的要求在补充调查取证时发现，本案存在遗漏偷排大量低浓度废水的重要犯罪事实，于2018年11月19日向玄武法院申请延期审理。为查明案件事实，合议庭研究决定，同意该案延期审理。

2019年3月11日，鼓楼区人民检察院作出宁鼓检诉刑变诉〔2019〕13号变更起诉书，就指控的部分案件事实、适用法律进行了变更。次日，鼓楼区人民检察院就附带民事公益诉讼作出变更诉讼请求决定书。

2019年3月26日至3月30日，玄武法院就该案继续进行公开开庭审理。

“庭审过程中，我们只有3名检察官出庭，而对方有21名辩护律师，阵容庞大。”鼓楼区人民检察院的承办检察官张培华说，对于检察官出示的每一份证据，对方律师都会提出尖锐的反驳意见，庭审过程异常艰难，双方围绕危险废物判定、涉案公司处理工艺、污染认定等问题进行了激烈交锋。

经过长达11天的法庭审理，该案于2019年5月17日对刑事部分作出一审判决并进行了公开宣判，被告单位被判处罚金5000万元，郑某庚、李某珍等12名被告人分别被判处六年至一年不等有期徒刑并处相应罚金。本案庭审引起社会广泛关注，330万人次在线旁听。

“整个庭审过程我一直旁听，感觉组织有序，公开公正。”时任南京市生态环境局法规处处长石勇说。

被告单位以及被告人郑某庚、李某珍不服一审判决，上诉至南京市中级人民法院。2019年10月15日，南京市中级人民法院对该上诉案件作出二审裁定：驳回上诉，维持原判。

“事后整理归档时发现，整个案件卷宗装了七八箱，重两三百千克。”高伟说，为了审清案件，那段时间，合议庭的3名法官及书记员全部放弃节假日，加班加点。

四、创新审理，“最严罚单”全额履行

虽然被告人已经被绳之以法，但“4·10污染环境案”并没有就此终结。

鼓楼区人民检察院在向玄武法院提起的刑事附带民事公益诉讼中，还请求判令某水务公司承担生态环境修复费。为此，检察机关已委托生态环境部南京环境科学研究所组织实地勘察、专家论证 100 余人次，出具了 6 个阶段性鉴定意见，并按照有关规定计算得出某水务公司违法排污行为造成的生态损害赔偿费用应为 4.7 亿元，请求判令某水务公司承担。

"然而，被告单位根本无力承担 4.7 亿元的生态环境修复费用。经委托第三方审计单位，对某水务公司财产状况进行审计，资产评估报告表明，截至 2019 年 11 月 30 日，该公司净资产为负 6.54 万元，已经资不抵债，诉请的生态环境修复费用如果进入强制执行程序，基本是无法执行到位的，不仅难以实现公益诉讼目的，还很可能使该企业被迫宣告破产。另外，被告单位还承担了南京化学工业园区内 100 多家企业生产废水的接管和净化处理工作，如果公司停产，这 100 多家企业一时将无法正常运转，对南京化学工业园区的污染物治理也将产生重大影响，同时也难以对发生的生态环境损害进行积极修复，不利于最大限度维护社会公共利益。"高伟说。案发后，经南京环保部门以及公安机关、检察院机关、法院协同推进处理，某水务公司处理的污水已可以达标排放；某水务公司的控股股东——某（中国）投资有限公司表示，愿意在适当调整赔偿数额的基础上，为某水务公司的赔偿事项提供担保。

"从社会利益最大化的角度考量，采用综合性、可持续性的缓和处理方法，既要求被告单位承担合理的环境损害赔偿责任，又使得该公司能继续为南京化学工业园区服务，并确保受损生态环境的后续修复工作顺利进行，调解解决本案是较好的处理方式。"时任玄武法院党组书记、院长沈湧说。为此，玄武法院在上级法院的指导下，就该案民事部分审理，着重围绕调解展开工作。为确保案件调解协议的有效落实，玄武法院积极引导某（中国）投资有限公司以第三人的身份参与本案民事诉讼，为相关的赔偿义务、生态修复方案的落实提供连带责任担保。

2019 年 5 月 7 日，玄武法院收到了被告单位控股股东某（中国）投资有限公司的调解申请，该公司称其愿意作为第三人申请加入刑事附带民事公益诉讼，并承诺承担连带担保及替代性修复责任，以减轻被告单位某水务公司因违法行为造成的一系列不良影响，并希望能够以调解的方式妥善解决此案。

在某（中国）投资有限公司明确表明态度后，在上级法院的指导下，玄武法院加大了对调解工作的推进力度，4 次组织相关专家学者、环保行政部门人员对双方初步达成的调解方案有关项目的公益性、环保性、可行性、科学性等进行论证，同时加强调解方案的合法性、可强制执行性审查，有针对性地提出修改完善的意见和要求，在初步调解方案的基础上五易其稿，力争调解方案经得起检验，后续执行保障有力。

2019 年 12 月 27 日下午，玄武法院组织公益诉讼起诉人——鼓楼区人民检察院与被告单位、第三人某（中国）投资有限公司就调解方案达成一致意见：某水务公司赔偿生态环境修复费用现金部分人民币 2.37 亿元，某（中国）投资有限公司对该款项承担连带责任；某（中国）投资有限公司于 2023 年 12 月 31 日前完成替代性修复项目资金不少于人民币 2.33 亿元（在南京市辖区内的项目资金人民币 2.1 亿元）的环境治理、节能减排生态环保项目的新建、升级和提标改造，否则须将差额部分以现金方式赔偿。

“这就是‘现金赔偿+替代性修复’的调解方案。涉案企业认罪态度良好，为表示歉意和修复生态环境的诚意，在此之前已经缴纳了 5000 万元生态损害赔偿费用。如今该企业资不抵债，在确保实现部分现金赔偿诉求情况下，综合考虑替代性修复措施抵扣部分赔偿，更有助于长江生态环境保护，这实际上是一个最优方案。”高伟说，替代性修复方案主要包括设立专门基金用于引进国际先进的水处理技术，在南京国际水务中心设立向公众开放的水资源互动学习中心，开展江豚保护公益项目，面向学生设立水处理创新奖项，新建污水处理厂和涉案企业原污水处理厂按 COD（化学需氧量）最高允许排放浓度不超过 45mg/L 的条件建设和提标改造，而国家法定标准为 50mg/L。

2020 年 2 月 6 日，玄武法院在依法公告后制作调解书向各方当事人进行了送达，该案民事部分以调解结案。

“加上刑事罚金 5000 万元，此次污染环境案审理共开出 5.2 亿元‘罚单’。”高伟说。截至 2023 年 11 月，这笔总额 5.2 亿元的全国污染环境“最严罚单”已全额履行。

“感谢法院在民事公益诉讼调解过程中所作的努力，公司将在日后的经营过程中严格管理并接受各方监督，为保护生态环境贡献力量。”某水务公司负责人事后感谢说。

五、经典审判，被载入最高人民法院工作报告

“4·10 污染环境案”的审理，在国内引起强烈反响。

——2019 年，被评为南京法院年度十大典型案件、人民法院环境资源典型案例、第九届中国十大公益性诉讼、中国“司法审判服务保障全面建成小康社会”典型案例。

——2021 年，被载入江苏省高级人民法院工作报告，入选中国法院 2021 年度案例。

——2021 年 3 月 8 日下午，十三届全国人民代表大会四次会议举行第二次全体会议，最高人民法院工作报告中多次提到了江苏法院工作亮点，其中就提到了玄武法院审理的“4·10 污染环境案”。

——2021 年 11 月 2 日，最高人民法院举行新闻发布会，发布《人民法院服务和保障长三角一体化发展司法报告》暨典型案例，“4·10 污染环境案”上榜。

——2023 年 12 月 30 日，《光明日报》发布中国法治实施进程中的十大难忘印记，“4·10 污染环境案”再次榜上有名。

……

全国人大代表、南京市人大常委会主任龙翔表示，“4·10 污染环境案”办得很好，体现了司法办案“三个效果”的有机统一。既很好贯彻了习近平总书记关于把修复长江生态环境摆在压倒性位置，共抓大保护、不搞大开发的指示精神，又坚持实事求是，创新办案方式方法，实现了修复长江生态环境和维护企业发展的共赢。

天津大学法学院院长、讲席教授，中国法学会环境资源法学研究会学术委员会主任孙佑海对“4·10 污染环境案”曾有过专门点评：本案开出了国内污染环境的“最严罚单”。被告超标排污“屡教不改”，在中央环境保护督察“回头看”时被点名要求整改。人民法院在依法通过“最严罚单”惩治、震慑环境污染犯罪的同时，多次组织专家学者和环保行政部门人员论证调解方案，让相关股东承担连带责任，推动“最严罚单”全额履行，实现了生态环境公共利益的有效保护。生态环境司法应当实现治罪和治理并重，做实对生态环境的修复。一方面，通过调解方式引导相关股东

积极履行生态环境保护社会责任，从源头上推动企业绿色发展；另一方面，在作出判决后，也要积极推动裁判的执行，避免只管判决不管执行，造成“天价罚单”空转，实现生态环境的实质性保护和修复。该案件的处理具有重要的示范意义。

全国人大常委会委员、全国人大环资委副主任委员、农工党中央副主席吕忠梅表示：“4·10污染环境案”坚持依法履职理念，在公司缺乏履行能力的情况下，积极引导其股东加入诉讼主动承担责任，并创造性提出“现金赔偿+替代性修复”生态损害赔偿新方式，既打击了违法犯罪行为，维护了人民群众环境权益，又给予企业生存和发展空间，实现了保护长江生态环境、服务经济社会高质量发展和促进区域社会治理的有机统一。

第二章　货运船舶，为降低成本偷偷“排毒”

一、一起劳务纠纷，牵出罕见污染案

在“4·10污染环境案”审理期间，另一起针对长江生态的污染环境案，正悄然进入执法人员的视野。

2019年3月16日下午，繁忙的长江黄金水道，往来船舶不断。其中有一条货运船舶，它就是武汉某贸易公司经营的国某号。

国某号经过长江南京段时，船上突发一起纠纷。“很快，我们就接到了船员报警，便立即驾驶水上巡逻艇赶赴现场处置。”时任南京市公安局水上分局大厂派出所教导员的盛国华介绍说。现场调查时得知，船上有一名员工因工作事宜，与船长发生矛盾，船长欲开除他。这名员工见与船长的纠纷无法调和，就主动提出辞职；辞职后，因他无法离开停泊在江面的船只，民警就让他跟着派出所的巡逻艇一同上岸。

“上岸途中，这名员工突然向我们举报说，国某号偷排机械产生的未经处理的废油水，污染沿途江水和其他自然水域，并称他手上有偷排过程的录音录像。”盛国华说，“保护长江生态，是我们义不容辞的责任。我们一听，随即将他请到派出所进一步了解情况。根据初步掌握的情况，立即向上级部门汇报。”

根据上级部门指示，2019年3月17日，南京市公安局水上分局对此正式立案调查，这就是“3·17污染环境案”。

一起船舶违法偷排废油水污染江水案件，就这样逐渐浮出水面。

经查，武汉某贸易公司于2016年9月29日注册成立后，租赁了武汉某海运公司的船舶国某号，长期从事国内水上货物运输业务。经营期间，该公司根据相关规定，制定了《防止船舶造成污染管理须知》，规定了公司及船舶在防止船舶污染方面的具体制度，明确了公司机务部、船长、船舶轮机部人员在防止船舶舱底废油水污染方面的具体责任。

而实际经营管理过程中，这纸规定对于国某号来说形同虚设。

船舶生产经营过程中产生的废油水，含有大量危害环境和人体健康的污染物质，属于“有毒物质”。按照规定，船舶产生的废油水要统一收集，并交给有处理净化资质的第三方公司进行处理，达到规定的排放标准后才能排放。但自2017年起，国某号轮机部轮机长为了节约成本，使公司利益最大化，并没有执行《防止船舶造成污染管理须知》中关于防止船舶污染的规定，多次指使轮机部管轮、机工等人逃避监管，利用输油管连接水泵，将未经处理的舱底废油水，通过卫生间下水道偷排至长江或自然水域；为应付海事部门监管，又向第三方公司购买接收证明自行填写内容后附在油类记录簿上。时任武汉某贸易公司分管机务部的副总经理孙某某以及国某号船长明知船上的油水分离器没有使用，第三方公司船舶未接收废油水也是弄虚作假，他仍然默许、纵容轮机部人员逃避监管，向自然水域偷排舱底含油废水。

很快，时任武汉某贸易公司分管机务部的副总经理孙某某以及国某号船长向某、船轮机长胡某、船机工长赵某、三管轮刘某、船机工张某等12名涉案人员悉数归案，并被移送至检察机关审查起诉。

二、法槌声声，被告痛心疾首悔不当初

违法必究！

2019年12月31日，南京市鼓楼区人民检察院对被告单位武汉某贸易公司以及被告人孙某某、向某、胡某某等12人以犯污染环境罪，向玄武法院提起公诉；随后，又向法院提起刑事附带民事公益诉讼。

玄武法院受理此案后，立即确定由高伟任担任审判长，与李伟、安洪强2名法官及4名人民陪审员一起组成合议庭，开庭审理此案。

法院经审理查明，武汉某贸易公司通过租赁船舶从事国内水上货物定线运输业务。自2017年起，该公司经营的船舶国某号不执行防止船舶污染的规定，将舱底废油水不经油水分离器处理偷排至长江及近海自然水域，并购买废油水接收证明应付海事部门检查……

法槌声声！

“3·17污染环境案”的审理，对被告单位震动很大！

2020年6月22日，案件审理期间，武汉某贸易公司专门向法院、公

诉机关发来《请求函》，深刻表示：国某号向自然水域非法排污，教训极为深刻，公司已为此付出极为惨重的代价。为杜绝此类事件，案发后，公司已对船舶防污管理进行了全面整改升级，细化了各项管理措施。

——与船长、轮机长等签订防污染责任书，将油污水等处理由船舶负责联系改为由公司和船舶共同联系，并由公司签订处废协议，从接收单位资质上严格把关，杜绝只收钱不收废的情况。目前，公司总经理和15艘船舶的在任船长已签订了防污染责任书，机务副总、机务部长和15位在任轮机长签订了防污染责任书，明确了公司和船舶当事人双方在防污染工作上的责任，将防污染责任落实到具体人员，考核到具体人员。

——公司已发放防污染管理文件16份，传递国内各项防污染法规、标准及公司管理要求，加强岸基及船舶学习、落实，督促船舶将文件学习后签发公司，增强环保意识与管理能力。

——新聘轮机长上船履职前，必须到公司进行防污染培训，合格后方能上船任职。

——要求轮机长定期将防污染法定文书记录放入工作群，便于岸基进行指导和监控；管理人员必须加强对防污染设备及法定文书的严格检查，疫情期间采用视频等远程检查方式。

——加强防污设备的维修保养，要求船舶按规定要求操作使用，案发后共购置价值22万余元的防污设备配件，保障了设备的正常运行。

——公司分别与南京、宁波、马鞍山、张家港等港口7家具有资质的污油水接收单位签订了接收协议。截至2020年5月10日，15艘船舶共计退岸处理69艘次，支出242680元，其中污油水等合法退岸接收63艘次，生活污水接收6艘次。

——案发后至2019年9月，公司重新设计了船舶生活污水储存柜，安排船舶进船厂专门加装了生活污水储存柜装置共17台（套），共投入改造资金145万余元，满足了船舶锚泊、靠泊时生活污水储存要求。

……

“‘3·17污染环境案’发生后，经过1年多的沉淀思考和改进升级，我公司已经充分意识到长江和沿海的环境是重中之重，没有好的环境，我们每个人都是受害者，有了好的环境，我们每个人都是受益者。”武汉某贸易公司通过《请求函》表示，该公司现有船、岸员工300余人，是湖北省武汉市江汉区重点企业之一。近年来，公司在纳税和解决社会就业方面，一直努力履行一个实体企业应尽的责任和义务。国某号排污事件发生以来，公司一直承受着内外部环境的巨大压力，生产经营活动也受到直接和间接的严重影响。武汉某贸易公司的客户均为国内知名的电力、煤炭、钢铁、水泥等大型骨干企业，这类企业对合作方的要求极为严格，其中最基础的前提条件之一，就是合作方不得实施造成较大社会影响的违法犯罪行为。“3·17 污染环境案”发生后，武汉某贸易公司为此背上了沉重的“信誉包袱”。

作为辩解，《请求函》还介绍了武汉某贸易公司在新冠疫情期间的经营困境：2020 年初武汉发生了极为严重的新冠疫情，这令本已运营艰难的公司雪上加霜。因为该公司船舶均为武汉籍，船上有不少武汉和湖北籍船员，故船舶在运行中遇到各种各样的困难。疫情发生后，一是不少港口采用“一刀切”的方式禁止武汉（湖北）籍船舶靠泊码头，或者要求在锚地等待 15 日再靠泊，船舶周转速度缓慢；二是武汉（湖北）籍船舶需要的防疫物资、自修配件、物料难以上船，修理人员也无法上船，致使船舶故障频繁发生；三是船员轮换困难，武汉（湖北）籍船员既下不了船，也上不了船，不少船员情绪烦躁，给船舶安全管理带来巨大压力。即使在这个异常艰难的特殊时期，该公司仍坚持不停工、不停产、不裁员、保订单，克服各种困难给钢厂客户和电厂客户进行原（燃）料保供承运，挽回了部分信誉。但疫情已导致该公司损失巨大，比上一年同期减少营运收入 1768 万元，出现了大幅亏损。即便如此，该公司仍然坚持不裁员、不降薪、不拖欠员工工资，让员工秉承良好的心态与企业共克时艰。

《请求函》同时请求法庭：在认罪认罚的基础上，能对被告单位及相关被告人从轻判罚和量刑；既能起到惩治教育作用，又能最大限度地保护实体企业的正常运行，不让企业的经营出现更大的动荡。为此，被告单位再次为其污染环境行为，真诚地向全社会道歉；并表示要继续深刻反省，做一个守法经营的企业。

三、办成指导性案例，引起联合国环境规划署关注

收到《请求函》后，法院对被告单位武汉某贸易公司的实际经营情况进行了深入探讨和研究，并表示：在判决时，在法律许可的范围内，适当

考虑从轻判罚量刑，以维护企业的正常经营。

2020 年 7 月 16 日，玄武法院对该案作出一审判决：以污染环境罪对武汉某贸易公司判处罚金 4 万元，对被告人向某等 12 人分别判处有期徒刑八个月至一年六个月不等的刑罚，并处罚金。同时，判令该被告单位支付环境损害赔偿费 23750 元及评估费、公告费，合计 33450 元。

一审宣判后，被告单位以及其他被告人皆服判，只有被告人向某提出上诉。南京市中级人民法院审理后认为：

——根据水污染防治法等法律法规，被告单位虽然制定了舱底含油污水等污染环境防治措施，但相关措施在实际运行中流于形式，没有实际执行，用于防治污染的油水分离器不能正常使用。被告单位弄虚作假获取油水分离器水样合格的检测报告、低价购置含油污水接收证明逃避监管。涉案船舶常年定线运输，航线上千千米，随着航程增加必然产生并持续累积含油污水，但含油污水既未经油水分离器处理又未交由有资质的第三方接收。各被告人供述、证人证言及在案物证关于偷排污水行为的方式、时间、参与人员的内容互相吻合，足以认定各被告人实施了将含油污水排至长江及近海水域的污染环境行为。涉案含油污水的性质稳定，涉案船舶常年定线运输，设备、操作规程及含油污水产生机理稳定，舱底残留含油污水与被偷排的污水系同一整体、性状一致，可以取样据以进行污染物性质鉴定。经鉴定，该含油污水系有毒物质。

——涉案污染环境行为系为了被告单位的利益，在公司分管副总经理指使下，由国某号船长、国某号轮机长、机工等多人参与，共同将未经处理的舱底含油污水偷排至驶经的长江及近海水域，应当认定为单位犯罪。武汉某贸易公司违反国家规定，以逃避监管的方式排放有毒物质，严重污染环境，其行为构成污染环境罪。被告人向某等各被告人系单位犯罪中直接负责的主管人员或其他直接责任人员，应当以污染环境罪对其定罪处罚。

——附带民事公益诉讼被告人武汉某贸易公司污染环境，依法应承担生态环境损害赔偿责任。武汉某贸易公司将未经处理的舱底含油污水多次偷排至自然水域，专家意见以虚拟治理成本法量化生态环境损害数额并无不当，武汉某贸易公司对此不持异议。经评估，涉案船舶 5 次将未经处理的舱底含油污水偷排至驶经的长江及近海水域行为造成的生态环境损害数额为 1 万元至 37500 元。公益诉讼起诉人南京市鼓楼区人民检察院取其中间值主张生态环境损害赔偿费用数额，具有法律和事实依据，依法予以支持。公益诉讼起诉人主张的专家评估费用及公告费用，属于为诉讼支出的合理费用，依法予以支持。

2020 年 12 月 23 日，南京市中级人民法院对该上诉案件作出刑事附带民事裁定：驳回上诉，维持原判。

“3 · 17 污染环境案”判决生效后，有关专家表示：该案明确了船舶偷排含油污水案件中，人民法院可以根据船舶航行轨迹、污染防治设施运行状况、污染物处置去向，结合被告人供述、证人证言、专家意见等证据对违法排放污染物的行为及其造成的损害作出认定；认定船舶偷排的含油污水是否属于有毒物质时，由于客观原因无法取样的，可以依据来源相同、性质稳定的舱底残留污水进行污染物性质鉴定。本案裁判对所有航运企业敲响了警钟，有助于督促船舶经营者自觉遵守长江船舶污染防治的各项要求，预防和减少污染行为。

“3 · 17 污染环境案”先后入选南京法院 2020 年度十大典型案件、江苏法院长江司法保护十大典型案例，最高人民法院第 37 批指导性案例，并荣获江苏法院第十七届“金法槌”杯优秀案例特等奖。

2023 年 12 月，“3 · 17 污染环境案”入选联合国环境规划署环境法数据库及相关门户网站。联合国环境规划署环境法数据库是由联合国粮食及农业组织、世界自然保护联盟和联合国环境规划署联合运作的综合性环境法门户网站，面向全球提供环境法相关信息。该案在联合国环境规划署网站发布，对于提升江苏环境司法国际影响力、为环境司法贡献玄武智慧具有十分重要的意义。

第三章　长江禁捕令，岂能成为一张废纸

一、非法捕获大鱼，拍照留念炫耀

有的人向一江碧水伸出魔爪，还有的人则瞄向长江里的鱼类资源，非法捕捞水产品。

玄武法院西南低山丘陵区域环境资源法庭的法官们在案件审理过程中发现，为保护长江生态环境，国家多部门对长江发出10年禁捕令，但仍有人视禁令为儿戏，以身试法。

2018年年底，南京市公安局水上分局下关派出所民警在辖区走访时，当地群众向他们反映说，经常会在凌晨一两点，看到有快艇在江心洲至长江三桥水域活动，而且还戴着头灯等照明工具，估计是在电鱼。

得知这一消息，民警立即警觉起来。因为该水域为国家级水产种质资源保护区，水产品种类丰富；同时也是南京江豚自然保护区，全年禁捕。在此水域内进行电捕鱼，不仅违反禁捕规定，同时也会对濒危物种、国家一级保护动物江豚带来极大的危害。

案情重大，警方迅速成立专案组。“专案组成立后，如何了解电捕鱼团伙的人员信息，掌握他们的活动情况，就成了要解决的首要任务。”组织侦破此案的时任南京市公安局水上分局副局长陈洋说。通过进一步走访调查，专案组得知，该团伙多在深夜作案，遂派出侦查人员，从每天晚上8时开始执法蹲点守候。

时值寒冬，江风凛冽。为了不引起嫌疑人的警觉，侦查人员在寒风中一蹲就是几个小时。根据连续蹲守掌握的信息，专案组确定，这个非法电鱼团伙确实存在。

为进一步固定证据、确定该团伙的分工，专案组通过一系列侦查手段，最终摸清了这一在国家级水产种质资源保护区进行非法捕捞的团伙

构成。

经查，该团伙以犯罪嫌疑人吴某为首，通过驾驶快艇，采用发电机、大功率逆变器及大量电缆线组装成超级电捕鱼工具，在国家级水产种质资源保护区长期进行电捕鱼非法活动，专门捕捞鮰鱼、螺蛳青等价值高的鱼类，对长江渔业资源具有毁灭性破坏。

由于吴某等人驾驶高速快艇，在长江江面贸然实施抓捕极易出现落水伤亡事件，而且容易打草惊蛇，让犯罪嫌疑人逃脱，警方一方面通过跟踪掌握犯罪嫌疑人行动轨迹，另一方面在追查中固定证据，为今后的抓捕和定罪做准备。

一天凌晨，经警方统一部署，多部门协作，出动警力30余人，兵分5路，奔赴各抓捕点待命；随着抓捕命令的下达，各组人员迅速出击，将犯罪嫌疑人吴某等6人抓获，当场查获作案用快艇1艘，缴获电捕鱼工具、鲇鱼等水产品若干。

犯罪嫌疑人到案后，侦查人员立即突击搜查了犯罪嫌疑人的住所、捕鱼存货点，查获了多个大功率发电机、数十米的电缆等专业设备。为延长被捕获鱼类的存活时间，该团伙专门租用了民房修建了一座养鱼池，池中还有未销赃的4条均重20斤的大鱼。

令专案组惊讶的是，就在犯罪嫌疑人被抓获的前两天，他们捕获最大的一条鱼净重105斤，与成年人个头一般，嫌疑人将其捕获后，还专门拍照留念。

锁定犯罪证据后，警方将该案移送给南京市鼓楼区人民检察院审查起诉。

2019年7月，南京市鼓楼区人民检察院就该案向玄武法院提起刑事附带民事公益诉讼，要求以非法捕捞水产品罪，追究吴某、叶某某、马某的刑事责任；以非法掩饰、隐瞒犯罪所得罪，追究张某某刑事责任。

“案件审理过程中，我们发现吴某还是个作案老手，此前的2012年5月，其就曾因违反禁渔期规定进行电力捕捞，被罚款3000元；2014年9月，还曾因犯非法捕捞水产品罪，被南京市鼓楼区人民法院判处罚金人民币12000元。此次作案的快艇就是他出面从常州一家企业专门订制的。”本案审判长高伟说。

法院经审理查明，2019年1月至2月，吴某、叶某某通过共同出资购置摩托艇、吴某购置蓄电池及逆变器，在长江大胜关长吻鮠铜鱼国家级水产种质资源保护区和南京江豚自然保护区范围内，使用自制电捕捞设备，多次捕捞水产品，前后捕捞渔获物800余斤，其中一条青鱼重105斤。马某为渔获物称重、运输提供帮助。张某某在明知吴某所售青鱼是非法捕捞的水产品的情况下，仍两次以25元每斤的价格收购青鱼约600斤，共计付款15000元。

法院经审理认为，吴某、叶某某、马某为谋取非法利益，违反保护水产资源法规，在禁渔区、禁渔期内使用禁用的工具非法捕捞水产品，情节严重，构成非法捕捞水产品罪。吴某多次因非法捕捞水产品受到处罚，主观恶性大，依法对其从严惩处；张某某明知渔获物系非法捕捞得来予以收购，以掩饰、隐瞒犯罪所得罪对其定罪处罚。

2019年11月28日，玄武法院作出一审判决，依法分别判处吴某、叶某某、马某有期徒刑二年六个月至一年六个月不等的刑罚，判处张某某罚金3万元，对扣押的摩托艇、电捕鱼设备等犯罪工具予以没收。

“长江拥有独特的生态系统，是国家重要的生态宝库。水产种质资源保护区，是国家为保护水产种质资源及其生存环境，在具有较高经济价值和遗传育种价值的水产种质资源的主要生长繁育区域，依法划定并予以特殊保护和管理的水域、滩涂及其毗邻的岛礁、陆域。采用电鱼等严重破坏生态环境方式进行非法捕捞，不仅危害渔业资源正常繁殖，还会对生长在水中的鱼虾幼体、微生物等水生态要素造成重大损害，破坏水生态系统平衡，甚至威胁人类自身安全。”高伟说。本案不仅对非法捕捞行为实施者予以严厉惩治，还对明知渔获物来源的收购者依法定罪处罚，体现对非法捕捞犯罪实施全链条打击的立场，彰显了司法保护长江生态环境的决心。

该案的审理，在社会上引起很大反响，获评南京环境资源法庭2020年度十大典型案件。

二、买来遥控无人船，专事非法捕捞

吴某团伙非法捕捞水产品并非个例。

同样以身试法的，还有家住南京市建邺区江心洲的陈某宝。

为利用自身的居住条件，实施在长江捕鱼牟利，陈某宝特地买来皮划艇和遥控无人船，并跟好友万某祥共谋偷捕水产品。

很快，江面上便出现了两个鬼鬼祟祟的身影。

2020年2月26日中午，陈某宝、万某祥一起带着翻板钩、鱼饵等捕鱼工具，驾驶皮划艇，沿着长江悄悄来到位于主航道以东的潜洲岛附近水域。操作遥控无人船，将翻板钩、鱼饵投放江中心，实施非法捕捞活动。没想到在驾驶皮划艇满载而归返程时，被巡逻的南京市公安局水上分局民警抓获，除了扣押捕鱼工具，还有捕捞上岸的10条鲢鱼，共重92千克，时价2392元。

案件不久被移交到检察机关，南京市鼓楼区人民检察院经审查，以陈某宝、万某祥涉嫌非法捕捞水产品罪，向玄武法院提起刑事附带民事公益诉讼。

法院经审理，除了查明上述事实，还查明，案发水域属于国家级水产种质资源保护区及南京长江江豚省级自然保护区，应全面禁止生产性捕捞。

案件审理期间，被告人暨附带民事公益诉讼被告人陈某宝、万某祥主动预交渔业资源和生态环境修复费23000元，并向公益诉讼起诉人支付专家评估费3000元。

2020年6月21日，玄武法院对该案作出一审判决，以非法捕捞水产品罪分别判处陈某宝和万某祥拘役三个月，缓刑四个月，并判令其连带承担渔业资源和生态修复费23000元和专家评估费3000元。

“本案判决生效后，获评最高人民检察院发布的依法惩治长江流域非法捕捞水产品犯罪典型案例。”该案审理法官安洪强说。

“长江捕捞，具有严重的社会危害性。”结合上述两案，江苏省环境资源司法保护专家库专家李大命说。长江拥有独特的生态系统，是国家重要的生态宝库。中国三大水域物种中，长江水域数量最多有350多种、珠江水域有239种、黄河水域有150种。长江拥有特有的珍稀物种，如长江江豚、扬子鳄等。南京长江江豚自然保护区覆盖长江干流南京段90%的地区。这些水生物种不仅是南京人、江苏人的财富，更是人类的财富。非法捕捞严重破坏长江水体生态系统。

同时，电捕鱼对人类、鱼类、生态环境有着巨大的危害。一是容易造成人类慢性中毒。被电击后的鱼，其体内组织腺体会发生变化，这种变化对人体也是有害的。二是对渔业资源造成极大破坏。电极所到之处，大量的鱼被电死。即使没有被电死的鱼，其性腺也被电流破坏，无法再繁殖生育。三是对生态环境严重危害。大量鱼尸沉入水底，腐败变质，影响河流水质。电捕鱼的设备在不断地升级，瞬时输出电压甚至可达上千伏，除了严重危害鱼类的繁殖，更是对生长在水中的小鱼小虾、微生物等生态环境造成毁灭性破坏，严重影响渔业生态的平衡，严重威胁人类生存环境的平衡。

“党的十九大提出强化生态文明建设，促进‘长江大保护’，将保护长江生态资源放在更加突出的位置。”李大命说，近年来，司法机关加大了对非法捕捞的打击力度，办理了一大批非法捕捞水产品案件。然而在这样的大背景下，上述两案被告人依然罔顾国家法律规定和宣传教育，为谋取非法利益，在长江大胜关长吻鮠铜鱼国家级水产种质资源保护区非法捕捞水产品，或明知是非法捕捞的渔获物而予以收购。“吴某等非法捕捞水产品案犯罪持续时间长、次数多、捕获渔获物数量众多，其中一条青鱼更是重达 105 斤，连多年的水产研究员都没有见过这么大的青鱼。试想 105 斤的青鱼都能被轻易电晕，那我们的长江江豚、扬子鳄不是也会成为下一个电击冤魂吗？”

三、无视长江大保护，要求继续履行合同

与上述两案不同，还有的人在用另外一种方式，阻碍长江大保护。

2010 年，南京市浦口区农业农村局与南京某机动车检测有限公司、江苏某投资有限公司签订协议，将长江浦口绿水湾 4000 余亩水域出租给其用于经营农业、养殖业及都市旅游、商业度假开发等，租赁期限 50 年。

江苏某投资有限公司系南京某机动车检测有限公司的关联公司，负责绿水湾区域的经营。2019 年 11 月，家住鼓楼区的张某某与江苏某投资有限公司签订《浦口绿水湾夹江承包合同》，将绿水湾约 2000 亩水域发承包给张某某，用于渔业养殖，期限为 3 年。

后因长江大保护需要，浦口区农业农村局通知江苏某投资有限公司等，要求其承租的全部水域退出养殖，限期完成捕捞、采收。案涉公司收到通知后，就将通知内容告诉张某某，要求他对照通知执行。张某某随后找到浦口区农业农村局，要求继续捕捞养殖，遭到拒绝。

2020 年 3 月 18 日，浦口区农业农村局再次向江苏某投资有限公司等

发出通知，要求其于 2020 年 4 月 10 日前完成水产品捕捞和采收，拆除相关设施等；同年 4 月 1 日，浦口区农业农村局与南京某机动车检测有限公司等商定后解除了之前的协议，并对补偿事宜进行了约定。

之后，浦口区农业农村局接管了绿水湾水域，张某某要求在该水域继续捕鱼未获准许。2021 年 3 月，张某某提起行政诉讼，将浦口区农业农村局诉至玄武法院，要求法院确认浦口区农业农村局 2020 年 3 月 18 日的通知无效，同时判令浦口区农业农村局给予其合理期限继续捕鱼。

法院经审理认为，张某某经催促迟迟未捕捞养殖的水产品，怠于行使自身权利，导致的损失应当自行承担。在国家对长江实施禁捕之后，张某某要求允许其继续捕捞的诉讼请求缺乏法律依据，不应予以支持。2022 年 9 月 14 日，法院判决驳回了张某某的诉讼请求。

判决生效后，有关专家表示，加强长江流域生态环境保护和修复，坚持生态优先、绿色发展，保障生态安全，实现人与自然和谐共生、中华民族永续发展，是长江保护法的原则要求。该案充分发挥行政审判的职能，通过人民法院依法支持和保障行政机关履行行政管理职责，形成落实长江大保护战略、保护长江生态安全的工作合力。

江苏省环境资源司法保护专家库专家李大命也表示，我们不能为了眼前利益，不计后果，以损害我们母亲河长江，损害我们当代及子孙后代生态资源环境的方式获取蝇头小利。同时也提醒其他所有的自然人、法人、非法人组织，增强法治意识、环保意识、责任意识，在发展致富时不忘注重生态资源环境的保护，给子孙后代留下绿水青山！

2024 年 8 月 21 日，南京市中级人民法院发布南京环境资源法庭成立五周年十大典型案例，该案上榜。

中部　青山之巅

生物多样性，是指动物、植物、微生物与环境形成的生态复合体以及与此相关的各种生态过程的总和，它包括生态系统、物种和基因三个层次。

生物多样性，是人类赖以生存的条件，是经济社会可持续发展的基础，是生态安全和粮食安全的保障。

为共同应对日益严重的全球性生物多样性危机，世界各国正在采取一致行动。1992 年，在巴西里约热内卢举行的联合国环境与发展大会上签署了《生物多样性公约》《里约宣言》，在所发布的《地球宪章》中指出，"地球提供了生命演化所必需的条件，生命群落的恢复力和人类的福祉依赖于：保护一个拥有所有生态系统、种类繁多的动植物、肥沃的土壤、纯净的水和清洁的空气的健全的生物圈。资源有限的全球环境是全人类共同关心的问题。保护地球的生命力、多样性和美丽是一种神圣的职责"。

《生物多样性公约》于 1993 年 12 月 29 日正式生效，共有 196 个缔约方，中国是最早的缔约方之一。该公约具有法律约束力，旨在保护濒临灭绝的动植物和地球上多种多样的生物资源。

根据《生物多样性公约》，1994 年 6 月，中国经国务院环境保护委员会同意，由原国家环境保护局会同相关部门发布了《中国生物多样性保护行动计划》。该行动计划的实施，使大量保护生态环境的活动有章可循，有力地促进了我国生物多样性保护工作的开展。

2021 年 5 月，最高人民法院与联合国环境规划署在昆明成功举办了世界环境司法大会，习近平总书记向这次会议致贺信。大会通过了《世界环境司法大会昆明宣言》，提出应对世界环境三大危机的三大法治原则、四项司法举措和三个工作着力点。

2021 年 10 月，中共中央办公厅、国务院办公厅印发了《关于进一步加强生物多样性保护的意见》，同年10月8日，国务院新闻办公室又发表《中国的生物多样性保护》白皮书。

2024年1月18日，生态环境部发布《中国生物多样性保护战略与行动计划（2023—2030年）》，明确我国新时期生物多样性保护战略部署、优先领域和优先行动，为各部门各地区推进生物多样性保护提供指引，进一步明确生物多样性保护“路线图”。

但通过法院审结的案件发现，近年来，仍有不少不法分子为了一己私利，频频威胁生物多样性……

第四章　斩断不法魔爪，推动“人与自然和谐共生”

一、吃野味上“瘾”，护林员监守自盗

在南京市浦口区，有一座国家级森林公园，这就是南京老山国家森林公园，它由老山林场发展而来。

老山是南京的名山之一，山脉最早形成于震旦纪，系淮阳山脉的余脉，它东西长35千米，南北宽15千米，平均海拔250米，总面积80平方千米，其中林地9.4万亩，森林覆盖率达95%以上。

郁郁葱葱的老山，素有“南京绿肺、江北明珠”之美誉，空气中负氧离子含量丰富，是白鹭、苍鹭等鸟类的栖息地，也是中国最大的灰喜鹊驯养基地，拥有动植物资源种数2081种，其中不少被列入国家级保护名录。

为了保护老山的生态环境，推动人与自然和谐共生，南京有关部门对老山生态环境采取了严格的保护措施。但仍有人置若罔闻，对保护区内的野生动物下手。

2021年1月15日，南京浦口警方在老山巡逻时发现，一名男子正在清理动物尸体，随即引起警觉；再到他家中查看，又发现了不少野兔、獐子等动物尸体以及野猪肉和动物内脏。

民警当即将这名男子带回派出所协助调查。令人意想不到的是，这个名叫徐某健的男子，竟然是老山林场的一名护林员，他的职责便是防止乱砍滥伐林木和猎杀野生动物。

“有一次在山中巡查时，无意中发现有人放置的猎捕套逮到动物了，我就心存侥幸带回家，把它吃了，感觉味道很不错。”归案后，徐某健交代说，偶然尝了一次野味后，他便一发不可收拾；为了尝到更多的野味，他悄悄买来了捕猎套，在自己的巡防区域内，开始下套捕杀野生动物。

经查，2019年11月至2021年1月，徐某健在其负责的老山景区新金村光山段护林点附近，使用猎捕套猎杀被俗称为“獐子”的河麂3只、华南兔2只、野猪3只、貉1只。经鉴定，河麂属于国家二级保护动物，华南兔、貉属于国家保护的有重要生态、科学、社会价值的陆生野生动物。

案件被移送到检察机关后，南京市浦口区人民检察院经审查认为，应当以危害珍贵、濒危野生动物罪、非法狩猎罪追究徐某健的刑事责任，随后向玄武法院提起公诉，请求法院依法惩处。

2021年6月4日，“世界环境日”前一天的上午，监守自盗、知法犯法的徐某健站到了法院的被告席上。

“我犯下了大错，对不起社会，我要向社会道歉，我辜负了护林员的职责和使命，破坏了生态环境。”徐某健对自己的违法行为懊恼不已，案发后主动缴纳了野生动物资源修复费47460元。

法院审理后认为，徐某健背弃护林员的职责，猎杀野生动物，应当从重处罚，同时综合考虑他有坦白情节并认罪，遂作出一审判决：以非法狩猎罪，判处徐某健有期徒刑六个月；以危害珍贵、濒危野生动物罪，判处其有期徒刑一年九个月，并处罚金1万元，数罪并罚，决定执行有期徒刑二年，并处罚金1万元；同时对作案工具捕猎套、刀具予以没收。

“对徐某健数罪并罚是因为他捕杀的动物除了貉、华南兔等‘三有动物’外，还有国家二级保护动物獐子，触犯了不同的罪名。”承办法官安洪强介绍说，“捕杀‘三有动物’，根据刑法规定应认定非法狩猎罪，被告人猎杀的野生动物有多种，其中一种是河麂，也就是獐子，根据国家规定属于国家二级保护动物，这种动物是禁止猎杀的，第二个触犯的罪名就是危害珍贵、濒危野生动物罪。法院从严追究其刑事责任，对保护生物多样性起到了较好的警示教育作用。该案获评2021年度江苏法院环境资源审判十大典型案例。”

二、回乡创业走歪路，瞄准珍稀植物下手

同样对野生动植物下手的还有黄某华。

出生于1987年3月的黄某华，老家在四川省筠连县乡大雪山镇四景村。

“老家很穷，大学毕业后，我跟村里人协商，想回到家乡，利用所学

专业，通过养殖带动，助力乡村振兴。”黄某华说。回到家乡后，他和哥哥一起，搞起植物养殖；并在网络平台上开设网店，对外销售。

听说黄某华老家在四川乡下，网聊时，就有人向他打听：“四川那边野生植物品种丰富，你老家有没有桫椤、金毛狗蕨这类植物？”

“有，老家后面山上就有，数量还不少。”黄某华说，“你们问这个什么意思？”

“你看你，守着现成的金饭碗，还四处讨饭。”网友提醒说，“这两种植物的观赏性、药用价值都很好，现在市场行情相当好。你挖来多少，我们就能帮你销售多少。除了付出点人力，没有其他任何成本，钱就到手了。”

听说有这等好事，急于积累资金的黄某华没怎么多想，便开始动手了。2019 年 10 月至 2020 年 12 月，他先后采得 15 株桫椤、9 株金毛狗蕨，通过他的网店进行线上销售，获利 5030 元。

桫椤、金毛狗蕨是国家二级重点保护野生植物。黄某华的网上销售行为，不久被南京市公安局栖霞分局发觉，随即被立案侦查。

2021 年 3 月 25 日，黄某华因涉嫌危害国家重点保护植物罪，被南京市公安局栖霞分局刑事拘留；同年 4 月 30 日，经南京市栖霞区人民检察院批准对其逮捕。涉案桫椤、金毛狗蕨也被及时移送到南京中山植物园，由植物专家养殖保护。

进一步审查后，南京市栖霞区人民检察院以被告人黄某华犯危害国家重点保护植物罪，向玄武法院提起刑事附带民事公益诉讼。

法院经审理，于 2021 年 11 月 30 日对该案作出一审判决：以危害国家重点保护植物罪判处黄某华有期徒刑三年，缓刑四年，并处罚金人民币 1 万元，对其违法所得及扣押在案的桫椤、金毛狗蕨等野生植物予以没收，并判决被告黄某华赔偿生物资源损害费用 43800 元及专家评估费 8000 元。

一审判决后，黄某华服判，没有上诉，其家人也积极帮他缴纳了生态修复费用。

“该案系江苏省首例危害国家重点保护植物刑事附带民事公益诉讼案件。”承办法官赵佳说，涉案桫椤系木本蕨类植物，有“活化石”之称，人工养殖难度大；金毛狗蕨起源于侏罗纪，为大型树状陆生古老蕨类植物，在原始森林中是“辈分”最高的“活化石”，曾和恐龙同时代，在我国主要分布于南方地区，如云贵川、两广一带，具有较高的药用、观赏、食用价值。人为挖掘、移栽野生桫椤、金毛狗蕨极易造成其死亡，危害生物多样性安全。本案以危害国家重点保护植物罪依法追究黄某华刑事责任的同时，判令其对盗采桫椤、金毛狗蕨造成的生态环境损害43800元承担民事赔偿责任，全面追究责任人的法律责任，用最严格制度最严密法治守护生态安全，以司法之力助力生物多样性保护。

“环境公益诉讼是我国环境法治发展的重要成果，是司法保障生态文明建设的重要手段。”有关专家表示，本案的审判，对于保护生物多样性、维护生态系统安全、推进社会绿色发展具有重要意义。

三、因有“枯木逢春”好彩头，干枝杜鹃被盗挖

在玄武法院西南低山丘陵区域环境资源法庭的钟山生态司法展示中心，保存有一把被制成标本的干枝杜鹃，看上去非常不起眼。

“告诉你，别看它就是一把干枝，只要你把它插在水里，用不了几天就能抽芽、长出嫩叶、结出花蕾，绽放出鲜艳的花朵。”法官赵佳说，“我第一次见到这种植物，就感到非常新奇！”

据介绍，杜鹃花在我国有600多种，以西南部和西部最盛，而在寒冷的东北地区则相对稀少。干枝杜鹃学名叫兴安杜鹃，是大兴安岭的旗舰物种，极为耐寒，生命力顽强，干枝可以开花。从播种到第一次开花，兴安杜鹃需5—6年，因其生长十分缓慢，每年只能生长10厘米左右，小小一丛杜鹃，可能已经生长了20多年，非常珍贵。

“就因其拥有‘枯木逢春’的好彩头，近年来很受一些观赏者的追捧，也驱使不法分子疯狂盗挖野生兴安杜鹃，从中谋取不法利益。”玄武法院刑庭副庭长安洪强说。鉴于掠夺性采挖带来的濒危情势，兴安杜鹃在2021年9月被正式列入《国家重点保护野生植物名录》。

野生兴安杜鹃虽然已被列入《国家重点保护野生植物名录》，但仍有一些不法分子在利益驱使下，对它动起歪脑筋。

2022年1月，南京警方接到群众报案，说南京市雨花台区一家花卉市场有人销售干枝杜鹃。干枝杜鹃属国家重点保护植物，南京警方接到报案后，立即展开侦查。

随着侦查的深入，警方发现，不仅在雨花台区这家花卉市场有人销售

干枝兴安杜鹃，在花鸟市场和一些网店，也有人在贩卖这种植物。很快，一条集盗伐、倒卖、零售一条龙的“黑色产业”链浮出水面。

得知国家重点保护野生植物野生兴安杜鹃颇受市场看好，常年生活在大兴安岭、熟悉兴安杜鹃这个特性的刘某松，感觉找到了一条快速“发财致富”途径。为谋取非法利益，2021年10月至2022年1月，刘某松雇用滕某云等人（已另案处理），在黑龙江省大兴安岭地区新林区山间非法采伐野生兴安杜鹃树枝，并以每把（40—50枝）6.5—7.8元不等的价格，出售给开网店的李某楠。刘某松的妻子赵某滢负责帮其打包发货。李某楠网上接单后，以每把7—9元不等的价格对外销售，由刘某松代其发货，从中赚取差价。

经核算，刘某松、李某楠非法收购、出售兴安杜鹃共计21050把。其中，刘某松非法获利约1万元，李某楠非法获利17415元。

在南京市雨花台区某花卉市场从事植物销售的薛某某、徐某、丁某、冯某，对兴安杜鹃的特性和属于国家重点保护植物的情况也十分了解，但他们没能抵挡住利益的诱惑，抱着侥幸心理，也加入了这条贩卖野生兴安杜鹃的违法利益链；陆续从李某楠处购入兴安杜鹃树枝后，再通过线上网店、线下实体店铺等渠道频繁对外零售牟利。其中，薛某某非法收购兴安杜鹃树枝450把，出售400把；徐某非法收购兴安杜鹃树枝350把，出售348把；丁某非法收购兴安杜鹃树枝250把，出售150把；冯某非法收购兴安杜鹃树枝250把，出售240把。

2022年3月9日至4月26日，李某楠、丁某、冯某、刘某松、赵某滢先后被公安机关抓获归案。随后，薛某某、徐某也分别经公安机关电话传唤到案。归案后，这7名涉案人员均如实供述了主要犯罪事实。

办案中发现，野生兴安杜鹃的盗伐和贩卖行为，已给当地生态环境带来了不可逆的伤害。特别是不法分子连根挖起的行为，造成该植物丧失产籽能力，影响天然繁育、扩大种群基数，并加速本地种群老龄化。

“因此，不能‘一放了之’，要督促其履行生态损害赔偿义务，引导其参与社会服务，增强社会责任感，才能避免其再次实施违法犯罪行为。”南京市雨花台区人民检察院副检察长张梅菁说。起诉之前，本案中情节较轻的杨某等6人主动与检察机关进行公益诉讼诉前磋商，参加义务劳动，赔偿生态损害费用合计9万元。鉴于杨某等6人情节较轻，认罪认罚，检察机关作出相对不起诉处理决定。

2023年7月19日，经依法公告后，雨花台区人民检察院对刘某松等7人提起刑事附带民事公益诉讼，认为7人非法采伐、收购、出售国家重点保护野生植物，破坏生态环境，侵害社会公共利益，除犯危害国家重点植物罪，应承担刑事责任外，还应当依法承担民事赔偿责任，合计共同按比例支付生态环境损害赔偿金共计人民币16万余元。

“赔偿费用经专家评估，包括兴安杜鹃养护复壮、幼苗抚育费用和固碳经济损失，合计人民币25.07万元。”时任玄武法院副院长、该案审判长高伟说，“为加强案件的审理，除了3名法官，我们还邀请了4名人民陪审员参与庭审。”

2023年10月，玄武法院公开开庭审理此案。经审理，法院认为，大兴安岭地区处于高寒地带，兴安杜鹃生长缓慢，非法采集兴安杜鹃会影响其自然繁衍生存，危害生物多样性和种质资源丰度。被告人刘某松等7人违反国家规定，非法采伐或收购、出售、运输国家重点保护野生植物，均应当以危害国家重点保护植物罪追究刑事责任，分别判处有期徒刑一年六个月至拘役三个月不等的刑罚，适用缓刑，并处罚金1万元至1000元不等；同时，在杨某等6人已主动赔偿生态环境损害费用9万元基础上，判令刘某松等7人在参与范围内共同承担生态环境损害费用16.07万元，并明确该款用于受损地区的生态环境修复和固碳增汇。一审宣判后，刘某松等7人均未上诉，判决生效。

该案的办理，有力打击了此类犯罪的多发态势，一批非法售卖的网店悄悄关门。一段时间里，花卉市场也不见了“干枝杜鹃”的踪影。

第五章　保护土地资源，依法牢守住耕地保护红线

土地资源，是指已经被人类所利用和在可预见的未来能被人类利用的土地，是人类的生产资料和劳动对象。

党和政府高度重视土地问题，把土地资源定位为参与宏观调控的主要手段。《国务院关于深化改革严格土地管理的决定》下发后，特别是《国务院关于加强土地调控有关问题的通知》的下发，进一步明确了土地管理和耕地保护的责任，明确各级政府是土地管理和耕地保护的第一责任人。各级地方政府和国土资源管理部门加大了对土地管理法的宣传和实施力度，执法部门也加大了对违法用地的查处力度，对农村土地管理尤其是耕地保护作出了巨大努力。但随着经济的发展，污染、破坏土地资源的现象还是一定程度存在……

一、有毒危险废物，村委会竟然“一埋了之”

几年前，在镇江句容，发生过一起村民委员会参与实施的污染环境案件。

2011 年 6 月 17 日，胡某某与句容市后白镇某村村民委员会（以下简称某村委会）签订协议，租赁袁家棚子村土地，成立句容市后白镇中某润滑油经营部进行生产经营。后因债务问题，经营部的厂房及设备被句容市人民法院查封，厂房内遗留废酸、废油脂及固体废物。因长时间无人管理等，厂房内废酸、废油脂等有害废物不断外流，污染周边环境。

“气味很大，周边土地被污染，不少植物都死光了！”附近村民苦不堪言，多次投诉举报。

迫于村民投诉举报压力，2017 年 12 月 11 日，某村委会主任袁某政主持召开村务会，提议将厂房内的露天废物进行挖坑深埋处理，参会两委成

员均无异议，一致同意了这一“一埋了之”的荒唐之举。

2018 年 1 月 9 日上午，袁某政安排陈某驾驶挖掘机在厂房北侧院外挖坑，随即将水泥地上堆放的废酸、废油脂、固体废物全部填埋入坑内，再覆盖掩藏。

原以为，这个问题花点小钱就这么不了了之，没想到一直紧盯不放的句容市环保局再次上门检查时发现，原本厂房内堆放的遗留废酸、废油脂以及固体废物等已经“不翼而飞”。得知某村委会的处理办法，环保执法人员大吃一惊，连连指责：荒唐，太荒唐！

为防止污染扩大、科学消除坑内危险废物，句容市环保局随即责令将危险废物挖出，进行应急处置。之后，从坑内开挖出的废酸、废油脂、含油土壤 700 多吨，被移交给具有危险废物处理资质的企业进行了处理。为此，句容市后白镇人民政府支出处置费用 670 万余元。

事发后，袁某政、陈某主动到公安机关投案自首。不久，该案被移送到检察机关审查起诉。经审查，江苏省句容市人民检察院以某村委会、袁某政、陈某涉嫌犯污染环境罪，向玄武法院提起公诉。

法院经审理认为，一切单位和个人都有保护环境的义务。根据固体废物污染环境防治法规定，处置危险废物的单位和个人，必须采取防扬散、防流失、防渗漏或者其他防止污染环境的措施；不得擅自倾倒、堆放、丢弃、遗撒危险废物。被告单位某村委会、陈某违反国家规定，非法处置危险废物，后果特别严重，构成污染环境罪，系共同犯罪。被告人袁某政系某村委会单位犯罪中直接负责的主管人员，应当以污染环境罪追究其刑事责任。江苏省句容市人民检察院指控事实清楚，证据确实、充分，指控罪名成立，法院予以支持。在共同犯罪中，被告单位某村委会起主要作用，系主犯；被告人陈某起次要作用，系从犯，依法应从轻或减轻处罚。

“根据本案犯罪的事实、性质、情节和对社会的危害程度，结合被告单位和二被告人的认罪悔罪表现，2020 年 12 月 4 日，玄武法院对该案作出一审判决。”本案审判长安洪强说，法院以污染环境罪判处被告单位某村委会罚金人民币 10 万元；被告人袁某政有期徒刑二年，并处罚金人民币 6 万元；被告人陈某有期徒刑一年三个月，缓刑一年六个月，并处罚金人民币 1 万元，禁止其在缓刑考验期内从事与排污或者处置危险废物有关的经营活动。

“村民委员会作为基层群众性自治组织，是社会综合治理体系的重要组成部分，也是美丽乡村建设的重要力量，应不断提升自身的环保意识和法治水平，带头遵守并宣传宪法、法律法规和国家的政策，教育引导村民履行法律规定的义务、爱护环境。”事后，有关法律专家表示，本案中，村民委员缺乏相关法律意识，教训深刻，具有典型的警示教育作用。法院在判处刑罚的同时又禁止被告人在缓刑考验期内从事与排污或者处置危险废物有关的经营活动，体现了环境司法坚持保护优先、预防为主的理念，具有较好的示范意义。

本案获评2021年度江苏法院环境资源典型案例和最高人民法院发布的人民法院依法审理固体废物污染环境典型案例。

二、承租田里取土卖钱，父子双双犯法

耕地是粮食生产的命根子。但法院办案过程中发现，这样的侵害土地的违法行为，仍不时出现。

出生于1990年11月的陈某，是南京市高淳区淳溪街道人，系当地一家土石方公司员工。他的父亲陈某某（另案处理），在2011年左右，从高淳区东坝街道沛桥村租了一块集体土地，用于种植苗木。

2017年上半年，陈某某承包的新沛圩堤防消险工程都需要大量土方，因找不到取土场地，陈某就向其父陈某某提议，干脆就到种植苗木那块承租田里取土。陈某某想了想，同意了儿子陈某的提议，并由陈某利用机械设备前往现场取土。

“取土期间，也有不少人来劝阻，说是集体土地，不能乱取土。”陈某说。但他没有听劝，继续取土。

2018年9月至2020年8月，陈某又利用这块用于种植苗木的承租田，堆放陈某某承包的道路工程所产生的废土。其间，刘某（另案处理）承包的高速公路工程需要土方铺垫路基，陈某将堆放的废土运走后，继续利用机械设备原地取土，供刘某铺垫高速公路路基。

2020年9月，陈某、陈某某又同意张某某，在上述地块上利用机械设备取土，用于水利工程。因附近村民出面阻挠，取土才被迫停止。

陈某的取土行为，很快被村民举报到高淳区综合行政执法局，该局随即派出执法人员前往现场调查。

经委托的南京某数码测绘有限公司现场测绘，上述非法占用的土地总面积计 20.19 亩，其中，耕地面积 19.44 亩、其他农用地面积 0.75 亩，地块开挖深度约 3—5 米。经鉴定，19.44 亩耕地（均为基本农田）种植条件已被严重毁坏。要想土地得到修复，仅土地复垦费一项就需 100 万余元。

案件被移交到公安机关后，2021 年 6 月 5 日，陈某被公安机关电话传唤归案，并如实供述了犯罪事实。

2021 年 12 月 31 日，附带民事公益诉讼原告人南京市高淳区人民检察院，以被告人陈某犯非法占用农用地罪，向玄武法院提起公诉，提出三项诉讼请求：（1）判令被告陈某在 3 个月内对南京市高淳区东坝街道沛桥村沛桥一组涉案地块完成复垦；逾期未能修复或修复未达到验收标准的，由被告陈某承担相应的生态环境修复费用；（2）判令被告陈某承担复垦方案编制费 10 万元；（3）判令被告陈某就破坏耕地资源的行为在国家级媒体上公开赔礼道歉。

为警示教育周边村民，2022 年 5 月 30 日，玄武法院来到案发地现场开庭，随后对该案作出一审判决：（1）被告人陈某犯非法占用农用地罪，判处有期徒刑一年，并处罚金人民币 5 万元；（2）附带民事公益诉讼被告人陈某于本判决生效之日起 10 日内支付土地复垦费 125.276 万元（含复垦方案编制费）；（3）附带民事公益诉讼被告人陈某于本判决生效之日起 30 日内在国家级媒体（《法治日报》《人民法院报》《检察日报》三者任选其一）就其破坏耕地资源的行为向社会公众刊登致歉声明。

一审判决后，陈某不服，提起上诉。二审审理期间，陈某自愿申请撤回上诉。南京市中级人民法院于 2022 年 7 月 21 日作出终审裁定：准许上诉人陈某撤回上诉。

“耕地是宝贵的自然资源，是人类赖以生存的基本资源和条件。民事主体从事民事活动，应当有利于节约资源、保护生态环境。”本案承办法官安洪强说。陈某伙同他人违反土地管理法规，非法占用耕地，改变被占用土地用途，数量较大，造成耕地大量毁坏，构成非法占用农用地罪。陈某等人行为破坏自然资源，造成基本农田丧失种植条件，侵害了社会公共利益，应当对由此造成的损害承担侵权责任。

安洪强表示，本案一体化全面追究责任者的刑事、民事责任，实现对耕地资源的多维保护。在责任者怠于履行土地复垦义务的情况下，积极落实环境资源恢复性司法理念，通过强化土地复垦方案可行性的审查，与公益诉讼起诉人和行政主管部门形成工作合力，判令由责任者承担替代性的土地复垦费用，保障受损的自然资源和生态环境得到有效救济，守住耕地保护司法防线，筑牢粮食安全民生底线。

2023 年 1 月 9 日，该案入选南京法院贯彻实施民法典典型案例（第一批），随后又获评 2022 年度江苏法院环境资源审判典型案例、江苏省自然资源厅通报的典型案件并被收入人民法院案例库。

三、非法采矿，16 人被绳之以法

我国是矿产资源丰富的大国。中华人民共和国成立以来，特别是改革开放后矿业迅速发展，但大规模的矿业开采过程中，会产生大量非经治理而无法使用的土地，也带来了生态环境问题。

2020 年 6 月 3 日，国家发展改革委、自然资源部联合印发《全国重要生态系统保护和修复重大工程总体规划（2021—2035 年）》，对矿业废弃地污染进行生态修复，由此拉开大幕。让人没想到的是，一些不法分子却趁机发起了不义之财。

镇江市京口区雩山关闭的矿山原为山坡露天开采，主要开采建筑用石灰岩，停采后呈现“一面墙”式高陡裸露岩面，高陡边坡残留悬石危岩，造成残留崩塌地质灾害隐患及多处凹陷采坑，同时造成严重的景观破坏和环境污染。

根据废弃露采矿山环境治理工作部署，当地政府对包括雩山关闭矿山在内的废弃宕口，向上级国土资源管理部门提出整治计划。

2013 年 5 月 21 日，镇江市国土资源局致函镇江市京口区政府，同意开展雩山废弃宕口整治工作，并明确工作要求：该项目责任主体为京口区政府，由国土资源局京口分局按照《江苏省矿山地质环境治理项目管理暂行办法》跟踪管理；工程土石方坚持挖填平衡的原则、少量优质石料可适当外运；项目勘察、设计、施工、监理应具备自然资源部地质灾害防治工程相应级别的资质，确保地质灾害隐患得到根治，地质环境得到美化。

雩山废弃宕口整治招标消息一出，家住镇江市京口区谏壁街道大李村一组的朱某某觉得，这是一个发大财的好机会。为确保中标镇江市京口区雩山关闭矿山（一期）地质环境治理项目，2013 年 11 月，朱某某与他人预谋，借用长某机械化公司、中某岩土公司等 10 家公司的资质，采用统一提供投标保证金、统一安排投标报价等方式参与串通投标。当年 12 月 11 日，雩山关闭矿山（一期）地质环境治理项目（工程性质属地质灾害治理工程）开标，结果让朱某某大喜过望：他借用资质的长某机械化公司中标，中标总价 11854857.17 元。

根据招标结果，镇江市京口区谏壁街道办事处作为发包人，随后与长某机械化公司就招标整治项目签订协议。双方约定：项目治理费价款为 11854857.17 元，工程余量资源 17 万立方米，以余量资源处置费作为工程款，发包人施工期间不支付任何形式的工程款，等等。后经朱某某与镇江某水泥有限责任公司（以下简称某水泥公司）董事长、法定代表人佘某某商定，由朱某某给予好处费 200 万元，无地质灾害防治工程资质的某水泥公司与长某机械化公司下属勘察院签订施工项目承包协议，承包施工此次项目的全部工程。而某水泥公司则将该工程实际交给朱某某操作，朱某某与佘某某约定，将开采出的钙含量 52%以上矿石低价销售给某水泥公司。某水泥公司在 2014 年共低价购买矿石 21491.5 吨。

2014 年 1 月至 2016 年 1 月，朱某某将雩山关闭矿山划分为 6 个宕口，或自行组织实施，或收取承包费后将宕口发包给他人实施，着手非法开采建筑用灰岩。经鉴定和会计师事务所分析认定，扣除工程余量资源后，雩山矿山被非法开采建筑用灰岩共计 4685413.17 吨，造成矿产资源破坏，价值为 37483305.36—160850234.13 元。朱某某因此非法获利 25501564.35 元。非法采矿导致现场形成巨型深坑，沟壑纵横，目不能睹。

2020 年 4 月，上级纪委在向当地公安部门交办案件时，公安机关经过紧锣密鼓地侦查，这一非法采矿案件才浮出水面，涉案人员陆续归案，均如实供述上述事实。案发后，除朱某某外，以佘某某为首的 16 人，总计退出赃款 980 万元。

公安机关侦查过程中发现，除了非法采矿，该团伙中的相关人员还涉嫌其他违法犯罪。比如：2009 年年初，朱某某、王某某、聂某经事先预谋，由朱某某负责将王某等人邀至赌场，王某某负责安排场地，聂某负责联系“出老千”的人，通过赌博方式共同骗取王某等人的钱财。后来，聂某就诈骗合作事宜又告诉於某某，於某某又介绍於某华、吴某某，对诈骗分工、获利分配等进行了商讨。同年年初的一天晚上，朱某某、王某某、聂某、於某华、吴某某、龚某某等人，在镇江市京口区谏壁街道工人新村小区一居民楼内，由於某华操作事先购买的遥控筛子、透视隐形眼镜等工具，朱某某、聂某、吴某某等人以“二八杠”的方式参赌，龚某某负责提供赌资“放水”，诈骗王某、朱某顺现金合计10万元，所得款项由朱某某进行分配。

案件由江苏省句容市人民检察院起诉到玄武法院后，法院经审理，于2022年9月22日对该案作出一审判决：以非法采矿罪、串通投标罪、赌博罪、诈骗罪、容留卖淫罪对朱某某数罪并罚判处执行有期徒刑九年，并处罚金人民币三千零一十万七千元；以非法采矿罪判处被告单位雩山公司罚金人民币一千万元；对其他22名被告人分别以非法采矿罪、诈骗罪等判处有期徒刑四年至一年九个月不等，并处一百六十万元至一万元不等的罚金。同时，追缴没收被告人朱某某等人的违法所得，并责令其在参与范围内共同退赔矿产资源损失90866769.75元。

一审宣判后，朱某某、雩山公司等被告提起上诉，南京市中级人民法院裁定驳回上诉，维持原判。

有关专家认为，矿产资源是国家的宝贵财富，是人民群众生产、生活的物质基础，是山水林田湖草沙生命共同体的重要组成部分。盗采矿产资源犯罪不仅破坏国家矿产资源及其管理秩序，妨害矿业健康发展，也极易造成生态环境损害，引发安全事故。雩山关闭矿山地质环境治理项目旨在消除地质灾害隐患、修复生态环境，被告人朱某某等人通过串通投标的方式，以环境治理之名行盗采矿产非法牟利之实，进一步加剧地质灾害风险，反向恶化当地生态环境，社会危害性较一般的非法采矿行为更大。本案依法对被告人朱某某等人、被告单位某水泥公司从严惩处，在对责任主体判处刑罚的同时，注意落实民法典绿色原则及损害担责、全面赔偿原则，依法认定盗采行为主体的民事退赔责任，用最严格制度、最严密法治筑牢维护矿产资源和生态环境安全的司法屏障，彰显了人民法院充分发挥环境资源审判职能作用，助力经济社会高质量发展的司法担当。

第六章 治罪与治理并重，助力经济发展

一、露天堆放危险废物，企业“潜规则”被打破

2019年3月21日14时48分许，江苏省盐城市响水县陈家港镇化工园区内江苏天嘉宜化工有限公司发生爆炸事故，并波及周边16家企业。事故共造成78人死亡、76人重伤，640人住院治疗，直接经济损失19.86亿元。

事故发生后，党中央、国务院高度重视。正赴国外访问的中共中央总书记、国家主席、中央军委主席习近平立即作出重要指示，要求江苏省和有关部门全力抢险救援，搜救被困人员，及时救治伤员，做好善后工作，切实维护社会稳定。要加强监测预警，防控发生环境污染，严防发生次生灾害。要尽快查明事故原因，及时发布权威信息，加强舆情引导。习近平总书记强调，近期一些地方接连发生重大安全事故，各地和有关部门要深刻吸取教训，加强安全隐患排查，严格落实安全生产责任制，坚决防范重特大事故发生，确保人民群众生命和财产安全。①

根据习近平总书记指示，应急管理部、生态环境部分别派出工作组赴现场指导抢险救援和环境监测工作。国家卫生健康委抽调重症医学、烧伤、创伤外科、神经外科和心理干预专家等组成国家级医疗专家组赶赴当地进行医学救援。江苏省委、省政府负责同志现场指挥处置。

2019年3月22日上午，江苏省生态环境厅紧急召开全省化工企业环境安全隐患排查整治专项行动部署会，迅速编制下发《关于开展全省化工企业环境安全隐患排查整治专项行动的紧急通知》，要求各地自即日起至

① 《习近平对江苏响水天嘉宜化工有限公司“3·21”爆炸事故作出重要指示》，载《人民日报》2019年3月23日。

当年5月底，在全省范围内开展化工企业环境安全隐患排查整治专项行动。

在此次专项排查整治行动中，江苏某作物科技公司的污染环境行为，随着环保部门排查整治力度的加大，进入人们的视野。

江苏某作物科技公司于2007年6月注册成立，公司住所在南京市江北新区长芦街道，经营范围为苯醚甲环唑、环丙唑醇的生产、销售等；至2013年底，该公司才实际投产运行。

江苏某作物科技公司经环保部门批复的《200吨/年环丙唑醇、200吨/年苯醚甲环唑农药项目环境影响报告书》载明，危险废物产生量合计1143.75吨/年，危险废物类型主要包括：减压精馏残渣、缩合钾盐、异丙醇回收残渣、DMF吸收残液、废溶剂吸收液、高浓废水精馏前馏、高浓废水精馏釜残、废包装材料、污水处理污泥。2017年，江苏某作物科技公司就产品苯醚甲环唑、环丙唑醇扩大产能，经环保部门批复的《1000吨/年苯醚甲环唑、400吨/年环丙唑醇、200吨/年叶菌唑等6个农药原药及相关产品技改项目环境影响报告书》载明，全厂总产能产生的危险废物总量合计4651.907吨/年，危险废物类型主要包括：工艺废渣/废液、工艺过滤废渣、废溶剂吸收液、三效蒸发废渣、废污泥、精馏废液、废矿物油、废包装材料、废滤袋。江苏某作物科技公司生产中产生的废气污染物主要为二氧化硫、溴化氢、氯化氢、二氯甲烷、甲苯、DMF等。

“为减少成本支出等，自2015年下半年起，江苏某作物科技公司擅自在其厂区内设置露天堆场，用于堆放上述产余物料。”参与侦办此案的时任南京市公安局食药环侦支队副支队长莫军说。

2016年6月起，欧阳某某任江苏某作物科技公司总经理，全面负责公司的日常经营、行政和管理等各项事宜。2016年起，李某某担任江苏某作物科技公司生产经理，后于2018年初改任公司副总经理，主持产品中心工作，负责生产的日常运行工作等。

为满足经营中不断累积的产余物料堆放需要，欧阳某某、李某某等人明知公司的产余物料系危险废物，在露天堆场堆放危险废物违反国家规定、所采取的防范措施达不到危险废物储存标准的情况下，经共同研究决定，于2016年、2017年分次对原露天堆场进行扩建，并指示、安排工人将生产中产生的危险废物以“产品中间体”名义长期堆放、储存在该露天堆场。

因在长期堆放过程中，产余物料中的有毒有害物质时有流失、泄漏、挥发，不仅污染周边土地，还产生了气味扰民等问题，被周边群众多次投诉举报，有关行政部门检查时也多次要求江苏某作物科技公司就露天堆放物料的行为进行整改，但该公司置若罔闻，我行我素。

2019 年 4 月 8 日，江苏省生态环境厅在巡查时，发现江苏某作物科技公司在露天堆场堆放危险废物。为避免环境风险和安全事故的发生，有关行政部门随即责令江苏某作物科技公司将这些危险废物紧急转移到南京某化工供应链服务有限公司、江苏某物流有限公司的仓库内分类存储。

同年 4 月 15 日，南京市公安局江北新区分局对江苏某作物科技公司在露天堆放危险废物立案侦查。很快，该案被移送到检察机关审查起诉。

2020 年初，南京市六合区人民检察院以江苏某作物科技公司、欧阳某某、李某某涉嫌犯污染环境罪，向玄武法院提起公诉。法院在案件审理中，积极协调公安机关、检察机关以及相关行政监管部门，监督被告单位支出 2400 万余元将涉案危险废物全部委托具有危险废物处理资质的企业处理，有效消除环境安全风险。

法院经审理认为，一切单位和个人都有保护环境的义务。根据固体废物污染环境防治法规定，对危险废物的容器和包装物以及收集、储存、运输、处置危险废物的设施、场所，必须设置危险废物识别标志。产生危险废物的单位，必须按照国家有关规定处置危险废物，不得擅自倾倒、堆放。产生危险废物的单位，必须按照国家有关规定制订危险废物管理计划，并向所在地县级以上地方人民政府环境保护行政主管部门申报危险废物的种类、产生量、流向、储存、处置等有关资料。申报事项或者危险废物管理计划内容有重大改变的，应当及时申报。

作为一家生产、销售农药杀菌剂的企业，江苏某作物科技公司为减少成本支出，自 2015 年下半年起，经公司总经理欧阳某某、副总经理李某某等人商议决策，擅自在位于南京江北新区长芦街道的厂区内设置露天堆场，在明知采取的措施达不到危险废物贮存标准的情况下，将经营中产生的 3000 余吨产后废料以“产品中间体”名义长期堆放、储存在露天堆场。在长期堆放过程中，有毒有害物质时有流失、泄漏、挥发。

经审理，2020年6月29日，玄武法院对本案作出一审判决，以污染环境罪判处被告单位江苏某作物科技公司罚金1000万元；判处被告人欧阳某某有期徒刑一年三个月，并处罚金40万元；判处被告人李某某有期徒刑一年，并处罚金15万元。

本案的审判，对相关行业企业以“产品中间体”名义违法堆放、怠于处置危险废物的行为，具有强烈的震慑警示作用，有效引导相关企业形成依法收集、储存、处置危险废物的行业新风，是人民法院用最严格制度最严密法治保护生态环境的生动实践。

本案先后获评2021年度南京法院十大典型案件、2021年度江苏法院环境资源典型案例及江苏法院第四批弘扬中华优秀传统文化典型案例，并入选江苏省高级人民法院公报参阅案例、中国法院2023年度案例和人民法院案例库。

二、从轻处罚，助力企业绿色转型

镇江某碳素焦化公司，是一家集碳素、碳素原料、化工产品等加工、生产、销售为一体的企业。王某华担任该公司董事长、法定代表人，负责公司的全面管理工作；王某担任公司副总经理，负责公司日常经营管理工作；王某飞担任公司副总经理助理，协助王某负责公司环保、安全、运维等工作。

因这家公司在其生产过程中会产生含有二氧化硫、氮氧化物、颗粒物等污染物的烟气，自2020年起，就被镇江市生态环境局确定为重点监测的排污单位，要求其生产过程中所产生的烟气，需经治污设施治理并经过自动监测设施监控方可排放。

但该公司为提高产值、节约成本，在其经营期间并没有按照环保部门的要求执行。为不影响公司生产，2019年的一天，王某与王某飞私下商议，在公司治污设施检修期间不停产，将生产过程中产生的烟气通过旁路排放，以此逃避自动监测设施监控。二人统一意见后，在当年7月左右召开的公司例会上，二人将共同形成方案和盘托出，得到董事长王某华认可。

此后，镇江某碳素焦化公司在其治污设施检修期间，王某或者王某飞安排工作人员关闭 1 号引风机并开启 2 号引风机，将生产过程中产生的烟气不经治污处理引入无治污设施的红砖烟囱排放，或者关闭所有引风机将生产过程中产生的烟气不经过治污处理直接通过煅烧炉顶部的观察孔和空气门排放。2020 年 4 月至 2022 年 6 月，该公司通过这一手段逃避自动监测设施监控，非法排放污染物长达 2300 余小时，违法所得 22 万余元。

本以为自己的所作所为神不知、鬼不觉，没想到在一次环保部门执法检查时还是被抓了个正着，并被移交到公安机关立案侦查。王某、王某飞、王某华随即先后归案，如实供述了犯罪事实。

江苏省句容市人民检察院经审查认为，应以污染环境罪追究被告单位镇江某碳素焦化公司、被告人王某华、王某、王某飞的刑事责任，随即向玄武法院提起公诉。

2024 年 4 月 24 日，玄武法院对该案作出一审判决：以污染环境罪对镇江某碳素焦化公司判处罚金人民币 15 万元；对被告人王某华等 3 人判处有期徒刑一年至拘役六个月不等，缓刑一年至八个月不等，并处 10 万元至 3 万元不等的罚金。

一审宣判后，被告单位镇江某碳素焦化公司及 3 被告人均服判。

“案件审理过程中，我们走访时发现，这是一家很有发展前途的高新技术企业，拥有数十项发明专利、实用新型专利。案发后，被告单位不仅诚恳表示认罪认罚，还积极进行了内部整改，缴纳了生态修复费 100 万余元并退赔了 22 万余元的违法所得；主动开展植树活动，种植具有净化二氧化硫、固碳等有益环境的植物丁香 300 株、绣球 2156 株。同时，该公司还主动申请关停现有煅烧石油焦生产线，投资碳基石墨烯光伏一体化材料及新型复合材料生产项目，推动企业向绿色高端新材料产业转型发展。公司诉讼代表人请求从轻从宽处理，表示公司以后将守法经营，积极回报社会。”本案审判长安洪强说。人民法院坚持治罪与治理并重，结合企业和责任人的认罪悔罪表现，案件审理期间，法院积极引导其结合污染物治理开展生态修复工作、组织企业员工义务植树接受法治教育，并两次现场查勘企业生产情况、与当地党委政府座谈了解企业经营状况和转型升级发展面临的困难和问题。在此基础上，根据从轻从宽的量刑情节，依法追究被告单位及其责任人的刑事责任，在判处刑罚时对责任人适用缓刑，并适度缩短缓刑考验期限，为企业推进绿色化高端化转型发展提供人力和技术支撑，促进企业实现健康高质量发展。

该案的审理，在社会上引起强烈反响。有关企业家表示，“绿色发展是高质量发展的底色，新质生产力本身就是绿色生产力。必须加快发展方式绿色转型，助力碳达峰碳中和”。该案的审理，彰显了司法服务保障新质生产力的责任担当。

三、准确定性，刑行衔接推动涉案企业规范经营

在玄武法院西南低山丘陵区域环境资源法庭审理过的案件中，有一起案件，最终作出了无罪判决，引人注目。

南京某通信公司因生产经营需要，从上海某科技公司大量购进缆膏；缆膏使用后产生的废缆膏大桶和小桶，一直是南京某通信公司付费，由上海某科技公司回收处理。

后因回收成本增加，2016 年下半年，上海某科技公司就不愿回收，导致南京某通信公司的废缆膏小桶大量堆积。为应对检查，南京某通信公司负责安全生产的副总经理张某某安排公司综合管理部经理庞某，将废缆膏小桶作为普通工业垃圾加以处理。事后，经张某某与上海某科技公司协调，上海某科技公司又同意回收部分废缆膏小桶。

2017 年 2 月 17 日，上海某科技公司通知南京某通信公司其不再回收废缆膏小桶。之后，南京某通信公司又安排公司综合管理部，将废缆膏小桶作为普通工业垃圾交给没有危险废物经营资质的南京某物资公司及赵某某个人；公司综合管理部总务课课长马某根据张某某、庞某安排，具体负责废缆膏小桶处理事宜。南京某物资公司及赵某某将废缆膏小桶取走后，部分转售他人，最终流向未能查实。

公安机关介入后，在南京市鼓楼区一处大院内，查获赵某某露天摆放贮存的 20 余个废缆膏小桶，部分废缆膏小桶倾倒，桶内缆膏外溢；根据赵某某交代，又找到了南京某物资公司及相关人员。

不久，此案被移送到检察机关。检察机关经审查，以南京某通信公司以及张某某、庞某、马某涉嫌污染环境罪，向玄武法院提起公诉。

“罪还是非罪？庭审过程中，控辩双方争议很大。”本案审判长高伟回

忆说。为此，法院先后多次邀请法律专家，就该案定性展开座谈。结合专家观点及案件审理情况，法院最终认为，南京某通信公司将涉案危险废物交给南京某物资公司和赵某某，系典型的提供或者委托行为，不属于《中华人民共和国刑法》第三百三十八条以及《最高人民法院、最高人民检察院关于办理环境污染刑事案件适用法律若干问题的解释》第一条第二项规定的非法处置行为。本案并无直接证据证实涉案危险废物的最终去向和最终处置方式，虽基本可以排除涉案危险废物被合规处置的可能性，但从间接证据认证的角度，根据涉案危险废物成分的理化特性、不合规处置的可能方式、最终被处置可能产生的后果等因素，虽然涉案危险废物在处置过程中可能会污染环境，但在案间接证据无法形成闭环，认定必然污染环境的高度盖然性标准尚未达到，更不能排除涉案危险废物虽未被合规处置但并未严重污染环境的合理怀疑，无法得出涉案危险废物最终处置后必然严重污染环境的唯一结论。

2021 年 8 月，玄武法院对该案作出一审判决：被告单位南京某通信公司无罪，被告人张某某、庞某、马某无罪，同时在判决书中明确，对于本案涉及的违法行为，可以由行政主管部门依法予以行政处罚。公诉机关提起抗诉，同年 11 月 15 日，南京市中级人民法院二审裁定：维持原判。刑事附带民事公益诉讼经调解达成协议，涉案企业缴纳 100 万元用于修复生态环境。

判决生效后，玄武法院主动与行政机关对接，将违法行为线索移交行政主管部门依法处理，实现刑行无缝衔接。玄武法院还向涉案企业制发司法建议，引导企业开展合规建设，推动生产经营管理制度化、规范化，依法依规做好危险废物处置工作。涉案企业积极整改，成立专班推进合规经营，更新设备设施，将开放式铁桶改为密闭式可循环使用的吨桶，既降低了环境污染风险又提升了资源利用效率，同时严格按照排污许可管理要求，对危险废物实现全生命周期管理，危险废物的产生、收集、贮存、转运、处置等全过程有效监控，确保合法合规。

“法院的一次不当判决，搞不好就会让一个企业破产，因而在判决时，要慎之又慎。”事后，有关法律专家在点评该案时表示，刑法意义上的处置行为应当与作为前置行政法的固体废物污染环境防治法关于处置的界定相一致，而不得任意作扩大解释。处置与产生、收集、贮存、运输、利用等行为系并列关系，而非包含关系。“提供或者委托”危险废物的行为与“贮存、利用、处置”行为应当加以区分界定。涉案企业对涉案危险废物的交易行为，系典型的提供或者委托行为，不属于刑法第三百三十八条以及《最高人民法院、最高人民检察院关于办理环境污染刑事案件适用法律若干问题的解释》第一条第二项规定的非法处置行为。准确理解刑法与司法解释中规定的非法处置危险废物行为，对实践中出现的涉危险废物刑事违法行为准确定罪量刑有着重要意义，可以在全面打击环境污染刑事违法行为的基础上防止出现“同案不同判”现象。

下部 绿色守望

良好的生态环境是最普惠的民生福祉。

党的十八大以来，生态文明建设被纳入“五位一体”战略布局和“四个全面”总体布局，我国生态环境保护发生历史性、转折性变化。

党的十九大报告提出“坚持人与自然和谐共生”，并将其作为新时代坚持和发展中国特色社会主义的基本方略之一。

党的二十大报告指出，要以中国式现代化全面推进中华民族伟大复兴，在中国式现代化的五个特征中，人与自然和谐共生就是其中之一。

为深入贯彻习近平生态文明思想，进一步提升环境资源案件专业化审判水平，2019 年 1 月，江苏省高级人民法院指定南京铁路运输法院等 9 家基层人民法院集中管辖全省环境资源第一审案件。2019 年 4 月，最高人民法院批复同意由南京市中级人民法院跨区域管辖全省辖区内应由中级人民法院管辖的第一审、第二审案件。

2019 年 6 月，江苏省高级人民法院发布《关于正式启动环境资源“9+1”审判机制相关事项的通知》，自同年 7 月 1 日起，由 9 家生态功能区环境资源法庭分别集中管辖相应区域的环境资源第一审案件，其他基层人民法院不再受理，江苏省环境资源“9+1”审判机制正式启动。

2019 年 10 月 29 日，江苏省高级人民法院下发通知，决定在玄武法院设立西南低山丘陵区域环境资源法庭，自 2019 年 11 月 1 日起，集中管辖南京市、句容市基层人民法院的环境资源民事、刑事和行政第一审案件，由此形成全省范围内 9 家基层人民法院和 1 家中级人民法院集中管辖、专业审理的环境资源审判体系。玄武法院西南低山丘陵区域环境资源法庭的各项工作也于 2019 年 11 月 1 日全面展开。

玄武法院西南低山丘陵区域环境资源法庭自设立以来，截至 2024 年 10 月底，共受理各类环境资源案件 1255 件，审结 1199 件。其中，刑事案件894件（含附带民事公益诉讼167件），涉及被告人1532名，被告单位46家，判处监禁刑355人，监禁刑比例为23.17%，累计判处罚金1.72亿元；民事案件109件，行政案件84件，行政公益诉讼案件9件；民事公益诉讼案件103件，依法支持生态损害赔偿金总额超5亿元。

但环境资源审判，不是一诉了之、一判了之、一罚了之，最终目的是让被破坏的环境资源及时得到修复，让“定了罪、罚了款，生态环境仍然难以恢复”的尴尬局面不再出现。

因此，在打造精品案件的同时，玄武法院西南低山丘陵区域环境资源法庭还以环境资源审判为依托，积极推动“一地污染、全域修复”，助力企业绿色产能提档升级，还山之“青”，还水之“绿”……

第七章 抚平生态“伤口”，还山之“青”，还水之“绿”

一、生态环境修复后，臭水河变成“幸福河”

在南京主城区，有一条“几”字形河道，如一条玉带拥着明故宫遗址公园蜿蜒伸展。这条河本来是明代故宫的护城河，传说因为有宫女在这条河边浣洗衣物，河道的形状又与宫女腰带相似，因而被称为玉带河。

玉带河是城东地区一道重要的城市内河，属长江支流秦淮河水系流域范围，北段与香林寺沟及清溪河连通，东段和西段则与明御河连通，是金陵四十八景之一。

地图显示，玉带河西段起于中山东路，东侧为总参第六十研究所和中国第二历史档案馆，西侧为江苏省会议中心、钟山宾馆、黄埔花园小区和黄埔路小区，最终由南向北汇入玉带河北段；东段起于中山东路，西侧为民国时期国民党中央监察委员会办公楼旧址、清溪花园等，最终由南向北汇入玉带河北段。

清晨漫步玉带河，流水潺潺，涟漪泛绿，水鸟悠然，空气清甜；河道两旁绿树掩映、花草吐芬，人行步道、长廊、坐凳等设施沿河设置，健身跑步、休闲遛弯的居民络绎不绝。

“《瓦尔登湖》作者梭罗，曾用诗一般的语言，描绘他的水居生活，‘河水的流逝，松脂的芳香，鸟雀的啼鸣，带给我们无限的神往’。如今，居住在玉带河边的我们，是真切感受到了。”家居玉带河畔的退休老师章云然说，尤其是到了春天，来此赏一湾碧水，揽一怀春光，整个身心是说不出的舒畅。

“但在多年前，玉带河可不是现在这个样子。”一位居住在当地的老居民说。那时候，沿河两岸住满了居民，两侧脏乱差现场随处可见，居民生活污水直排，河水又黑又臭。不少杂物被抛弃在河中，导致水体流动性差，自净能力不足，到了雨季溢流问题更是相当严重。这些污水通过其他河道进入长江，又在一定程度上对长江水体造成了污染。对此，周边居民也有反映，但听说因为资金问题，玉带河的整治一直没能提上日程。2021年9月，这条河的河道整治工程全面启动，沿线风貌也悄然发生着变化。

“玉带河的这笔整治经费，正是我们案件办理过程中被告单位赔偿的生态环境修复费用。”高伟说。

2019年10月15日，“4·10污染环境案”刑事部分判决生效后，同年12月27日下午，玄武法院又组织公益诉讼起诉人——鼓楼区人民检察院与被告单位某水务公司、第三人某（中国）投资有限公司就调解方案达成一致意见：某水务公司赔偿生态环境修复费用现金部分人民币2.37亿元，某（中国）投资有限公司对该款项承担连带责任；某（中国）投资有限公司于2023年12月31日前完成替代性修复项目资金不少于人民币2.33亿元（在南京市辖区内的项目资金人民币2.1亿元）的环境治理、节能减排生态环保项目的新建、升级和提标改造，否则须将差额部分以现金方式赔偿。

此次调解方案涉及的替代性修复项目包括但不限于以下项目：（1）在江苏省南京市南京江北新材料科技园内新建工业污水处理厂及现有某水务公司污水处理厂提标改造；（2）在江苏省南京市南京国际水务中心设立创新科技/技术公司/中心及公益教育基地，在南京市辖区内实施生态环境公益保护项目；（3）在江苏省南京市投资环境治理、节能减排、可再生能源等环保治理项目；（4）江苏省张家港市张家港保税区某水务公司污水处理厂提标改造项目；……

“以上项目投资前均需经专家论证会进行论证，项目符合国家经济结构调整方向，能够实现绿色生产转型，具有公益性、环保性和先进性，并经南京市鼓楼区人民检察院、玄武法院和社会公众代表同意。”高伟说，项目相关合同或协议、付款凭证、成果报告需向南京市鼓楼区人民检察院进行报备。各替代性修复项目实际投资额款项认定，以南京市鼓楼区人民检察院于2023年12月31日前委托专业资质第三方出具的竣工决算报告或投资专项审计报告作为参考依据，最终由南京市鼓楼区人民检察院、玄武法院和社会公众代表共同确认。

2020年12月25日上午，南京市中山陵园管理局、南京环境资源法庭、玄武法院、鼓楼区人民法院、南京市下关滨江商务区管委会、南京玄武环境集团有限公司等多家单位的领导与专家聚在一起，就“4·10污染环境案”生态损害赔偿款的使用工作开展协调。会上，各项目团队依次对玉带河水环境综合提升工程设计方案、下关滨江长江岸线环境修复工程、紫金山南霹雳沟水系生态修复工程进行了详细的汇报。

“与会领导、专家对公益诉讼替代性修复工作的开展给予了高度评价，认为会议方案在环境修复、综合整治和景观提升等方面做了大量工作，取得了良好进展。”南京环境资源法庭庭长陈迎说。

2021年2月，玄武法院与南京玄武环境集团有限公司共同签订了《玉带河水环境综合提升工程项目合作协议》。

同年9月，玉带河水环境综合提升工程全面启动。

此次玉带河的整治工程，重点从清淤疏浚、生态修复、截流沟改造、引水活水、沿岸景观带建设以及智慧水务工程等几个方面着手发力。对玉带河所有的溢流口进行溯源、改造，减少雨天截流沟满溢的频次，以改善雨天河道水质；从香林寺沟引来活水输送至玉带河的东段、西段，提高河道水体整体的流动性。同时，玉带河整体清淤总量超1.7万吨，并以沉水植物形式为主导进行生态修复，合理搭配生态浮岛来丰富水生植物的多样性。通过对玉带河的全方位提升打造，玉带河水质稳定达到地表水Ⅳ类标准，从流域源头减少污水入河，保护沿江的生态环境。

“我们希望通过对玉带河历史文化的挖掘，让玉带河自身的厚重历史与现代气息相交融碰撞，使河道的历史文化底蕴得以重现。”时任南京玄武环境集团有限公司的董事长郭骞说。一方面，在玉带河西岸沿河打造700多米长的人行步道，沿步道由南至北设置“明朝玉带水系成”“民国中山路穿河”“民族制造看玉河”“今朝玉带喧嚣里”等多个板块，系统讲述玉带河从古至今的发展历程；另一方面，通过在步道沿线设置亲水平台、河长制主题公园等，全面打造宜居、宜业、宜休的玉带河文化生态景观，使玉带河不仅成为一段历史之河、文化之河，更成为老百姓身旁的休闲之河、活力之河。

两岸晓烟杨柳绿，一江春水杏花红。“经过水环境综合提升，玉带河再现水清、岸绿、景美，变成一条让市民满意的‘幸福河’，也期待未来玉带河能成为南京城中的一条‘网红河’。”高伟说。

二、监督修复资金使用，推动长江岸线整治

南京下关滨江长江岸线，不仅是南京市对外展示形象的重要窗口，对沿岸进行整治、修复、美化，也是促进长江大保护不可或缺的重要工作之一。

为落实南京市政府“长江经济带建设项目重点要聚焦沿江环境整治和景观品质提升，常态化推进沿江环境整治和滨江风光带建设，整体推动长江经济带保护和建设工作，切实打造民生民心工程”的指示精神，鼓楼区自2020年起，陆续实施了滨江岸线船运大队段贯通及环境综合整治（长江物种生境修复）工程、长江岸线三汊河入江口（秦淮河鱼类自然繁育地）生态修复工程、长江岸线南京大桥公园段环境综合整治一期工程、长江岸线南京大桥公园段环境综合整治二期工程、鼓楼滨江风光带景观提升工程5个长江岸线生态修复项目。项目实施得到南京市中级人民法院、市人民检察院全程指导。这些项目已按规定履行相关手续并全部竣工，共修复生态绿地34.3万平方米，提升约19万平方米的滨江景观，建造生态模块2200平方米，深受市民、游客欢迎。

2021年3月1日，下关滨江商务区管理委员会、鼓楼区人民检察院、玄武法院就成立南京长江生态司法保护基地事宜，签订了《长江生态环境资源保护合作框架协议》。根据协议相关约定，玄武法院将相关案件中依法判决的赔偿修复资金支付至基地适宜项目用于替代性修复，下关滨江管委会具体负责替代性修复项目的组织实施工作，对鼓楼区人民检察院进行全过程监督。

2021年9月14日，玄武法院、鼓楼区人民检察院邀请了省市区人大代表、政协委员、专家、学者、社会公众代表等相关人员，组成考察组对鼓楼区申报的5个替代性修复项目进行现场查看。2021年9月至2022年4月召开了多轮论证会，就替代性修复项目的必要性、可行性和公益性进行论证，明确鼓楼区长江岸线生态修复5个项目涉及生态修复资金约5341.69万元。

2022年8月11日，南京市中级人民法院会同南京市人民检察院、南京市财政局、玄武法院、鼓楼区人民检察院召开资金管理使用专题会议，要求所涉生态修复资金5341.69万元应按程序申报使用，法院、检察院对该项目资金使用情况依法监督。

2023年6月14日，江苏省委常委会开展长江江苏段“沧桑巨变”案

例解剖式调研，现场视察并充分肯定了鼓楼滨江风光带生态修复成效。

2024年9月19日，鼓楼区行文请示市政府，申请拨付长江岸线生态环境修复系列项目所涉生态修复资金。10月14日，南京市政府分管领导主持召开专题会，研究生态环境补偿有关工作，鼓楼区汇报了相关工作开展情况，南京市中级人民法院会同检察、水务、财政、司法、生态环境、绿化园林、规划资源、农业农村等参会部门对向鼓楼区政府拨付“4·10污染环境案”判赔的生态环境修复资金5093.44万元均无意见。

“不久前，这笔5093.44万元生态环境修复资金拨付到位，帮助鼓楼区化解了因实施长江岸线生态环境修复系列项目而可能带来的债务风险，按时足额支付了工程款。非常感谢玄武法院的大力支持。”下关滨江商务区管委会处长惠宏专门打电话给高伟说。

三、利用判赔的修复资金，助力紫金山生态修复

在紫金山地区，有一条沟，名曰：霹雳。

因位于紫金山南麓，人们便把这条沟称为南霹雳沟。

南霹雳沟东邻燕雀湖，南眺金陵古城，是紫金山区域内的水系之一。

历史上霹雳沟非常有名。北宋时期政治家、文学家、思想家、改革家王安石居住南京时，曾经为霹雳沟赋诗一首：“霹雳沟西路，柴荆四五家。忆曾骑款段，随音入桃花。”

但随着岁月更迭，霹雳沟的自然风貌逐渐失去往日风采，后来就成了一条小山沟。“紫金山南霹雳沟水系作为核心区辟洪沟，连通了景区三大宾馆，尽管汇水面积大，但平日水量较少，存在断流和死水区域，在雨量丰沛时期水流急增，但因缺乏有效的蓄水和滞水库坝及设施，宝贵的雨水往往迅速流向城市，浪费水资源。紫金山在南京属于水资源相对匮乏区域，如果不能在雨季期间有效滞水蓄水，那么在随后的秋冬干旱季节，将无法确保植被的生长需求，对紫金山的生态系统造成潜在威胁。此外，在夏季暴雨期间，由于缺乏分级引水和逐级调水机制，迅猛的水流直冲山下的居民区，极易引发洪灾，对居民的生命财产安全构成严峻挑战。”中山陵园管理局（钟山风景名胜区管理局）副局长刘振宇介绍说。因此，对南霹雳沟水系生态实施修复工程势在必行，但修复资金一时无法筹齐。

2020年10月，玄武法院与钟山风景名胜区管理局联合签订《生态环境保护合作框架协议》，根据合作协议，玄武法院可以在相关案件中，将

依法判决的赔偿修复资金，用于紫金山适宜项目进行替代性修复。

2023 年 11 月，南霹雳沟水系生态修复工程启动。“其中的缺口经费，就是由省、市、区三级法院统筹调配长江大保护生态修复（赔偿）资金 2004.67 万元。”钟山风景名胜区管理局有关负责人说。经过近 1 年的不懈努力、精准实施，到 2024 年 9 月，南霹雳沟水系生态修复工程竣工，并在 2 个月后完成全面验收工作。项目实施过程中，获得了全国人大、法院系统的一致好评。

四、远赴大兴安岭，增绿护林筑屏障

2024 年 5 月，一场跨区域协同保护兴安杜鹃的生态损害赔偿金移交仪式暨座谈交流会在黑龙江省大兴安岭地区检察分院召开。这次会议由大兴安岭地区、南京市法检“四院”和当地林草、生态环境部门共同参加，会上举行了 25 万余元的兴安杜鹃生态损害赔偿金移交仪式，达成了构建“多方联动、跨省协同、源头治理”协同保护机制的共识，并推动了当地 4 万余平方米的兴安杜鹃司法保护基地“杜鹃谷”的建设，通过跨区域跨部门携手保护，野生兴安杜鹃在大兴安岭上美丽绽放。

“南北携手，千里相聚。这场跨越千里、别具意义的座谈会的召开，正源于 2023 年 10 月玄武法院审结的违法贩卖保护植物兴安杜鹃案。”高伟说。虽然案件审结了，但追究违法者的法律责任不是办案的终点，坚持推动生态修复，健全保护机制才是办案的导向。因此，随着案件审判的落槌，南京的检察官、法官们把目光，投向了遥远的大兴安岭。

当年 5 月 14 日至 15 日，黑龙江和江苏“二省四院”跨区域协作保护兴安杜鹃交流会在大兴安岭加格达奇举行。来自黑龙江省人民检察院、大兴安岭地区林业和草原局、大兴安岭地区人民检察院、新林区人民检察院、新林区人民法院、南京市中级人民法院、南京市人民检察院、玄武法院、南京市雨花台区人民检察院的代表参加了交流会。黑龙江省人大代表、林业保护专家和“益心为公”志愿者也参加了座谈和调研。会上决定，“二省四院”正式启动《关于野生珍稀植物保护框架合作协议》。

当天，南京市玄武法院、南京市雨花台区人民检察院向新林区人民政府移交了生态损害赔偿金。代表们分别就兴安杜鹃案件办理过程、损害赔偿金的交付以及资金使用情况进行了交流，就跨区域凝聚司法合力保护、修复本区生态环境建设等发表了意见。会场气氛热烈，南北交流无碍，大家提到最多的词是“兴安杜鹃”，说得最关键的词是“公益保护”。

“高高的兴安岭，一片大森林……”时值五月，冰雪尚未完全消融的大兴安岭绽放着火红的杜鹃花。

“在林业专家的带领下，大家穿林海，登山岭，查看土壤修复情况，辨析兴安杜鹃生物特征。生长在北国的野生杜鹃，第一次迎来了我们这批南方的司法保护者。”高伟说。

“损害赔偿金将被用来人工复植密植兴安杜鹃，让原先遭盗挖后裸露的土壤得以自然加固，逐步完成生态修复。”全国劳动模范、黑龙江省人大代表、新林林场技术员宋士宝现场向南京来的检察官和法官们讲解兴安杜鹃的保护情况。

“兴安杜鹃是我们的报春花，也是国家重点保护植物，我们要加大政策法律宣讲力度，开展重点地区巡护，让生态保护的理念深入人心。”新林区林草局局长贾宗泽说。

当天，在北方“报春花”的见证下，参会各方就建设野生珍稀植物司法保护基地、法治教育实践基地和建立涉野生动物保护案件办理专业化支撑机制达成合作共识。

大家还为野生珍稀植物司法保护基地起了个浪漫的名字：杜鹃谷。

“这是我们第一次和省外政法同仁共商兴安杜鹃的生态保护问题，南北携手共担当，增绿护林筑屏障。我们有信心让兴安杜鹃再现生机，长得更盛、开得更艳。”新林区人民检察院检察长李春生说。

“党的二十大报告对公益诉讼提出更高要求和期许。跨区域生态环境保护案件发现难、鉴定难、修复难，检察机关要在办案中突破地域限制，延伸办案效果，积极探索跨区域联动协作模式，共同为珍稀野生动植物保护提供优质司法保障。”玄武法院党组书记、院长王劲松有感而发，“千里有缘一花牵，法检携手护杜鹃。兴安杜鹃公益诉讼案的办理就是一个跨区域司法保护的成功样本！”

“环境资源案件审判，惩罚不是最终目的，抚平生态‘伤口’、恢复绿水青山才是目的。”王劲松说。近年来，玄武法院通过环境资源案件审判，积极传递预防性、恢复性司法理念，坚持“谁破坏，谁修复”原则，打击犯罪与保护生态并行，通过缴纳生态修复金、补植复绿、增殖放流、劳务代偿等替代性责任修复生态环境，让违法者实现由环境损害者到环境保护者的“救赎”。

第八章　为“法护青绿”提供“南京方案”

2023 年 7 月，习近平总书记在全国生态环境保护大会上指出：“要始终坚持用最严格制度最严密法治保护生态环境，保持常态化外部压力，同时要激发起全社会共同呵护生态环境的内生动力。”① 为落实习近平总书记指示精神，玄武法院创新而动。

一、为社会公众打造环境资源保护实践中心

2024 年 6 月 5 日是第 53 个世界环境日。当日，随着一阵掌声响起，位于玄武法院锁金村法庭的钟山生态司法展示中心正式启用。

展馆以“融入元宇宙元素”为创新点，以图片、影像、实物等为素材，通过沉浸式、互动式呈现，集中展现了西南低山丘陵区域环境资源法庭设立以来的环境资源审判工作成效和生态环境司法保护成果。

揭牌仪式后，玄武法院法官赵佳手握一块操控屏，向来宾们演示展馆的新鲜“玩法”：打开“视网么”App，扫描他们特意定制的元空间码进入游戏，耳边很快出现了水流声；屏幕转换为碧波荡漾的江面，可见一只江豚从远处游了过来，时而跃出水面，时而沉入江中，好不快活……

“如果把手放到屏幕上的光点位置，刚好可以拍出一张抚摸江豚的照片。”赵佳话音刚落，身旁的几位参观者争先恐后上前摆好了姿势，抢着“尝鲜”。

“快看快看，游过来了!”

“我‘摸’到它了，‘摸’到它了!”

和屏幕里的江豚“零距离”互动后，人群里发出阵阵欢呼。

---

① 《全面推进美丽中国建设　加快推进人与自然和谐共生的现代化》，载《人民日报》2023 年 7 月 19 日。

接着，赵佳又进一步解锁展馆的“AR元空间”：使用App任意扫描现场图片，大屏幕上就会快速跳出相关影像资料，为参观人员详细讲述图片背后的故事。

在展馆中央，有块区域很特别，吸引了来宾们的目光：4个玻璃展示柜里陈列着玳瑁、象牙、秃鹫翅骨、灰犀鸟头骨等珍贵动物制品。“这些是由市公安部门提供的，每件陈列品背后都是一起盗捕盗猎、非法交易野生动物及其制品的案件，很有警示意义。”西南低山丘陵区域环境资源法庭负责人徐海说，借此还能引导社会大众自觉遵守相关法律法规，抵制购买珍贵、濒危野生动物制品，共同为保护生态环境贡献力量。

“我们曾在一次直播中，尝试由法官带领网友沉浸式漫游红山森林动物园生物多样性司法保护馆，广受好评，因此深受启发，要创新政法工作方式，运用新技术助力普法宣传。”时任玄武法院党组书记、院长赵雪雁说，作为全市基层法院2024年度文化建设重点项目，该展示中心将生态文明和法院文化建设紧密结合，依托环境资源审判集中管辖职能，变“特点”为“特色”，让普法宣传更好玩、更出圈。

除了钟山生态司法展示中心，在此前的2020年、2022年，玄武法院还先后参与建成2个司法保护馆。

2020年11月，南京市委常委、政法委书记徐锦辉和江苏省高级人民法院一级巡视员刘亚平为玄武法院与钟山风景名胜区管理局合作共建的紫金山生态环境司法保护基地揭牌，同时还共同成立了紫金山生态环境司法保护馆。

“基地负有紫金山生态环境保护、替代性修复、环境资源司法教育宣传、环境资源司法研究等多项功能，可依托紫金山的丰富生态要素和多样环境条件，推进区域司法执法协作，维护紫金山生态环境的系统性、完整性，培育生物多样性，促进生态功能良好发挥。”钟山风景名胜区管理局局长汪东明介绍说，在具体实践上，基地为环境资源刑事案件、环境公益诉讼、生态环境损害赔偿诉讼等提供替代性修复场所和项目，使生态环境修复和赔偿费用更好发挥效用，为落实恢复性司法理念提供有力支撑；已开展补植增绿、投放天鹅等生态修复活动。基地设有生态环境司法保护展馆，为环境资源司法教育宣传、司法研究提供平台，也为社会公众提供环境资源保护实践场所。

2020年11月13日下午，时任最高人民法院环境资源审判庭庭长王旭光带队调研紫金山生态环境司法保护基地。

调研结束，参与调研的相关领导表示，紫金山生态环境司法保护基地依托紫金山的丰富生态要素和多样环境条件，为推进区域司法执法协作，维护紫金山生态环境的系统性、完整性，培育生物多样性，促进生态功能良好发挥起到了示范作用。

敲击法槌，了解非法捕猎獐子案；拉动绳子就可观看动画，了解一起发生在长江入口中华鲟被非法捕捞的故事；按下卷宗启动器，就可观看“小蝌蚪找妈妈”故事新说，了解非法捕捞“三有动物”青蛙的案件；戴上VR眼镜，直观体验金雕飞翔的自由和被困笼中的悲惨境遇……2022年2月14日，位于南京市红山森林动物园大壮观阁的江苏首个生物多样性司法保护馆开馆，闻讯来到现场的中小学生们，一边观看有趣的动画，一边学习法律知识，不时发出欢乐的笑声。

这个生物多样性司法保护馆共两层，总面积约900平方米，分为司法保护区、互动实践区和成果展示区三部分，是江苏省高级人民法院、南京市中级人民法院的共建项目，由南京市中级人民法院、玄武法院、南京市红山森林动物园共同建设。

步入展馆，非法捕捞场景的3D模型、艺术生态球、珍稀动物介绍展板等映入眼帘，时刻提醒着我们保护生物多样性的重要性。

一楼司法保护区介绍了江苏法院审结的10个生物多样性司法保护典型案例，相关法律知识以及生物多样性保护知识。展览借助全息影像、虚拟现实等高科技，以案说法，让观众身临其境，享受边玩游戏边逛馆的乐趣。二楼是互动实践区和成果展示区，展示了江苏法院司法护航生物多样性保护的具体工作和成效，并且为参观人群提供“猫头鹰学校”、增殖放流互动体验区、“救助中心”等沉浸式体验。

2022年10月9日，人民法院新闻传媒总社“非凡十年看法院”系列直播第六场《环境资源审判看江苏》在该馆进行，赵佳法官在该场直播中带领大家沉浸式漫游了生物多样性司法保护馆，同时也展现了环境资源法官的别样风采，广受网友好评。

二、建成 14 个法治文化价值弘扬地标区

除了上述 3 个核心展示区，玄武法院还先后牵头建成包含六合区平山林场生态环境司法保护基地、老山生物多样性保护和法治教育实践基地等融合生态修复、普法教育、司法便民等多重功能的 14 个法治文化价值弘扬地标区。

2023 年冬季的一天，冷锋过境，天朗气清。时任南京市中级人民法院审判委员会专职委员朱建新和时任玄武法院党组成员、副院长高伟带领同事与六合区人民检察院的检察官们一起，来到位于南京市六合区平山林场的江苏珍稀植物司法保护基地，了解移栽后的树木越冬情况。

江苏珍稀植物司法保护基地建立于 2023 年 3 月，由江苏省高级人民法院、南京中级人民法院、玄武法院、南京市六合区农业农村局等多家单位联合打造，是全国首个以珍稀、濒危植物为主要保护对象的司法工作基地。

平山林场是 4A 级国家森林公园，自然气候适宜大多珍稀植物生存。基地一期占地 36 亩，揭牌当日，首批包含宝华玉兰、夏蜡梅等国家一级、二级保护树种在内的 366 株珍稀植物被栽种在保护区，其中国家一级、二级保护野生植物 134 株。“名树”种类和数量，在国内屈指可数。

“首次栽种的植物大多是平山林场没有的物种，对林场的生物多样性起到正向促进作用。经费上，除了社会捐赠，未来生态环境司法案件中的生态修复费将是其重要来源之一。这些资金将被用于珍稀植物的后续栽种以及基地整体环境建设。”高伟说，“我们希望能通过基地的建设，进一步提升司法对以珍稀、濒危植物为代表的植物种群稳定性和生物多样性的保障水平，强化多元主体协作效能，扩大普法宣传实效，助力生态文明示范品牌创建，促进人与自然和谐共生。”

走进基地，移栽而来的秤锤树上一串串果实随风摆动。据介绍，秤锤树为我国所特有、原产在南京，是国家二级重点保护野生植物。它所在的秤锤树属是世界范围内中国植物学家发表的第一个新属，在植物学史上具有标志性的划时代意义。

我国是全球植物多样性最丰富的国家之一，据统计，目前有野生高等植物 3.7 万余种，野生植物蕴藏着丰富资源，对于生物多样性建设、生态系统修复发挥着至关重要的作用。其中的珍贵、濒危植物资源作为生态系

统的组成要素，具有调节气候变化、促进生态循环等重要生态服务价值。

与此同时，野生植物也遭受着相当严峻的生存威胁，时常遭到不法分子的侵害。

玄武法院曾审理过一件“砍树案”：43岁的张某受人所雇，在六合区龙池街道高速路旁偷偷砍掉61株杨树。护林员报案后，张某及其雇主很快被抓获。张某被判处刑罚的同时，还要退还违法所得并缴纳1.5万元森林生态修复费用。

盗伐、滥伐林木是危害国家重点保护植物的犯罪行为，在南京的司法实践中并不少见。

黄某华在四川采挖野生植物桫椤15株、金毛狗蕨9株，并在网店销售；另一案件被告人网络“接单”后，驾车至广西某地挖掘野生桫椤进行销售……这些案件经玄武法院审理后，被告人被以危害国家重点保护植物罪判刑追责，还被判处承担生态资源修复费用，案件中查扣的植物则交由南京中山植物园妥善管护。

“生态修复费用已被纳入专门账户。”高伟说，全国首个珍稀濒危植物保护基地建设的部分资金，就源于砍树者缴纳的生态资源修复费用。

虽然基地成立时间并不长，但高伟对这里已十分熟悉。在基地建设期间，只要有时间，他几乎每个月都要从南京市区往平山跑一趟。

从山下拾级而上，每隔几米，就会有一棵挂着橙色铭牌的树木映入眼帘。

“这3株就是号称‘木本大熊猫’的银缕梅。”高伟说。银缕梅是罕见的活化石树种，距今已有约6500万年历史，被列入第一批国家重点保护野生植物名录，也是江苏省唯一的国家一级珍稀濒危保护物种。

银缕梅旁，还有国家二级保护植物厚朴、天竺桂……经植物学家悉心设计布排，366株珍稀濒危植物星罗棋布，乔木和灌木遥遥相对，常绿树种和落叶树种交相呼应，根据花期不同，一年四季都能呈现出别样风景。

驻足四顾：树木们形态不一，有的细高修长，叶子被寒风吹着，碰撞出清脆的声音；有的是矮矮一小节灌木，树叶已经掉落，但树干粗劲有力。漫步其中，近距离观察每一棵树，一边对照铭牌信息念出名字，好像就能想象出它们经历四季更替、长高长大的模样。

“基地建成非常不易。”时任南京市中级人民法院审判委员会专职委员朱建新说。为建设好基地，南京的法院、检察院、农业农村、林业和草原等部门联合植物学家，提出了不少要求：场地离市区不要太远，养护经验必须充足，管理要稳定可持续，地方要足够大且能给基地后期建设留足空间……圈定了六合区平山林场后，各路人马又跑了七八趟，选哪块地、种什么树，一个一个细节充分论证、反复推敲：场地最好平整且光照充足，人流量大；珍稀濒危树种得挑适合南京气候的；树木种类要丰富，“自带流量”的网红树种更好；根据花期和叶子不同的特色，最好能在四季都呈现出美景。

62 页项目计划书涵盖规划、场地分析、植物选择、建造方案等内容，从场地的气候、土壤、地形出发，对植物选种策略和基地未来发展给出详细设计。

平山林场负责人郑万山坦言“舍不得这块地”。

“这里是整个森林公园的核心地带——阳光最充足、多条主要道路交会，是游客的‘必经之地’。”郑万山说，“原来这块地有树，还有些游乐设施，位置定了后我们就把原来的东西移走了。”

树栽下去，成长也跟孩童一样，先得好好照顾着养上一两年，再交给风霜雨露锤炼至少 10 年、20 年才能成材成景。“也许，这就叫‘前人栽树后人乘凉’吧！”郑万山说。

郑万山土生土长在平山，在林场工作 40 年，他见多了把一切交给自然和时间后沉淀酿造出的美——基地所在的这片林场里有各种林木 81 万株，最古老的银杏树已经度过 150 个春秋，依然“精神抖擞”地荫蔽着每一个从它身边路过的人。

对郑万山而言，这里的一草一木已然成了家人，是拥有独特纹理、形态的饱满生命。

号召更多人共同守护身边充满生命力的绿水青山，是基地建设的重要目的。

参与平山林场基地建设的六合区人民检察院第五检察部副主任窦佳是两个孩子的母亲，平山是她时常陪伴孩子来游玩的地方。她表示，这里也是六合区不少中小学生秋游的首选地。基地的题名石鲜艳醒目，路过的孩子时常指着上面的字念出声来。

阳光下、微风中，植物连影子都被赋予了生命力，摇曳着。可以想见，银缕梅、秤锤树们将见证时光流转，一棵棵枝繁叶茂，一片片郁郁葱葱。树木无言，却将陪伴一代代孩子，共同成长为茂盛的未来。

三、跨部门跨区域，联手构建生态环境保护共同体

用环境公益诉讼案件中被告缴纳的生态修复基金去植此青绿、修复环境，这个位于平山林场的生态环境司法保护基地并非孤例。

池杉湖湿地公园位于长江下游圩区，有华东地区面积最大的池杉林，茂盛的池杉林、芦苇荡及库塘湿地等独特生态环境，为珍稀水禽、鱼类和底栖动物以及鹭类、雁鸭类等鸟类提供了重要栖息地和繁育场所，是滁河流域及长江下游沿江地区鸟类重要集中栖居地，有“百鸟天堂”之美誉。

为深入贯彻落实习近平生态文明思想，积极践行新发展理念，推动恢复性司法理念落到实处，完善生态环境司法、执法、综合治理职能衔接，2021 年 11 月 16 日，玄武法院、南京市六合区人民检察院、南京市公安局六合分局、江苏池杉湖农业发展有限公司会签了《池杉湖湿地公园生态环境司法保护基地共建协议》，就共建生态修复基地合作达成一致。共建单位拟立足该区域有利生态要素和环境条件，以池杉湖湿地公园为依托，共同打造集湿地生态环境保护及替代性修复、环境资源司法教育宣传、环境资源执法司法研究平台功能为一体的综合性生态环境司法保护基地。

时任南京市六合区人民检察院党组书记、检察长颜畅表示，本次签约是司法机关联合主管部门打造江苏省西南低山丘陵区域东、西、南、北、中生态环境修复载体布局的新开端；汇集民营企业力量参与生态修复，是多元主体协作保护生态环境的新模式；根据池杉湖湿地公园横跨苏皖两省地域的实际，共同建设好池杉湖基地也是提升社会治理水平、护航经济高质量绿色发展的新抓手。

2022 年 3 月 1 日，南京市鼓楼滨江风光带世贸滨江段南京潮水位站，阳光普照的长江波光粼粼，不时有水鸟掠过水面，舞姿翩翩。江岸上，前来散步的市民扶老携幼、络绎不绝；还有专门拍江豚的“发烧友”，架起“长枪短炮”，目不转睛盯着江面，捕捉抓拍良机。

在长江保护法施行一周年之际，为深入落实长江大保护战略决策，助力中华民族母亲河生态环境持续改善，由南京环境资源法庭、玄武法院、南京市鼓楼区人民检察院、南京市下关滨江商务区管委会等单位联合举办的“贯

彻长江保护法共同守护母亲河”长江保护系列活动在此举行。

系列活动由长江生态司法保护基地设立仪式、现场增殖放流、长江保护司法工作展示三部分组成。长江生态司法保护基地由南京环境资源法庭、玄武法院、南京市鼓楼区人民检察院、南京市下关滨江商务区管委会合作设立，旨在推动长江保护法律法规有效落实，提升长江生态环境司法保护和修复能力，促进生态环境司法审判、检察监督和行政监管职能有效衔接，形成全方位保护合力，协同推进长江生态高水平保护和经济高质量发展。

增殖放流环节，4 万余尾体质健壮鱼苗经放流斜坡游入长江。本次增殖放流投放的鱼苗包括胭脂鱼、长吻鮠、细鳞斜颌鲴等，都是适应南京地区长江流域生存环境的珍稀鱼种，对于促进长江珍稀鱼种种群数量恢复、丰富水生生物多样性、提升长江流域生态系统稳定性具有积极意义。

摆放在江堤附近的长江保护司法工作展板，则以南京法检两院打造母亲河“法治护甲”为主线，介绍了司法机关依法办理涉长江案件、履职尽责保护长江母亲河的工作情况，展示了打击非法捕捞、非法采砂、污染环境等长江保护典型案件，促进司法案例的评价、指引、教育价值有效发挥，营造“向破坏生态说不，为保护环境叫好”的良好社会氛围。展板还以图文并茂的形式普及长江水生生物保护科普法治知识，引导更多人参与到保护长江水生生物的实际行动中去。

碰巧遇到此次活动的市民汪先生表示：“这次活动，不仅科普了长江水生生物保护知识，还能引导更多人积极参与到保护长江水生生物的行动中来，至少我是其中之一。”

2023 年 8 月 15 日是首个全国生态日。这一天，在美丽的南京中山植物园，由南京环境资源法庭、玄武法院西南低山丘陵区域环境资源法庭、江苏省中国科学院植物研究所发起的植物种质资源司法保护基地正式成立。“种质是植物的‘芯片’，保护好植物种质资源就是保护好生物多样性。”南京市中级人民法院党组书记、院长李后龙在致辞中说，“设立植物种质资源司法保护基地将更加有利于建立濒危野生植物司法保护长效机制，零距离守护大自然种质资源和基因宝库安全，助力珍稀野生植物回归自然，促进生物多样性资源有效恢复。这既是贯彻落实习近平总书记在全国生态环境保护大会上的重要讲话精神、提升江苏生物多样性保护能力水平的重要举措，也是探索环境资源案件‘恢复性司法实践+社会化综合治理’审判结果执行机制的有益尝试。”

根据南京环境资源法庭、玄武法院西南低山丘陵区域环境资源法庭、江苏省中国科学院植物研究所达成的关于生物多样性保护框架合作协议，将充分发挥人民法院环境资源审判和江苏省中国科学院植物研究所植物就地保护、迁地保护、科普教育等各自职能优势，不断推进生态环境治理以及涉生物多样性保护科普宣传和法治教育等工作，为全省各环境资源法庭涉植物案件的审判提供专业技术支持，共同提升江苏生物多样性保护的能力水平。

同一天，江苏省中国科学院植物研究所（南京中山植物园）也与南京六合平山林场发展有限公司建立战略合作关系。根据协议，双方将在珍稀濒危植物保护、科学研究、生态环境保护、科普宣教等方面开展合作。特别是在科学研究领域，双方将围绕植物多样性调查监测、植物种质资源收集与保育、生态建设等领域建立开放的协同创新联合体；加强在植物资源保护与利用领域的应用基础研究和技术研发等方面的科技合作，联合申报科技平台和项目及成果奖励。

“我们将以植物种质资源司法保护基地成立为新的起点，进一步加强对珍稀濒危植物的多样性保护，不断增强公民生物多样性保护的意识和行动自觉。”时任江苏省中国科学院植物研究所党委书记宇文扬说。从保护珍稀、濒危植物到守护植物种质资源，背后折射的正是江苏环境司法修复理念的不断升级。

2023 年 11 月 12 日，最高人民法院环境资源审判庭吴兆祥庭长调研位于南京中山植物园内的植物种质资源司法保护基地，予以高度评价。

2023 年 11 月 24 日，江苏南京龙袍长江湿地公园生态环境司法保护基地在南京市六合区设立。

龙袍长江湿地公园位于南京市六合区东南端，湿地总面积 40364 亩，长江岸线 16.1 千米，属江苏省省级重要湿地，现为长江中下游最大的长江湿地公园。这里更是鸟类的天堂，全球濒危物种、国家一级保护动物东方白鹳、黑脸琵鹭以及消失多年的中国特有珍稀鸟种、被誉为“鸟中大熊猫”的震旦鸦雀都在此地时而振翅高飞、时而惬意踱步，热闹非凡。

为助力长江湿地生态保护，体现执法与司法衔接合力，江苏南京龙袍长江湿地公园生态环境司法保护基地“应运而生”。基地将秉承“尊重自然、顺应自然、保护自然”理念，依据基于自然的解决方案的准则，对生态功能退化湿地进行修复，恢复以洪泛平原湿地生态系统为特色的洲滩湿地资源和景观，为湿地动植物提供了良好的栖息环境，促进湿地公园物种多样性逐年提升。

为落实长江大保护的要求，推动恢复司法理念落到实处，完善生态环境司法、执法、综合治理职能衔接，当天，玄武法院、六合区人民检察院、南京市公安局六合分局、南京市六合区财政局、南京市六合区长江湿地保护中心共同会签《江苏南京龙袍长江湿地公园生态环境司法保护基地共建机制》。根据该机制，共建单位将共同开展湿地生态环境保护、生态环境替代性修复、环境资源司法教育宣传、环境资源执法司法研究等工作。

2020 年 8 月以来，江北新区人民检察院针对破坏环境资源保护类案件，先后提起民事公益诉讼 11 起、追偿生态环境损害赔偿费用 100 万余元。“修复受损环境的资金追回了，‘谁来修复，如何修复’，就成了做好司法办案‘后半篇文章’的关键。”时任玄武法院党组书记、院长赵雪雁说，对此，江北新区人民检察院会同玄武法院共同研究确定，依托浅山休闲公园的有利生态要素、环境条件，开展替代修复，实现生态环境及其服务功能等量恢复，并同步打造生态环境司法保护基地，努力实现惩治犯罪与修复生态、纠正违法与源头治理、维护公益与促进发展的有机统一。

2024 年 1 月 22 日下午，玄武法院、江北新区人民检察院、江北新区综合行政执法局共同会签《南京江北新区浅山林地司法保护框架合作协议》。依据合作协议，浅山休闲公园将在现有生态景观的基础上，结合生物多样性保护要求对园区内林地进行完善，形成林水相依、休闲与教育并重的生态景观，打造集生态环境保护及替代性修复、环境资源司法教育宣传、环境资源司法研究平台功能为一体的综合性生态环境司法保护基地。

江北新区人民检察院分党组成员、副检察长张先昂介绍，后期还将进一步完善生态环境司法和综合治理职能衔接，追究破坏生态环境主体责任、监督纠正损害生态环境行为、推动生态修复落实、开展生态修复普法宣传，切实为辖区居民增添绿色“新空间”。

不久，由南京市中级人民法院、南京市人民检察院、玄武法院、江北新区人民检察院、江北新区综合行政执法局等 6 家司法执法机关共同打造的江北新区首个综合性生态环境司法保护基地诞生。

漫步基地内的司法保护公益林，树木丛生，争绿斗翠，不少小动物在此“落户”，享受人与自然和谐共生的幸福生活。

“从协议签订到方案落成的5个月时间里，1.6万平方米的公益林内陆续种上了栾树、榉树、乌桕、垂丝海棠、桂花树等，这才有了眼前郁郁葱葱的喜人景象。”江北新区人民检察院分党组书记、检察长梁云说，公益林将承担起生态修复、补植复绿、警示教育、普法宣传等多重功能，在实现生态利益填补续造的同时，推动生态环境的“破坏者”向“守护者”转变。

“将追回的生态环境损害赔偿资金用于设立公益林，是我市践行恢复性司法理念、多渠道推动生态修复和环境综合治理的重要举措，充分彰显了司法力度与温度。”时任南京市中级人民法院审判委员会专职委员的朱建新说，毁林案件不能“一判了之”，而是要通过多部门协作联动，办理一件案、修复一片林，实现打击犯罪与生态修复的同发力、双“如愿”。

为进一步发挥检察公益诉讼、人民法院环境资源审判和生态环境部门在生物多样性保护等方面的职能优势，共同提升南京老山生物多样性司法保护水平，2024年2月26日，浦口区人民检察院、玄武法院和浦口生态环境局共同签订《南京老山生物多样性司法保护框架合作协议》。

依据合作协议，三方将实现优势互补，资源共享、互利互助，共同建设老山生物多样性保护基地、建设生物多样性保护案件办理专业化支撑机制、宣传推广生物多样性保护科学与法律知识、设立生物多样性保护法治教育实践基地，不断推进生态环境治理以及涉生物多样性保护科普宣传和法治教育等工作。以此为契机，各方正谋划推进建设华东地区规模最大的生物多样性保护观测站点——老山生物多样性观测站。

……

珍稀濒危植物司法保护基地的建设既能给案件的生态修复基金使用提供有效路径，为劳务代偿、异地补绿提供平台，也能通过知名树种的“明星效应”，号召更多人参与生态修复，共同守护绿水青山。

在加快建立生态环境修复基地的同时，玄武法院还走出法院系统，为推动生态保护，积极尝试跨部门、跨区域协作。

——2020年7月17日，玄武法院会同南京市鼓楼区人民检察院、南京市公安局水上分局、长江航运公安局南京分局、南京市公安局鼓楼分局、南京市海事局、南京市农业综合行政执法总队、南京市鼓楼区市场监督管理局、南京江豚保护协会召开联席会议，联合会签了《关于开展打击破坏长江流域渔业资源违法犯罪及公益保护专项行动的方案》，决定自2020年7月至当年年底，联合组织开展为期6个月的打击破坏长江流域渔业资源违法犯罪及公益保护专项行动。

——2021年6月，如皋市人民法院、江阴市人民法院、玄武法院在如皋市签约长江流域（江苏）生态环境保护司法协作框架协议。同年10月，玄武法院参与，南京、滁州、马鞍山沿滁河流域9家法检机关会签了《关于加强滁河流域生态保护跨区域司法协作的意见》，构建长三角宁、滁、马地区跨省域生态环境司法协作机制。

——2023年10月，玄武法院与句容市人民法院、句容市人民检察院、句容市公安局、句容市财政局、镇江市句容生态环境局共同签署了《生态环境保护（修复）合作框架协议》。

……

众多生态环境损害司法修复基地，先后签订的跨部门、跨区域联合协作方案，与全国首个生物多样性司法保护馆、全国首个植物种质资源司法保护基地等一道，共同构成了涵盖山林、河流、江畔、湿地、湖泊等多类型生态要素的修复载体矩阵，成为优先适用恢复性司法措施的“南京探索”，在全国为“法护青绿”提供“南京方案”。

四、两地携手，为动植物撑起“保护伞”

在积极推动南京生态修复工作的同时，玄武法院还将生态修复工作的目光转向了其他省市。

历史悠久的赤山湖，位于江苏镇江句容市西南部，是秦淮河上游最重要的调蓄湖泊，被称为“秦淮第一湖”。目前，湿地水域面积880公顷，湿地率高达89%。

赤山湖湿地生态环境直接影响秦淮河流域以及下游南京市水生态安全，生态区位极为重要。但到了20世纪70年代末，为发展渔业经济，湖面被堆筑大小不一的鱼塘，湖泊风光不复存在。为彻底恢复赤山湖的生态，赤山湖先后完成了6000亩鱼塘承包合同解除、6家化工企业搬迁等工作。通过三岔湖湖滨带修复工程、环湖清淤及边坡整治工程、白水荡湿地修复工程、花兰墩湿地修复工程等实施，进行了地形重塑、植被恢复、水系梳理和栖息地营造，彻底改善了赤山湖的水质，重建了满足蓄滞洪水、水禽栖息、生物多样性保护等众多生态功能的湿地生态，形成了内湖、环河及白水荡 8.8 平方千米的蓄滞洪开阔水域，构成典型的河—湖复合湿地生态系统，已经成为南京周边名副其实的“生态绿肾”“天然氧吧”和野生动植物天堂。根据调查监测，赤山湖共有维管植物 528 种、浮游生物 170 种、底栖动物 29 种、陆生昆虫 297 种、脊椎动物 265 种，其中，国家重点保护野生动植物 56 种，赤山湖已成为秦淮河流域秋冬季节鸟类最主要的栖居区之一。

2013 年 12 月，赤山湖经国家林业和草原局批准，开展国家湿地公园试点建设；2016 年赤山湖获批国家级水利风景区，2017 年获批镇江市首个国家级湿地公园。

为进一步推动赤山湖湿地公园司法保护和生态修复，2021 年 9 月 10 日上午，玄武法院西南低山丘陵区域环境资源法庭、句容市林业局、句容市赤山湖管理委员会等单位共同签订《赤山湖国家湿地公园生态修复基地共建协议》。该基地是句容市首个生态修复共建项目，也是玄武法院首个南京市以外的生态修复共建项目。

“共建项目以赤山湖国家湿地公园为依托，立足其有利的生态要素和环境条件，打造集湿地生态环境保护及替代性修复、环境资源司法教育宣传、环境资源执法司法研究平台功能于一体的综合性司法保护基地，建设全省生态修复共建‘句容样板’。”时任句容市赤山湖管理委员会主任吕兴齐表示，具体内容主要包括：一是加强湿地生态环境保护。充分发挥环境资源审判职能和环境资源案件集中管辖机制优势，依法打击危害长江湿地生态环境、破坏水生动植物资源等违法犯罪行为，推进区域司法执法协作，维护湿地生态环境，推进人与自然和谐发展。二是积极开展替代性修复。将环境资源相关案件依法判决的赔偿修复资金，用于基地湿地修复、增殖放流、补植复绿等替代性修复项目，强化替代性项目的公益性、资金使用及项目实施效果的全过程监督，提高环境损害赔偿资金使用效能，推动修复性司法理念落到实处。三是打造环境资源执法司法研究平台。借助环境资源执法司法实务方面的专业优势和特长，组织开展湿地生态环境保护、生态环境执法司法实务相关问题研究，为湿地生态环境保护提供智力支持。四是加强环境资源保护与司法教育宣传。着力搭建宣传教育平台，以典型司法案例为依托，以湿地生态环境保护执法案例为载体，联合开展形式多样的普法宣传活动，让环境资源保护意识深入人心。

“位于赤山湖国家湿地公园生态修复基地附近的赤山，由300万年前火山喷发红色砂岩组成，又名赭山、丹山等。海拔289米，面积42平方千米，松竹密布，泉溪潺潺，山巅云海漂流，山脚湖光山色。”句容市赤山湖管理委员会主任朱华伟介绍说。《赤山湖国家湿地公园生态修复基地共建协议》签订后，玄武法院数次组织人员，到赤山走访调研，发现赤山有银杏树、皂角树等多种古树名木，树龄在300年以上的就有数株，其中有一株银杏树，经植物学专家现场检测，树龄应在320年以上。为深入践行恢复性司法理念，延伸句容地区生态修复基地建设，丰富生态环境保护宣传方式，玄武法院随即联合当地公安、林业、农业部门，进一步开展生态环境修复共建工作，打造赤山古树名木群落保护项目，提升赤山地区的自然生态环境。

地处南京市溧水区、高淳区和安徽省马鞍山市当涂县、博望区三区一县交界的石臼湖，属长江流域湖泊。湖区物产资源丰富，但由于曾经的无节制捕捞，生态环境遭到严重破坏，不少珍贵品种逐渐消失。

近年来，南京市溧水区通过山水林田湖草沙系统治理，实施退捕还渔、环境整治、湿地修复等，改善优化了石臼湖生态环境，吸引越来越多的鸟类来此越冬，其中就有天鹅、东方白鹳、黑脸琵鹭、白头鹤等20余种国家一级、二级保护鸟类，南京境内的石臼湖也成了名副其实的“候鸟天堂”。

但在安徽境内的石臼湖，因为经费缺乏，生态修复工作不尽如人意。“不久前，我应邀请前往现场走访调查，发现因为水利设施不全、蓄水能力不足，不少湖面已干涸，不仅影响鱼类资源生长，也在一定程度上影响各类候鸟前来越冬。”高伟说，为推动南京都市圈生态环境保护工作，2023年10月，南京市生态环境局曾联合芜湖市生态环境局、镇江市生态环境局、马鞍山市生态环境局、扬州市生态环境局、滁州市生态环境局、淮安市生态环境局、常州市金坛生态环境局、常州市溧阳生态环境局，共同签订了《南京都市圈生态环境保护合作框架协议》，玄武法院准备与南京市生态环境局一道，联合沿湖相关单位积极推动，将安徽境内石臼湖的生态修复纳入南京都市圈生态环境保护合作计划，让石臼湖的生态环境得到整体改善。

小 结

玄武法院西南低山丘陵区域环境资源法庭的环境资源审判工作，是南京市中级人民法院、全国法院环境资源审判工作的一个缩影。

10 年前，最高人民法院环境资源审判庭开始办理相关案件并监督指导全国法院环境资源审判工作。10 年来，全国法院坚持以习近平新时代中国特色社会主义思想为指导，深入贯彻习近平生态文明思想和习近平法治思想，牢固树立和践行绿水青山就是金山银山理念，全面加强环境资源审判工作。2014 年至 2023 年，全国法院共审结各类环境资源一审案件 190.2 万件，其中，绿孔雀预防性保护民事公益诉讼案、长江口码头公司绿色破产案等一系列标志性案件，通过创新裁判规则完善生态文明制度机制，有力推动了生态环境法治进程。

作为全国法院环境资源审判工作的重要组成部分，2019 年以来，江苏法院认真落实最高人民法院关于先行先试探索生态环境司法保护“中国方案”的要求，根据江苏生态环境特点和司法保护需求，以生态功能区为单位，创建环境资源“9+1”审判机制，建立起以江苏省高级人民法院环境资源审判庭为指导，南京环境资源法庭为核心，9 家生态功能区环境资源法庭为支撑的环境资源审判体系，形成生态文明司法保护江苏模式，有效提升了人民法院服务保障生态文明建设的能力水平。

在最高人民法院、江苏省高级人民法院的指导下，南京法院的环境资源审判工作同样成果卓著。

2019 年 6 月，经最高人民法院批准，南京市中级人民法院揭牌成立南京环境资源法庭，开启了环境资源“9+1”审判机制的序幕。

5 年来，南京环境资源法庭受理案件 2386 件，结案 2282 件，结案率 95.6%，审判质效保持良好态势。其中，审结刑事案件 689 件，2956 名被告人（被告单位）被依法判处刑罚，充分发挥环境资源刑事审判的威慑和教育功能。审结环境民事公益诉讼案件 249 件，判决责任人赔偿修复资金近 7 亿元，以经济手段遏制环境污染和生态破坏行为。审结环境资源行政案件 893 件，明确司法保障依法行政的鲜明立场。审结生态环境损害赔偿诉讼案件 56 件，致力实现生态环境损害赔偿案件追责到位、赔偿到位、修复到位。

5 年来，南京法院创新司法理念，积极推进污染防治与经济建设协同发展。遵循“最严格制度最严密法治保护生态环境”理念，创新提高污染环境破坏生态违法成本的裁判规则。确立全链条追责规则，在非法捕捞鳗鱼苗案件中，在全国首次判决造成生态破坏的收购者、贩卖者与捕捞者承担连带赔偿责任，有效保护长江生态。探索建立生态环境损失整体性认定规则，在非法采砂案中，除考虑砂石资源破坏数量，还综合考量水底生物栖息环境危害程度、堤防安全与航运安全等要素确定修复赔偿费用。确立非法采砂共同犯罪认定规则，将运砂行为认定为非法采砂必要的共同犯罪行为，从整体上打击长江非法采砂行为。遵循“生态优先、绿色发展”理念，创新环境资源裁判执行方式。探索建立公共风险预防方式，在北京草原之盟环境保护促进中心诉某公司环境污染民事公益诉讼案中，判决某公司召回国家允许销售后又禁止销售的剧毒农药，及时预防不合理危险的发生。探索建立“分期付款”方式，允许某水务公司分期支付生态环境修复费用，既保障了法律责任落实，又减轻了企业一次性赔偿的资金压力。探索违法所得抵扣方式，在部分生态破坏民事公益诉讼案中，允许被告用刑事案件中已追缴的违法所得抵扣生态修复费用，实现刑事责任、民事责任的有机融合。遵循“人与自然和谐共生”的理念，健全“恢复性司法实践+社会化综合治理”机制。首创异地补植、劳务代偿，推行增殖放流，把修复行为、效果作为案件办理的考量因素。注重系统保护和整体保护，指导东台市人民法院审结“3·07 长江特大非法采砂案”，将追缴的违法所得和执行到位的赔偿金移交安徽法院，由安徽法院组织生态环境修复工程，推动全流域修复。完善修复机制，建立南京长江新济洲等 60 余个生态环境司法修复基地，推动恢复性司法裁判落到实处。

5 年来，南京法院坚持服务大局，积极融入现代环境治理体系。指导灌南县人民法院将调解后当事人减少缴纳的行政处罚罚款用于大气污染防治设施的技术升级改造，推动企业绿色低碳发展。服务保障生物多样性。

审结的走私象牙案是江苏涉案数量最多、案值最大的走私象牙案件，时任最高人民法院主要领导给予肯定。服务保障长江大保护。积极落实长江保护法，参与起草的贯彻长江保护法实施意见，被写入 2022 年最高人民法院工作报告。

5 年来，南京法院大力实施审判精品战略，持续推进体制机制改革，环境资源“9+1”审判机制被中央深改委办公室向全国转发推广，审结的 3 件案件入选联合国环境规划署环境法数据库、1 件案件入选新时代推动法治进程十大案件、3 件案件入选最高人民法院指导性案例……为江苏生态文明建设争当表率、争做示范、走在前列提供了有力的司法服务和保障。

……

2024 年 11 月 12 日，全国法院生态环境资源审判工作会议在“两山”理念发源地浙江湖州举行。会议通报表扬了环境资源审判工作成绩突出的 49 个集体和 99 位个人，玄武法院西南低山丘陵区域环境资源法庭被最高人民法院评为“人民法院环境资源审判工作成绩突出集体”。

“成绩属于过去，对玄武法院来说，环境资源这篇妙文才刚刚‘破题’。”玄武法院党组书记、院长王劲松表示，人民法院环境资源审判是生态环境法治工作的重要组成部分。下一步，玄武法院将继续坚持以习近平新时代中国特色社会主义思想为指导，深入贯彻习近平生态文明思想和习近平法治思想，牢固树立和践行绿水青山就是金山银山理念，用心用情守护良好生态环境这一最普惠的民生福祉，为建设人与自然和谐共生的现代化作出积极贡献！

下篇　玄武法院西南低山丘陵区域环境资源法庭工作纪实

第一章　环境资源审判工作历程

第一节　基本情况介绍

一、环境资源审判机制改革背景

（一）党和国家重大决策部署

党的十八大以来，习近平总书记站在中华民族永续发展的高度，以马克思主义政治家、思想家、战略家的深邃洞察力、敏锐判断力、理论创造力，深刻把握共产党执政规律、社会主义建设规律、人类社会发展规律，统筹推进“五位一体”总体布局、协调推进“四个全面”战略布局，继承和发展新中国生态文明建设探索实践成果，大力推动生态文明理论创新、实践创新、制度创新，创造性提出一系列富有中国特色、体现时代精神、引领人类文明发展进步的新理念新思想新战略，深刻回答了为什么建设生态文明、建设什么样的生态文明、怎样建设生态文明等重大理论和实践问题。我国生态环境保护发生历史性、转折性变化。党的十九大将“坚持人与自然和谐共生”纳入新时代坚持和发展中国特色社会主义的基本方略，指出“建设生态文明是中华民族永续发展的千年大计”，提出深化司法体制综合配套改革、建设人与自然和谐共生的现代化新要求。党的二十大深刻阐述了习近平新时代中国特色社会主义思想的世界观、方法论和贯穿其中的立场观点方法，丰富了习近平生态文明思想新的理论内涵和实践路径，为我们开启新时代生态环境司法工作新征程指明了前进方向。

党的二十届三中全会审议通过《中共中央关于进一步全面深化改革推进中国式现代化的决定》（以下简称《决定》）深刻阐述了进一步全面

深化改革、推进中国式现代化的重大意义和总体要求，擘画了以中国式现代化全面推进中华民族伟大复兴的战略举措，具有重大的政治意义、战略意义、理论意义和实践意义。全会提出，中国式现代化是人与自然和谐共生的现代化。必须完善生态文明制度体系，协同推进降碳、减污、扩绿、增长，积极应对气候变化，加快完善落实绿水青山就是金山银山理念的体制机制。要完善生态文明基础体制，健全生态环境治理体系，健全绿色低碳发展机制。

2014 年以来，最高人民法院发布《关于新时代加强和创新环境资源审判工作为建设人与自然和谐共生的现代化提供司法服务和保障的意见》等司法政策文件 22 件，做好环境资源审判顶层设计，制定、修正《关于审理环境民事公益诉讼案件适用法律若干问题的解释》等环境资源司法解释 21 件，统一裁判尺度，确保法律正确实施，强化类案指导，充分发挥指导性案例、典型案例规则补充和示范指引作用，发布绿孔雀预防性保护民事公益诉讼案等环境资源指导性案例 40 件、专题典型案例共 40 批 423 件，人民法院案例库收录环境资源审判参考案例近 300 件。10 年来，最高人民法院召开 3 次全国法院环境资源审判工作会议，举行贯彻“两山”理念座谈会，指导各级法院准确把握形势任务、工作理念和目标导向，全面推进环境资源审判各项工作。

（二）江苏环境司法改革实践

江苏省位于长江经济带下游的长三角地区，人口密度全国省区中最大，规模以上工业企业数量全国最多，人均环境容量全国省区中最小。新时代新征程，以习近平同志为核心的党中央对江苏生态文明建设十分关心、寄予厚望。江苏省委把“环境美”作为建设“强富美高”新江苏的一项重要内涵，省人大常委会专题研究破解江苏环境资源审判发展难题，省政府明确要求相关职能部门积极配合法院环境资源审判工作。江苏省委、省人大、省政府的关心和支持，为江苏建立新型环境资源审判体制提供了有力的组织保障。

江苏法院在最高人民法院指导和江苏省委领导下，统一思想认识，坚持问题导向，积极实践破冰之举，逐步形成具有江苏特色的环境资源审判工作体系。2007 年 5 月，江苏无锡发生震动全国的太湖蓝藻事件，引起中央和地方各级领导的高度重视，也引发社会公众对于环境资源保护的强烈关注。由此，江苏率先在无锡市中级人民法院成立环境保护庭，初步构建环境资源审判工作机制，为江苏乃至全国的环境司法发展提供了可借鉴的成功样本。2012 年，江苏法院启动环境司法专门化改革的全面实践。改革主要分两个阶段：第一阶段为环境保护案件集中化审判早期试点。在全省选择 10 家中基层法院作为试点法院，部分非试点法院成立环境保护案件专业化合议庭。第二阶段为环境司法专门化改革。在 2014 年 12 月 4 日第一个国家宪法日，成立江苏省高级人民法院环境资源审判庭，此后，8 个中级法院、13 个基层法院相继成立环境资源审判庭，在 5 个中级法院、18 个基层法院的行政庭设立专门的环境资源合议庭，将涉及环境保护的刑事案件、民事案件、行政案件集中到一个审判庭审理，建立“三合一”审判机制。专门化审判格局初步形成，环境司法能力明显提升，服务保障生态文明建设意识明显增强。

针对新时代江苏环境资源审判工作面临的新情况、新问题，江苏省环境资源“9+1”审判机制改革应运而生。江苏省环境资源“9+1”审判机制深入贯彻习近平生态文明思想，服务保障生态文明建设，打破传统行政区划对环境司法的束缚，以生态功能区为单位设立跨行政区划的环境资源审判机构，实现山水林田湖草沙的系统保护、一体化保护，在全国率先构建了以“三合一”、集中管辖为标志的专门化审判机制，构建全球首创，覆盖全省三级法院的相对独立的环境资源审判体系。2019 年 6 月 28 日，江苏省高级人民法院发布《关于正式启动环境资源“9+1”审判机制相关事项的通知》，自同年 7 月 1 日起，由 9 家生态功能区环境资源法庭分别集中管辖相应区域的环境资源第一审案件，其他基层法院不再受理，江苏省环境资源“9+1”审判机制正式启动。2019 年 10 月 29 日，江苏省高级人民法院决定在南京市玄武法院设立西南低山丘陵区域环境资源法庭，自同年 11 月 1 日起集中管辖西南低山丘陵区域即南京市、句容市辖区内的环境资源民事、刑事和行政第一审案件。

二、西南低山丘陵区域环境资源法庭建设情况

（一）高标准严要求推进法庭实际运转

西南低山丘陵区域环境资源法庭在玄武法院设立后，院党组专题研究环境资源法庭机构设置、人员配备问题，要求高标准建设环境资源法庭、高质量裁判环境资源案件，通过划定专门办公区域、抽调精干力量、制定工作规范等，推动法庭办公场所、审判队伍、工作规章制度等短期内部署到位。

法庭设立之初，分管院领导第一时间带队赴各巡回区法院、检察院进行沟通协调，探索建立案件提前介入和疑难复杂案件会商机制。先后赴省内率先挂牌组建的苏州市姑苏区人民法院太湖流域环境资源法庭、江阴市人民法院长江流域环境资源第一法庭考察借鉴经验，并到溧水区、高淳区、江宁区、句容市、六合区、浦口区相关部门进行走访，磋商庭审保障、协作配合等有关事宜。

2022 年 12 月，西南低山丘陵区域环境资源法庭被评为全省法院环境资源审判先进集体。玄武法院强化机制赋能促进生态修复、深入践行环境资源“9+1”审判机制改革的做法入选《南京改革》2022 年第 32 期典型改革案例和《江苏法院 2022 年司法改革案例选编（二）》。2023 年，“3+N”生态法治文化阵地集群入选南京市政法工作优秀创新成果。2024 年，玄武法院打造“3+N”多层次立体化环境修复平台荣获江苏环境司法改革十大典型事例。

（二）打造高素质专业审判队伍助力审判水平提升

积极落实环境资源案件专业化审判工作要求，指定政治立场坚定、专业能力过硬的法官专门办理环境资源案件。由 2 名员额法官、1 名法官助理组成专业化审判队伍，分管院领导参与环境资源案件分案，并牵头重大案件审理，员额法官和法官助理均具有硕士研究生学历。

第二节　工作经验做法

一、"3+N" 生态法治文化阵地集群打造

玄武法院全面学习贯彻习近平生态文明思想和习近平总书记关于文化建设的重要论述，坚持以"辨识度""人民性""传播力""引导力"为着力点和落脚点，依托环境资源审判集中管辖职能，变"特点"为"特色"，通过推进载体建设、丰富主题内涵、拓展宣传方式，不断加强生态法治文化建设，创新政法工作方式，逐渐形成了多功能、一体化的生态法治文化阵地集群，引导社会公众将人与自然和谐共生的正义观作为价值理念和行为准则，努力为推动绿色发展贡献司法智慧和力量，经验做法被南京市中级人民法院在全市推广，获得最高人民法院充分肯定。

一是推进多方载体建设，打造"集群式"法治阵地。突出"辨识度"，紧扣长江大保护、长三角生态绿色一体化发展等战略部署，汇聚多条线、跨省域修复力量，逐步建成涵盖山林、河流、江畔、湿地、湖泊等多类型生态要素修复载体的"3+N"生态法治文化阵地集群。"3"即 3 个核心展示区。在上级法院关心支持和大力指导下，建成红山动物园生物多样性司法保护馆、紫金山生态环境司法保护展馆、钟山生态司法展示中心 3 个核心展示区，依托原有布局及周边景观特色，添加注入法治元素，加强生态法治宣传，精塑生态法治文化品牌。"N"即 N 个弘扬地标区。先后与 20 家单位共建全国首个珍稀植物司法保护基地、全国首个植物种质资源司法保护基地、长江生态司法保护基地、句容赤山湖国家湿地公园生态修复基地、雨花台历史文化司法保护基地、江苏南京龙袍长江湿地公园生态环境司法保护基地、池杉湖湿地公园生态环境司法保护基地、六合区平山林场生态环境司法保护基地、南京江北新区浅山林地司法保护基地、老山生物多样性保护和法治教育实践基地等融合生态修复、普法教育、司法便民等多重功能的 N 个法治文化价值弘扬地标区，实现法治文化阵地连片成阵、遍地开花，获评 2020—2022 年度全市政法工作"十佳创新成果"。

二是秉持多维生态理念，打造"为民式"特色招牌。突出"人民性"，坚持绿水青山就是金山银山，以新理念引领生态法治文化阵地集群建设，

以生态法治文化阵地集群建设推动生态修复和环境综合治理。以绿色理念为引领。依法妥善审理涉环境污染、生态破坏等各类环境资源案件，严格追究生态环境赔偿责任。南京某水务公司向长江排污案 5.2 亿元全国污染环境“最严罚单”全额履行，绝不让企业欠下的“环境债”“打白条”，被写入最高人民法院工作报告，入选 2023 年度中国法治实施十大事件。在案件损害赔偿中，以提标改造等替代性措施修复生态环境的方式进行抵扣，引导排污企业投资建设公益场馆，积极开展公益活动，推动排污企业从“污染者”变为“修复者”，让社会公众成为受益者，获省委省政府高度肯定。以修复理念为原则。紧扣长江大保护、长三角生态绿色一体化发展等战略部署，合理合规使用涉案企业缴纳的生态环境修复费用。设立全国首个植物种质资源司法保护基地，将环境资源修复融入阵地建设，为集中分布的珍稀濒危植物和大自然种质资源宝库提供零距离的司法保护，联手植物学界的“最强大脑”，真正守护好这些“神奇种子”。以为民理念为根本。坚持以人民为中心，在紫金山生态环境司法保护基地放养白天鹅开展生态修复，打造天鹅野放点“网红打卡地”，为美好生态增光添彩，促进人与自然和谐共生，让人民群众感受到实实在在的“绿色幸福感”。

三是丰富多元主题内涵，打造“沉浸式”感受场景。突出“传播力”，充实阵地生态法治文化内涵，推动阵地建设与辖区资源、群众生活紧密融合，让生态环保思想和生态法治思想成为社会生活中的主流文化。融入特色布局。坚持因地制宜、资源共享、环境协调原则，充分利用丰富生态要素和多样环境条件，以突出生态法治主题、传播绿色发展理念为主要内容进行功能性改造。依托钟山风景名胜区原有科普馆，布置生态环境司法保护展馆，展示环境保护修复实况，让人民群众在休闲娱乐中潜移默化地接受生态法治文化熏陶。突出可触可感。与生态环境局、水务局等协同推进生态保护和修复，探索“可视化”生态修复效果实现机制，在阵地设立保育林区，开展补植增绿活动，为社会主义现代化典范城市增美添绿贡献力量。向长江投放中华鲟、胭脂鱼、长吻鮠、鲴鱼等适生鱼种，促进长江段珍稀鱼种种群数量恢复，丰富水生生物多样性，为长江大保护贡献“玄武力量”。嵌入实景课堂。在红山动物园生物多样性司法保护馆设置互动实践区，通过 VR 眼镜观察、参与游戏互动等方式提供亲历式、沉浸式体验。在长江江豚科教中心构造兼具科技感、专业性的展区，以长江漂流体验、环幕公益影片、DIY 数字沙盘等形式让保护江豚、保护长江的观念根植于心。与政法委、教育局沟通，积极将现场教学纳入校园法治教育和暑期社会实践内容，弘扬生态文明主流价值观。

四是拓展多维宣传方式，打造“矩阵式”普法格局。突出“引导力”，利用阵地贴近群众生活圈优势，发挥宣传教育的文化熏陶功能，倡导尊重自然、爱护自然的绿色价值观念，让天蓝地绿水清深入人心，形成深刻的人文情怀。运用巡回审判，以案示警。充分发挥巡回审判优势，到高淳东坝街道游子山村集中开展非法占用农用地罪案件公开宣判，在利民便民同时达到“审理一案、教育一片”的效果，实现司法审判、生态科普与法治教育的深度融合。通过意见建议，以案促治。针对案件审理中发现的监管漏洞，向相关职能部门提出司法建议，提升执法精准度、规范度。面对疫情，前瞻性研判可能发生的类似情况，出台《关于强化环资审判有效应对疫情的十条意见》，积极应对疫情期间可能面临的新情况、新问题，强化司法职能发挥、助力经济社会高质量发展。与玄武区检察院、公安分局、生态环境局召开工作联席会并会签《关于助力玄武区生态文明建设的十项措施》，该《十项措施》受到玄武区委区政府领导同志充分肯定。有关湿地保护的经验做法被南京市中级人民法院推广。针对湿地保护工作中存在的问题，提出有针对性的对策建议，促进湿地生态系统修复治理，被省委领导高度肯定。利用精品案例，以案释法。以世界环境日等重要节点为契机，发布社会影响大、警示意义强、社会效果好的精品案例。选取典型案例开展网络直播，330 余万网民在线旁听庭审，引导更多群众关注生态保护事业。通过新闻发布会、专题纪录片、走访宣传、企业问诊等形式，广泛开展环保法治宣传活动，推动形成人人、事事、时时崇尚生态文明的社会氛围。

二、理念、机制、结合“三”机制构建

深入推进环境资源审判领域司法改革，有利于真正建立起符合生态文明体制改革方向和生态环境保护规律的新型环境资源审判体制。近年来，江苏法院秉持“山水林田湖草沙是生命共同体”理念，以解决突出问题为导向，以保障法律统一正确实施、实现生态环境系统保护和整体保护为目标，逐步建立了以“三审合一”集中审判为特征，以南京环境资源法庭为

核心、9个生态功能区环境资源法庭为依托，覆盖高级、中级、基层三级法院相对独立的环境资源审判体系。玄武法院是江苏省高级人民法院确定的全市唯一一家环境资源“9+1”审判机制改革基层试点法院。设立西南低山丘陵区域环境资源法庭以来，玄武法院深入践行江苏省环境资源“9+1”审判机制改革，集中管辖南京市、句容市环境资源刑事、民事、行政一审案件，着力探索生态环境修复性司法机制，构建新型生态文明司法保障体系，促进环境资源审判机制改革效能不断释放。

第一，贯彻“三大理念”，推进环境资源审判体系现代化。一是贯彻绿色理念。严格落实绿色原则，依法妥善审理涉环境污染、生态破坏等各类环境资源案件，审结500余起，支持赔偿总金额超5亿元，追究生态环境赔偿责任效果显著。在案件损害赔偿中，以提标改造等替代性措施修复生态环境的方式进行抵扣，引导排污企业投资建立长江江豚科教中心，积极开展公益活动，推动排污企业从“污染者”变为“修复者”，受到省委省政府领导同志肯定。二是贯彻修复理念。汇聚多条线、多板块修复力量，逐步形成涵盖山林、河流、江畔、湿地、湖泊等多类型生态要素的修复载体。与市生态环境局、钟山风景名胜区管理局等多家单位先后共建紫金山生态环境司法保护基地、长江生态司法保护基地、雨花三桥湿地公园生态修复基地、南京生物多样性保护司法实践基地、南京固城湖生态修复基地、句容赤山湖国家湿地公园生态修复基地，深入推进南京明故宫玉带河水环境整治修复。三是贯彻为民理念。提升司法保障水平，实施环境资源审判绿色工程，与相关部门共签《生态环境保护及修复基地（项目）合作框架协议》，协同推进生态保护和修复，在紫金山生态环境司法保护基地放养白天鹅，打造天鹅野放点“网红打卡地”，引导更多群众关注生态保护事业。设立保育林区，开展补植增绿活动，为社会主义现代化典范城市增美添绿贡献力量，让人民群众感受到实实在在的生态环境实惠。

第二，建立“三项机制”，推进环境资源审判改革实效化。一是建立协调联动机制。建立由法院、检察院、公安、自然资源和规划等部门参加的常态化联席会议制度。牵头召开西南低山丘陵区域环境资源审判工作推进会，辖区14家基层法院共商协作。建立常态化生态环境保护司法协作工作机制，与江阴市人民法院、如皋市人民法院会签《长江流域（江苏段）生态环境保护司法协作框架协议》，与滁河流域四县四区检察机关研讨滁河流域跨省司法协作意见，纵深推动长三角区域环境资源司法协作。建立健全行政执法与刑事司法衔接机制，签订《共建生态环境保护执法司法联动机制合作协议》，加强环境资源案件审理、执行及调查取证配合，同时开展执法联动，与8家沿江职能部门联合开展守护长江渔业资源专项行动，打击非法捕捞，遏制非法捕捞高发态势。二是建立多元解纷机制。以公益诉讼为支点，有力开展环境公益诉讼调解赔偿工作，邀请各界代表旁听庭审并开展座谈，确保调解公开公正。邀请专家等多元力量组建环境资源纠纷调解工作组，参与环境资源纠纷调处，构建多元解纷机制。推动公益诉讼起诉人转变抵触调解办案的思想，统筹案件办理法律效果和社会效果，实现公共利益最大化。引导相关主体以第三人的身份参与诉讼，为环境赔偿义务、生态修复方案的落实提供连带责任担保。三是建立专家合作机制。充分发挥法院丰富司法实践和高校专家前沿环境资源法学理论优势，在建立课题合作研究机制、疑难问题探讨机制等方面开展合作。根据环境资源案件专业性强的特点，组织行政职能部门、行业专家召开研讨会，搭建智力交流平台，引入专家证人出庭发表意见，为查明案件事实奠定技术基础，为法官提供智力支持。积极开展调研交流，邀请高校专家进行专题研讨，撰写的课题连续两年入选南京市中级人民法院重点调研课题。

第三，落实“三个结合”，推进生态司法保护立体化。一是“司法宣传+以案示警”相结合。在世界环境日等重要时间节点，广泛开展环保法治宣传活动。举办“司法保护长江生态”专题新闻发布会，发布环境资源审判工作报告，公布针对性强的环境资源审判典型案例。定期走访环保企业把脉问诊，制作工作专题纪录片，弘扬以最严格制度、最严密法治保护生态环境司法理念。二是“司法建议+以案促改”相结合。针对案件审理中发现的监管漏洞，向相关职能部门提出完善行政处罚程序等司法建议，促进行政执法管理力度和精准度提升。出台《关于强化环资审判有效应对疫情的十条意见》，积极应对疫情期间及疫情后环境资源案件可能面临的新情况、新问题，强化环境资源审判职能，助力疫情防控。三是“司法公开+以案释法”相结合。大力加强巡回审判，在利民便民同时达到“审理一案、教育一片”的效果。推进司法公开，邀请代表委员旁听庭审。选取典型案例网络直播，330余万网民在线旁听庭审，实现司法审判、生态科普与法治教育的深度融合。推出精品案例，彰显司法保障国家生态安全、社会公共利益、人民环境权益的坚定决心。审结最高人民检察院、公安部、原环境保护部联合督办的“4·10污染环境案”，开出长江大保护最严罚单，被载入2021年全国和江苏省高级人民法院工作报告，获得最高人民法院、江苏省高级人民法院领导充分肯定，获评2019年度人民法院环境资源典型案例、第九届中国十大公益性诉讼。

三、“三个聚焦”筑牢湿地生态保护屏障

近年来，玄武法院发挥集中管辖南京市、句容市环境资源案件职能作用，积极践行发展共谋、环境共治、文化共建，系统推进湿地资源司法保护，不断筑牢生态安全屏障。2023年，玄武法院共审理非法捕捞水产品、非法采矿、污染环境、生态破坏民事公益诉讼等湿地保护相关案件105件。一是聚焦协同联动，夯实湿地综合治理之基。与生态环境主管部门、检察机关、公安机关、财政部门等20余家单位先后共建长江生态司法保护基地、池杉湖湿地公园生态环境司法保护基地、雨花三桥湿地公园生态修复基地、江苏南京龙袍长江湿地公园生态环境司法保护基地等多个生态法治地标区，会签湿地联动保护合作协议，融合生态修复、普法教育、司法便民多重功能，实现湿地治理连片成阵、遍地开花。与沿滁河流域8家检察机关、长江中下游7家基层法院构建共治“朋友圈”，推进长江流域生态环境保护跨区域司法协作，司法修复宣传视频获《人民法院报》“司法守护大江大河”栏目推广。深化“行政执法+检察监督+司法审判”综合治理模式，与环境资源执法部门、检察机关、长江航运及海事部门等单位共建湿地、河流、江畔等生态环境联动执法体系，用最严格制度最严密法治保护生态环境。二是聚焦审判职能，巩固湿地司法保护之本。树牢“全域保护、全链打击”理念，在案件审理中推动涉国家湿地公园、省级重要湿地等生态环境损失整体性认定规则和刑民一体追责等裁判思路形成，有效破解破坏湿地生态犯罪行为和侵权行为取证难、损害后果认定难问题。在武汉某贸易公司、向某等12人污染环境刑事附带民事公益诉讼案中，明确可以根据船舶航行轨迹、污染防治设施运行状况、污染物处置去向、专家意见等证据，综合认定非法排污行为及生态损害，入选最高人民法院指导性案例。落实恢复性司法理念，在“4·10污染环境案”中，通过现金赔偿、技改抵扣、替代性修复、第三方治理等多种责任承担方式，推动总额

5.2亿元的全国环境污染“最严罚单”全面履行，入选2023年度中国法治实施十大事件。将案件审判与湿地保护有机结合，积极推进生态赔偿资金价值转化，在长江开展胭脂鱼、中华鲟等珍稀濒危物种增殖放流活动，助力湿地生物多样性保护。三是聚焦文化宣传，凝聚湿地生态共治之识。在长江江豚科教中心设立生态法治宣传教育基地，通过以案释法、教育引导、宣传示范等形式，培养青少年长江大保护以及栖息地生物多样性司法保护意识，引导社会公众树立起尊重自然、顺应自然、保护自然的生态文明新理念。组建湿地保护法治宣讲团，赴省级重要湿地句容市赤山湖国家湿地公园开展普法宣传，共话湿地保护工作，讲好江苏法院“司法护绿”故事。在世界环境日，就非法捕捞水产品案公开宣判，邀请长江航运公安机关干警到场旁听，并召开专题新闻发布会，公开发布非法采矿、污染环境等典型案例，达到“审理一案、教育一片”的效果。在首个全国生态日，会同检察机关、长江航运公安机关、海事部门联合开展没收破坏生态环境的禁用渔具等集中销毁处置活动，助力长江湿地鱼类资源恢复性增长，共绘万里长江南京段云销雨霁、鱼跃鸢飞美丽画卷。

四、以绿色审判服务保障中国式现代化①

党的二十届三中全会审议通过《中共中央关于进一步全面深化改革推进中国式现代化的决定》（以下简称《决定》），擘画了以进一步全面深化改革驱动中国式现代化建设的宏伟蓝图。《决定》提出，中国式现代化是人与自然和谐共生的现代化。必须完善生态文明制度体系，协同推进降碳、减污、扩绿、增长，积极应对气候变化，加快完善落实“绿水青山就是金山银山”理念的体制机制。人民法院环境资源审判工作是生态文明建设体系的重要一环，我们要深刻领会和把握进一步全面深化改革的主题、重大原则、重大举措、根本保证，推进环境资源审判工作现代化，把改革部署转化为推进中国式现代化的强大力量。

一是提高政治站位，全力谋划环境资源审判工作。《决定》强调，党的领导是进一步全面深化改革、推进中国式现代化的根本保证。人民法院

① 本部分主要参考了高伟、党权所著《学习贯彻党的二十届三中全会精神 以绿色审判服务保障中国式现代化》文章，原文载《人民法院报》2024年8月21日第2版。

作为国家审判机关，首先是政治机关，必须增强对党的领导的政治优势、对中国特色社会主义司法制度优势的理性认识，只有牢牢坚持党的领导，才能确保环境资源审判工作始终保持正确政治方向。要坚持以习近平新时代中国特色社会主义思想为指导，深入践行习近平生态文明思想和习近平法治思想，将环境资源审判工作的改革路径、发展部署的谋划与贯彻落实党中央指导方针、战略决策紧密结合，坚定不移走中国特色社会主义法治道路。要做实“从政治上看、从法治上办”，坚持政治建设与业务建设紧密结合，一体融合抓实政治素质、业务素质、职业道德素质建设，锻造忠诚干净担当的过硬环境资源审判队伍。坚持从厚植党的执政根基高度出发办理环境资源案件，在法律规范的裁量空间内，努力寻找最佳处理方案，实现政治效果、社会效果、法律效果有机统一。

二是坚持服务大局，以环境资源审判服务高质量发展。全会提出，高质量发展是全面建设社会主义现代化国家的首要任务。中共中央、国务院印发的《关于加快经济社会发展全面绿色转型的意见》指出，推动经济社会发展绿色化、低碳化，是新时代党治国理政新理念新实践的重要标志，是实现高质量发展的关键环节。人民法院作为国家和社会治理的重要力量，唯有主动延伸司法职能，将法治融入推动经济社会发展绿色化、低碳化的各领域各方面，方能更好发挥司法对高质量发展的保障作用。要完整准确全面贯彻生态优先、绿色发展理念，把“绿水青山就是金山银山”蕴含的保护生态环境就是保护生产力、改善生态环境就是发展生产力的道理在司法实践中充分阐释弘扬，使案件办理在保障长江大保护、“双碳”目标实现等战略落实中效能最大化。要围绕加快推动发展方式绿色低碳转型，找准环境资源审判服务发展、保障民生和保护环境之间的平衡点，推动传统产业绿色低碳改造升级，积极鼓励绿色低碳导向的新产业、新业态、新商业模式加快发展，助力加快形成绿色生产方式和生活方式。

三是深化机制改革，释放强劲司法动能。《决定》要求，健全相关规则和政策，加快形成同新质生产力更相适应的生产关系。司法审判工作调节各类社会关系，环境资源审判作为生态环境法治工作的重要组成部分，审理涉及环境污染防治、生物多样性保护、气候变化应对、资源开发利用、生态环境治理与服务等相关领域案件，涵盖刑事、民事、行政三大诉讼领域，科学的审判机制对生产关系调节具有重要意义。要加强环境资源审判专业化建设，更好满足服务保障经济社会高质量发展和生态环境高水平保护的需要，积极探索涉环境资源刑事、民事、行政审判职能“三合一”机制，促进对生态环境损害的刑事追诉、民事赔偿与行政履职协同联动。要坚持系统观念和全局观念，深化案件跨域集中管辖机制运行，根据山水林田湖草沙一体化保护和系统治理需要，建立健全以流域、森林、湿地等生态系统及国家公园、自然保护区等生态功能区为单位的案件集中管辖机制，推进生态环境一体保护、系统治理。

四是严格适用法律，确保环境保护职能有效发挥。《决定》提出，法治是中国式现代化的重要保障。天下之事，不难于立法，而难于法之必行。习近平总书记指出，法律的生命力在于实施。严格适用法律，确保法律法规正确实施是建设中国特色社会主义法治体系的重要内容，也是维护社会公平正义、保护人民权益的必然要求。要严格依法审理各类环境资源案件，坚持对环境资源违法和犯罪行为“全要素、全环节、全链条”惩治与预防，结合实际情况依法对行为人综合运用刑事、民事、行政追责方式，推动生态环境保护法律法规真正成为“长出牙齿”的严规铁律。要不断完善裁判规则体系，因应时代发展需求更新完善环境资源司法解释及规范性司法文件，充分发挥指导性案例、典型案例示范指引作用，统一裁判标准和裁判尺度。要通过公开审判、释法说理，强化全社会对生态环境保护的深刻理解、对人民群众环境权益的自觉维护，使法律法规从刚性约束的“文本法”转化为人民群众自觉遵守的“内心法”。

五是践行“如我在诉”，把为民司法落到实处。进一步全面深化改革，是坚持以人民为中心、让现代化建设成果更多更公平惠及全体人民的必然要求。随着社会主要矛盾的发展变化，人民群众在民主、法治、公平、正义、安全、环境等方面有了内涵更丰富、标准更高的要求。人民法院作为维护社会公平正义的最后一道防线，事关提升人民群众幸福感获得感。要坚持以人民为中心的发展思想，从便民利民视角出发开展环境资源审判工作，结合国家公园、自然保护区、人文遗产地等重点区域，建设集巡回审判、生态修复、宣传教育、综合治理等功能于一体的生态环境司法保护（修复）基地，用心用情守护良好生态环境这一最普惠的民生福祉。要持续优化环保法治宣传，将法治宣传与司法公开、以案释法与司法便民、普法与科普相结合，打造世界环境日、全国生态日普法宣传品牌，用群众喜闻乐见的小案件生动阐释大道理，推动全社会法治意识和环保意识不断提升。

第三节 生态修复基地基本情况

坚持贯彻恢复性司法理念，汇聚多条线、多板块修复力量，逐步形成涵盖山林、河流、江畔、湿地、湖泊等多类型生态要素的修复载体。玄武法院工作经验被《最高人民法院简报》刊登推广，构筑“3+N”生态法治文化阵地集群获评2020—2022年度全市政法工作“十佳创新成果”。南京玄武法院打造“3+N”多层次立体化修复平台获评江苏环境司法改革典型事例。

一、紫金山生态环境司法保护基地

紫金山生态环境司法保护基地由玄武法院与钟山风景名胜区管理局合作共建，于2020年11月揭牌成立。基地负有紫金山生态环境保护、替代性修复、环境资源司法教育宣传、环境资源司法研究等多项功能，依托紫金山的丰富生态要素和多样环境条件，推进区域司法执法协作，维护紫金山生态环境的系统性、完整性，培育生物多样性，促进生态功能良好发挥。

在具体实践上，基地为环境资源刑事案件、环境公益诉讼、生态环境损害赔偿诉讼等提供替代性修复场所和项目，使生态环境修复和赔偿费用更好发挥效用，为落实恢复性司法理念提供有力支撑；已开展补植增绿、投放天鹅等生态修复活动。基地设有生态环境司法保护展馆，为环境资源司法教育宣传、司法研究提供平台，也为社会公众提供了环境资源保护实践场所。

二、长江生态司法保护基地

2022年3月1日，南京环境资源法庭、玄武法院、南京市鼓楼区人民检察院、南京市下关滨江商务区管委会合作设立长江生态司法保护基地，旨在推动长江保护法律法规有效落实，提升长江生态环境司法保护和修复能力，促进生态环境司法审判、检察监督和行政监管职能有效衔接，形成全方位保护合力，协同推进长江生态高水平保护和经济高质量发展。之后，与长江大保护有关的增殖放流活动和普法宣传等都可以在这里举行。

基地设立了普法宣传展板，该展板分板块介绍了长江保护司法工作以及科普宣传两部分内容，以法检两院打造母亲河“法治护甲”为主线，介绍了司法机关依法办理涉长江案件、履职尽责保护长江母亲河的工作情况，展示了打击非法捕捞、非法采砂、污染环境等长江保护典型案件，促进司法案例的评价、指引、教育价值有效发挥，营造“向破坏生态说不，为保护环境叫好”的良好社会氛围。展板还图文并茂地科普长江水生生物保护知识，引导更多人参与保护长江水生生物。

三、南京生物多样性保护司法实践基地（设生物多样性司法保护馆）

生物多样性司法保护馆位于南京市红山森林动物园大壮观阁内，于2022年2月14日启用，启用后，对社会公众免费开放，年参观人数在10万人次左右。生物多样性司法保护馆是全省首个生物多样性司法保护馆，该馆由省市区三级法院共建，是南京市中级人民法院“我为群众办实事”项目之一，被命名为“南京市法治文化宣传教育基地”、省级“法治文化建设示范点”，由南京市中级人民法院、玄武法院、南京市红山森林动物园共同建设，充分展示江苏法院生物多样性保护成效，为人民群众特别是广大青少年提供全面、生动、有趣的科普知识学习指引。

生物多样性司法保护馆一楼为司法保护区，分区域介绍了江苏法院审结的10个生物多样性司法保护典型案例，相关法律知识以及生物多样性保护知识。二楼是互动实践区，为大家提供了沉浸式的体验，展示了江苏法院审结的生物多样性保护典型案件，科普生物多样性保护知识，阐释生物多样性保护的重要意义。

生物多样性司法保护馆是玄武法院“3+N”生态法治文化阵地集群建设的重要组成部分，展现了江苏省环境资源“9+1”审判机制改革的工作成效，展示了玄武法院生态司法保护的特色亮点，是助力玄武区生态文明建设的具体举措。最高人民法院从全国范围内选择了十项亮点工作开展“非凡十年看法院”系列直播活动，其中第六场“环境资源审判看江苏”在该馆进行。

玄武法院拟进一步依托“法治副校长”工作，把环境资源保护作为法治课堂的重要组成部分，借助红山动物园生物多样性司法保护馆优势，结合环境资源审判实例，将生动形象案例与亲历性、沉浸式参观体验相结合，帮助青少年从小树立环境保护意识，践行环境保护理念，以实际行动守护我们共同的家园。

四、雨花三桥湿地公园生态修复基地

2021 年 6 月，雨花三桥湿地公园生态修复基地由南京市生态环境局、玄武法院西南低山丘陵区域环境资源法庭、南京雨花经济开发区共同设立。雨花三桥湿地公园生态修复基地旨在推动修复性司法理念落到实处，完善生态环境行政执法、司法审判与基层综合治理职能衔接，以推进长江湿地生态系统保护及替代性修复、搭建环境资源司法教育宣传平台和环境资源执法司法研究平台为抓手，形成环境资源保护合力，共同保护长江母亲河，助推生态文明建设。

三桥湿地公园位于雨花经济开发区秦淮新河以南、板桥河以北、滨江大道以西、长江以东，占地面积约1500亩，集植物观赏、生态科普、候鸟栖息、步道游览湿地景观等功能于一体，未来通过构建“一片、三带”为骨架，多点多线相结合绿地系统结构建设，将被打造为南京主城西南门户的一块“绿肺”，为人民群众城市生活不断增添绿色生机。

雨花三桥湿地公园生态修复基地依托其良好环境及自然资源条件，以对涉危害长江湿地生态环境、破坏水生动植物资源等环境资源违法行为的行政执法、公益诉讼追责、司法审判为抓手，为环境资源刑事案件、环境资源公益诉讼案件、生态环境损害赔偿案件等提供替代性修复的场地和项目，成为共建单位加强环境资源保护工作衔接配合的纽带和桥梁，有利于更好发挥各自职能，形成环境资源保护合力。基地的设立是共建单位深入贯彻落实习近平生态文明思想，践行生态优先、绿色发展理念的积极实践，也是玄武法院深入贯彻落实江苏省环境资源“9+1”审判机制的有益探索。

五、赤山湖国家湿地公园生态修复基地

赤山湖水系通过秦淮河汇入长江，是秦淮河上游唯一天然湖泊，有

“秦淮之源”美誉，是贯通长江的重要水系，位于江苏省西南低山丘陵区域，对于维护长江湿地生态系统功能具有重要意义。赤山湖国家湿地公园依托赤山湖良好生态要素，拥有丰富的湿地类型与野生动植物资源，数以万计的野生鸟类在秋冬季节到此栖息、越冬与繁殖，不乏多种全球濒危鸟类与国家一级、二级保护动物，又被誉为南京都市圈的“鸟类天堂”。

2021 年 9 月 10 日，玄武法院、句容市自然资源和规划局（林业局）、句容市赤山湖管理委员会三方会签了《赤山湖国家湿地公园生态修复基地共建协议》，约定以赤山湖国家湿地公园良好生态为依托，共同打造集湿地生态环境保护及替代性修复、环境资源司法教育宣传、环境资源执法司法研究平台功能为一体的综合性司法保护基地，搭建长江湿地生态环境保护及修复平台、环境资源司法教育宣传平台及环境资源执法司法研究平台；致力于构建全方位、多层次的生态环境保护和修复合作机制。该基地是西南低山丘陵区域生态修复项目库中南京地区以外的第一个成员，培育实践成果具有重要现实价值和深远意义。

六、池杉湖生态环境司法保护基地

为深入贯彻落实习近平生态文明思想，积极践行新发展理念，推动恢复性司法理念落到实处，完善生态环境司法、执法、综合治理职能衔接，2021 年 11 月 16 日，玄武法院、南京市六合区人民检察院、南京市公安局六合分局、江苏池杉湖农业发展有限公司共同设立池杉湖湿地公园生态环境司法保护基地。该基地的设立是打造江苏省西南低山丘陵区域东、西、南、北、中生态环境修复载体布局的新开端；汇集民营企业力量参与生态修复，是多元主体协作保护生态环境的新模式；根据池杉湖湿地公园横跨苏皖两省地域的实际，共同建设好池杉湖基地也是提升社会治理水平、护航经济高质量绿色发展的新抓手。

池杉湖湿地公园位于长江下游圩区，有华东地区面积最大的池杉林，茂盛的池杉林、芦苇荡及库塘湿地等独特生态环境，为珍稀水禽、鱼类和底栖动物以及鹭、雁鸭等鸟类提供了重要栖息地和繁育场所，是滁河流域及长江下游沿江地区鸟类重要集中栖居地，有“百鸟天堂”之美誉。

共建单位立足该区域有利生态要素和环境条件，以池杉湖湿地公园为依托，共同打造集湿地生态环境保护及替代性修复、环境资源司法教育宣传、环境资源执法司法研究功能于一体的综合性生态环境司法保护基地。

七、江苏珍稀植物司法保护基地

2023年3月，南京市中级人民法院、玄武法院、南京市六合区人民检察院、南京市六合平山林场发展有限公司等共建全国首个以珍稀、濒危植物为主要保护对象的司法保护基地。江苏珍稀植物司法保护基地分两期建设，一期建设自基地设立时启动，二期建设于2024年3月22日启动。基地的设立是贯彻落实党的二十大精神的具体行动，为多元主体深化协作、织密生态环境保护网提供了良好平台，对于进一步提升珍稀、濒危植物种群稳定性和多样性，促进人与自然和谐共生具有积极意义。

江苏珍稀植物司法保护基地位于平山森林公园核心区，占地面积36.04亩，依托有利生态要素和环境条件，遴选国家重点保护植物及珍稀植物品种进行栽植培育，打造以珍稀植物为主的培育区，已栽植国家一级保护野生植物红豆杉、银缕梅等10余株，国家二级保护野生植物金花茶、罗汉松、厚朴、宝华玉兰、秤锤树、夏蜡梅、浙江楠、香榧等200余株。同时，基地为布局景观注入法治元素，寓教于乐开展普法教育，引导人们保护生态环境，助力生态文明示范品牌创建，集司法宣传、景观、教育、科普、培育等多种功能于一体，具有打造成全国知名植物司法保护高地的广阔前景。

八、长江江豚科教中心生态法治宣传教育基地

长江江豚科教中心位于南京江心洲国际水务中心内，于2022年9月1日启用，启用后，对社会公众免费开放。它以江豚保护为主题，全面展示最新调研数据和江豚保护的理念、成就，面向学生和公众开展相关的研学教育，科普江豚保护知识，提升公众尤其是青少年的环保意识。参观者可以通过参与沉浸式体验、模拟实验授课等形式，与“水中大熊猫”长江江豚“邂逅”。整个中心包含840平方米的科普展示厅、240平方米的教研室以及可容纳450人的多功能厅。

科教中心里面还设置了沉浸式体验区。参观者可以坐在漂流艇里，借助裸眼3D技术，体验从长江源头一直到上海入海口的一路上的新奇刺激。在玩乐过程中，大家也能深刻地了解到长江水域生态环境、长江水域保护

以及江豚在自然环境中的生态等。

玄武法院将充分拓展并利用好生态法治宣传教育基地这个载体，通过以案释法、教育引导、宣传示范等形式，做优做强生态环境保护品牌，引导社会公众树立起尊重自然、顺应自然、保护自然的生态文明新理念，特别是培养青少年的长江大保护以及栖息地生物多样性司法保护意识，联合多方共同推进环境保护综合治理创新发展，谱写生态优先绿色发展新篇章。

九、植物种质资源司法保护基地

2023 年 8 月，南京环境资源法庭、玄武法院西南低山丘陵区域环境资源法庭、江苏省中国科学院植物研究所在南京中山植物园共同设立了全国首个植物种质资源司法保护基地。

种质是植物的“芯片”，保护好植物种质资源，是加强生物多样性保护的关键所在。设立该基地，更加有利于建立濒危野生植物司法保护长效机制，零距离守护大自然种质资源和基因宝库安全，助力珍稀野生植物回归自然，促进生物多样性资源有效恢复。要以此次共建活动为契机，进一步加强植物种质资源保护，完善生物多样性保护体系，不断增进人民群众生态环境幸福感、获得感、安全感，为全面推进人与自然和谐共生的中国式现代化建设贡献司法智慧和力量。该基地是“做绿水青山就是金山银山理念的积极传播者和模范践行者”的一项有益尝试，也是提高生态环境保护水平，加快推进人与自然和谐共生的现代化，全面推动美丽中国建设的积极探索。该基地的设立，将为集中分布的珍稀濒危植物和大自然种质资源宝库提供零距离的司法保护，能够更好地畅通生态修复费用转化为生态修复成果的渠道，优化植物保护“科普+法治”的融合成效，搭建展示江苏生物多样性司法保护和生态环境公众参与的工作平台。

十、江苏南京龙袍长江湿地公园生态环境司法保护基地

2023 年 11 月，龙袍长江湿地公园生态环境司法保护基地位于南京市六合区龙袍长江湿地公园，由玄武法院、南京市六合区人民检察院、南京市六合区财政局、南京市公安局六合分局共同设立。

龙袍长江湿地公园生态环境司法保护基地占地面积 4 万多亩，主要包

括长江大堤东南侧的长江水面，兴隆洲、乌鱼洲等洲滩湿地等。基地秉承“尊重自然、顺应自然、保护自然”的理念，依据基于自然的解决方案的准则，对生态功能退化湿地进行修复，恢复了以洪泛平原湿地生态系统为特色的洲滩湿地资源和景观，为湿地动植物提供了良好的栖息环境，湿地公园物种多样性逐年提升。

为落实长江大保护的要求，推动恢复性司法理念落到实处，完善生态环境司法、执法、综合治理职能衔接，共建单位将共同开展湿地生态环境保护、生态环境替代性修复、环境资源司法教育宣传、环境资源执法司法研究等工作。

十一、南京江北新区浅山林地司法保护基地

2024 年 1 月，为合力推动生态环境损害修复治理，玄武法院与南京江北新区人民检察院、南京江北新区综合行政执法局共同会签了《南京江北新区浅山林地司法保护框架合作协议》，依托浅山休闲公园，以追偿的生态损害赔偿费用打造司法保护生态公益林，该公益林承担生态修复、补植复绿、警示教育、普法宣传等功能，在实现生态利益填补续造的同时，推动生态环境“破坏者”向“守护者”角色转变，助推全社会形成生态环境保护的共识。

同年 6 月，共建单位在江北新区浅山休闲公园共同设立浅山司法保护公益林，依托浅山休闲公园的有利生态要素、环境条件，开展替代修复，实现生态环境及其服务功能等量恢复，并同步打造生态环境司法保护基地，努力实现惩治犯罪与修复生态、纠正违法与源头治理、维护公益与促进发展的有机统一。浅山司法保护公益林占地 1.6 万平方米，目前，已栽植栾树、榉树、乌桕、垂丝海棠、桂花树等众多树种，呈现出莺歌蝶舞、苍翠欲滴的景象，吸引了不少动物栖息于此，成为周边居民休闲观赏的好去处。浅山司法保护公益林是江北新区首个综合性生态环境司法保护基地，将被打造成生态修复的样板、法治宣传的窗口、群众喜爱的园林。

十二、南京老山生物多样性司法保护基地

2024 年 2 月，南京市浦口区人民检察院、玄武法院和浦口区生态环境局共同设立南京老山生物多样性司法保护基地，各共建单位优势互补，资

源共享、互利互助，建设生物多样性保护案件办理专业化支撑机制，宣传推广生物多样性保护科学与法律知识，推动共同提升南京老山生物多样性司法保护水平。保护案件办理专业化，不断推进生态环境治理以及涉生物多样性保护科普宣传和法治教育等工作。

十三、南京市雨花台历史文化司法保护基地

为深入贯彻落实习近平生态文明思想，推动恢复性司法理念落到实处，加强烈士纪念设施等历史文化资源保护，更好地发挥“红色基因库”作用，完善生态环境司法、综合治理职能衔接，形成保护合力，2024 年 4 月，玄武法院与南京市雨花台区人民检察院、南京市雨花台烈士陵园管理局共商合作，共同设立了雨花台历史文化司法保护基地。

玄武法院和雨花台区人民检察院未来将依托该基地，积极开展破损文物修复与生态环境修复，并在监督修复活动实施与多样性普法宣传等方面同向发力、做出成效。

雨花台历史文化司法保护基地是南京首家集生态环境保护及修复、历史文化遗产保护、环境资源及红色文化教育宣传于一体的综合性历史文化保护基地。基地的设立，是践行新发展理念，落实恢复性司法理念，保护烈士纪念设施等历史文化资源的重要举措，对充分发挥雨花台“红色基因库”作用，讲好“雨花故事”具有积极意义。

十四、兴安杜鹃司法保护基地

映山红是杜鹃花的别称，又称北国报春花，也是朝鲜歌曲里广为传唱的金达莱，因其艳丽的色彩和美好的寓意，广受大家的喜爱。兴安杜鹃生长于我国北疆黑龙江、内蒙古一带，其干枝泡水几天即可开花，因为有着“枯木逢春”的好兆头而格外受到人们的青睐和追捧。很多人知道兴安杜鹃很美，想把它的美留在家中，但可能不知道由于掠夺性采挖而造成的濒危情势，兴安杜鹃在 2021 年 9 月就被正式列入《国家重点保护野生植物名录》，属于国家二级保护野生植物。

2024 年 5 月，雨花台区人民检察院、黑龙江省大兴安岭地区新林区人民检察院、林业和草原局在大兴安岭地区新林区共同设立兴安杜鹃司法保护基地。基地旨在共同推进野生珍稀植物保护、生长地生态环境治理、科

普宣传及法治教育等工作，为两地涉野生珍稀植物案件办理及保护提供专业技术支持，共同提升野生珍稀植物保护的能力水平。共建单位达成了构建“多方联动、跨省协同、源头治理”协同保护机制的共识，并推动了当地4万余平方米的兴安杜鹃司法保护基地“杜鹃谷”的建设，通过跨区域跨部门携手保护，让野生兴安杜鹃在大兴安岭上美丽绽放。

第二章　环境资源审判白皮书

第一节　西南低山丘陵区域环境资源法庭环境资源审判白皮书（2019. 11—2020. 6）

前　言

党的十九大将“坚持人与自然和谐共生”纳入新时代坚持和发展中国特色社会主义的基本方略，指出“建设生态文明是中华民族永续发展的千年大计”。江苏省环境资源“9+1”审判机制是江苏法院深入贯彻习近平生态文明思想、司法保障生态文明建设的积极实践。在这一实践中，西南低山丘陵区域环境资源法庭以习近平生态文明思想为指引，深入贯彻党委政府关于环境资源保护的重大决策部署，切实落实上级法院关于环境资源审判各项改革举措，推进环境资源审判工作实现了新发展。

一、机构设置及生态功能区概况

（一）机构设置

2019年6月28日，江苏省高级人民法院发布《关于正式启动环境资源“9+1”审判机制相关事项的通知》，自同年7月1日起，由9家生态功能区环境资源法庭分别集中管辖相应区域的环境资源第一审案件，其他基层法院不再受理，江苏省环境资源“9+1”审判机制正式启动。

2019年10月29日，江苏省高级人民法院决定将原设于南京铁路运输法院的西南低山丘陵区域环境资源法庭改设在玄武法院，自2019年11月1日起集中管辖西南低山丘陵区域即南京市、句容市辖区内的环境资源民事、刑事和行政第一审案件。

（二）生态功能区概况

西南低山丘陵区域系江苏省九大生态功能区之一，位于江苏省西南部，区域名称体现了地理位置和地貌特点，由南京市和句容市行政区划范围内的区域组成。南京地区低山缓岗约占地域面积的六成，其余为平原洼地及河流湖泊，句容地区地貌特点为“五山一水四分田”。

该生态功能区具有典型的江南地貌，多丘陵、多水、多平原。老山、紫金山、牛首山、云台山、茅山等山脉绵延于此；属长江和秦淮河水系，分布有玄武湖、莫愁湖、固城湖、石臼湖（部分）、赤山湖等众多湖泊；设有老山国家森林公园、南京长江新济洲国家湿地公园、宝华山自然保护区等动植物保护区；以江豚、宝华玉兰为代表的珍稀动植物种群在此繁衍生息。动植物种类丰富，生态环境条件优良。

二、强化环境资源审判担当司法职责

（一）环境资源案件收案情况

西南低山丘陵区域环境资源法庭在玄武法院设立以来，即自 2019 年 11 月 1 日至 2020 年 6 月 19 日，新收环境资源诉讼案件（不含行政非诉案件）127 件，其中，刑事案件 113 件、民事案件 10 件、行政案件 4 件。

环境资源刑事案件收案案由分布：非法捕捞水产品罪 34 件、涉野生动物犯罪（涉及案由有：非法猎捕、杀害珍贵、濒危野生动物罪，非法收购、运输、出售珍贵、濒危野生动物罪等）23 件、污染环境罪 18 件、涉野生动物制品犯罪（涉及案由有：非法收购、运输、出售珍贵、濒危野生动物制品罪等）15 件、非法狩猎罪 12 件、非法采矿罪 8 件、非法占用农地罪 2 件、滥伐林木罪 1 件。

刑事公诉案件中提起附带民事公益诉讼 7 件。

环境资源民事案件收案案由分布：环境污染责任纠纷 4 件、合同纠纷（某胶带公司与附近居民达成每年补偿一定数额款项的协议，居民以该公司未按约履行协议为由诉至法院）4 件、水污染责任纠纷 1 件、土壤污染责任纠纷 1 件。

新收环境资源行政案件4件，被诉行政行为均为行政处罚。

从环境资源案件收案情况可以看出，环境资源案件整体收案以刑事案件为主，辅以少量民事案件和行政诉讼案件。但当前呈现的收案情况与新冠疫情对社会的影响有一定关系，同时考虑到西南低山丘陵区域环境资源法庭在玄武法院设立时间不足1年，收案样本数量有限，随时间推移刑事、民事、行政诉讼案件在整体收案中的比重可能会产生一定变化。

（二）环境资源案件审理情况

2019年11月1日至2020年6月19日，玄武法院共审结环境资源诉讼案件93件。

审结环境资源刑事案件84件，涉及被告人172人、被告单位4个，判处监禁刑（此处指判处监禁刑并实际执行的，不包括宣告缓刑）13人（其中三年以上监禁刑1人），监禁刑占比7.56%，累计判处罚金5629.4万元，没收违法所得42.9544万元。

审结刑事附带民事公益诉讼5件，依法判决或经调解确定生态损害赔偿金总额47055.988625万元（包括替代性修复项目资金23300万元）。

审结环境资源民事案件8件。

新收的4件环境资源行政诉讼案件均系2020年3月以后收案，1件已经审结，其余3件正在审理。

（三）凝心聚力稳妥审理重大案件

依法审结最高人民检察院、公安部、原环境保护部联合督办的“4·10污染环境案”，即某水务公司污染环境刑事附带民事公益诉讼案。该案被评为南京法院2019年度十大典型案件，入选2019年度人民法院环境资源典型案例和第九届中国十大公益性诉讼。

该案刑事部分审理中，充分发挥刑事审判职能查明事实，依法追究被告单位、直接负责的主管人员、其他直接责任人员和篡改监测数据的共同犯罪人员的刑事责任，实现对污染环境犯罪行为的全面打击。就庭审中发现新的犯罪线索建议公诉机关补充侦查，公诉机关补充侦查后作出变更起诉；引导控方补充固定被告人的往来电子邮件等关键资料，补强被告人郑某庚主观明知污染环境的证据；针对控辩双方争议的污水处理工艺专业问题和司法鉴定效力问题，引入8名专家证人出庭辅助从而作出正确判断。同时，对该水务公司作为治污企业实施偷排污染环境的行为依法严惩，判处其罚金人民币5000万元，强化污染防治源头治理。

该案民事部分审理中，在被告单位缺乏履行能力情况下，根据当事人意愿，同意追加其控股股东为赔偿义务人，并探索“现金赔偿+替代性修复”的责任承担方式，最大程度促进受损的生态环境得到修复。被告单位经鉴定资产为负值，其作为南京化学工业园区一家重要的污水处理企业，若径行判决巨额生态修复赔偿将面临执行不能，化学工业园区污水处理能力也将受到影响。经法院依法主持调解，原、被告双方达成了赔偿总额达4.7亿元的调解协议，其中现金赔偿2.37亿元，替代性修复资金2.33亿元。在赔偿义务人无力支付赔偿款，而民事公益诉讼调解程序仅有程序性和原则性的规定情况下，该案对引入案外人提供担保的责任承担方式做了有益探索。

（四）多措并举做好环境资源审判特色宣传

立足环境资源审判特点，塑造环境资源审判生动形象，提升环境资源审判社会知晓度。参与《中国环境司法改革之江苏实践》编纂，就生态环境损害赔偿磋商协议确认程序中的审查标准、“9+1”审判机制的初步实践等问题建言。制作《担司法重任守绿水青山——设立西南低山丘陵区域环境资源法庭侧记》专题宣传片，将法庭设立经过、生态功能区特色、重大案件审理及“9+1”审判机制推进情况以影像形式呈现。

围绕世界环境日开展系列宣传活动，邀请媒体报道，扩大环境资源审判影响力。在2020年世界环境日到来之际，以环保知识、江苏省环境资源“9+1”审判机制情况、环境资源审判基础知识为素材设计趣味问答，开展线上调查问卷。组织多起非法捕捞、非法狩猎案件集中开庭审理并当庭宣判。召开新闻发布会，介绍环境资源案件办理情况、发布典型案例并答记者问。活动情况在江苏公共频道《新闻360》栏目、荔枝新闻网等媒体平台播出。

三、优化配套机制提升审判实效

（一）积极构建司法协作互助机制

制定《贯彻落实〈长江三角洲地区人民法院环境资源司法协作框架协议〉工作方案》，积极参与立案、审理、执行、委托事项办理等司法协作机制构建。

加强立案、审理工作的对接协作。探索建立跨域案件移送审理机制，对污染环境破坏生态行为或后果跨越管辖行政区划，并案处理更加有利于案件审理、执行的，协商将案件交由同一法院集中审理，实现区域一体化保护，促进生态环境及时修复。落实环境资源案件跨域立案区域全覆盖制度，依托“中国移动微法院”在跨域立案电子文档上传后，将当事人提交的纸质材料在2个工作日内通过法院专递方式寄送管辖法院立案部门。

加强委托事项的互助协作。对案件涉及的当事人住所地在辖区外的，探索委托当事人所在地的法院送达相关法律文书、调查与案件有关的事项。加强生效判决委托或协助执行委托协作，对跨区域环境资源执行案件中的生态环境修复、禁止令、劳务代偿、第三方治理等特殊执行事项，探索建立委托执行监督反馈机制。积极接受长三角其他区域法院的委托，依法开展前述工作。

（二）推动建立司法行政联动机制

与玄武区检察院、玄武公安分局、玄武区生态环境局共同制定《生态环境保护执法司法联动机制实施办法》。以加强犯罪线索移送衔接、定期召开联席会议、建立联络人会议制度、信息共享制度、法律适用研讨机制、业务培训机制等为抓手，建立从立案、审理到执行、宣传的全流程联动合作机制，促进生态环境系统保护。

与高淳区检察院、高淳公安分局、高淳区农业农村局会签《关于建立非法捕捞水产品案件协作机制的意见》。就打击非法捕捞水产品行为，强化与检察机关、公安机关、行政职能部门的协作，汇聚环境资源保护合力，促使行为人落实生态环境修复义务，促进渔业资源修复性保护。

（三）建立健全审判保障工作机制

设立生态修复基地，完善受损生态环境修复义务履行机制。与高淳区检察院、高淳公安分局、高淳区农业农村局协商建立南京固城湖生态修复基地，稳步推进基地共建签约及挂牌工作。探索建立被告人自动履行受损生态环境修复义务、劳务代偿工作机制，使基地切实发挥联合打击非法捕捞行为、修复受损渔业资源、开展环境资源保护宣传教育的综合性司法服务平台作用。

健全非法捕捞水产品案件速裁快审机制。非法捕捞水产品案件数量多、多数案情简单，对符合条件者实行当天通知送达、当天开庭，有条件的当庭宣判，有效提高审判效率。在 2019 年 11 月 1 日以来审结的 36 件非法捕捞水产品案件中，30 件依法适用速裁程序，平均审理天数仅 3.25 天。

完善大型作案工具罚没处置机制。非法采砂案多以非法改装的船只作为犯罪工具，此类船只具有较高财产价值，但未办理正规手续，不能进入市场运营。玄武法院联合办案单位共同探索将此类船只委托第三方拍卖，由具有拆解资质的企业竞拍拆解处理的方式进行处置，既避免资源浪费最大程度挽回经济损失，又杜绝了“三无”船只流入市场。

四、延伸审判职能服务大局工作

西南低山丘陵区域环境资源法庭设立以来，玄武法院依托环境资源审判工作获取环境资源信息的便利和案件办理中发现的问题，服务地方党委政府决策，积极与司法、行政机关互动协作，为优化环境资源执法、推进绿色发展贡献了司法审判智慧。

（一）建言献策助力水污染防治

积极协助南京市政府完成全国人大常委会水污染防治法检查组来江苏检查前的长江环境南京段整治工作。呼吁建立污水氯化物浓度排放标准，助力污水排放监管能力不断提升，加强饮用水水源地的安全保障。

（二）司法建议促进行政职能部门履职

根据案件办理中发现的问题，及时发送司法建议，助力行政机关及有关主体依法履职尽责，正视问题短板，促进环境资源执法管理力度和精准度持续提升。南京市江北新区管理委员会生态环境和水务局专门向玄武法院就某水务公司污染环境一案发现的问题发送的司法建议（〔2020〕苏0102 刑建 001 号）回函表示感谢，并表示将从加强重点企业巡查、加强警示教育、加强危险废物监管等方面切实提升环境资源监督和管理效果。

（三）强化环境资源审判助力疫情防控

新冠疫情防控初期，玄武法院从践行绿色发展理念、加强野生动物资源和水资源保护、促进审判工作高质量发展、司法行政联动、加强宣传引导等方面发力，及时制定《关于强化环资审判有效应对疫情的十条意见》，强化环境资源审判职能助力疫情防控，为人民群众生命安全和身体健康保驾护航。

五、加强法庭建设提高审判水平

（一）高标准严要求推进法庭实际运转

西南低山丘陵区域环境资源法庭在玄武法院设立后，院党组专题研究环境资源法庭机构设置、人员配备问题，要求高标准建设环境资源法庭、高质量裁判环境资源案件，通过划定专门办公区域、抽调精干力量、制定工作规范等，法庭办公场所、审判队伍、工作规章制度等短期内部署到位。

法庭设立之初，分管院领导第一时间带队赴各巡回区法院、检察院进行沟通协调，探索建立案件提前介入和疑难复杂案件会商机制。先后赴省内率先挂牌组建的苏州市姑苏区人民法院太湖流域环境资源法庭、江阴市人民法院长江流域环境资源第一法庭考察借鉴经验，并到溧水区、高淳区、江宁区、句容市、六合区、浦口区相关部门进行走访，磋商庭审保障、协作配合等有关事宜。

（二）打造高素质专业审判队伍助力审判水平提升

积极落实环境资源案件专业化审判工作要求，指定政治立场坚定、专业能力过硬的法官专门办理环境资源案件。由 2 名员额法官、1 名法官助理组成专业化审判队伍，分管院领导参与环境资源案件分案，并牵头重大案件审理，员额法官和法官助理均具有硕士研究生学历。

《行政主管部门作为第三人参与民事公益诉讼研究——以环境类刑事附带民事公益诉讼为视角》入选 2020 年度南京市中级人民法院重点调研课题。2020 年 6 月 5 日，安洪强法官代表玄武法院在最高人民法院第 24 期案例大讲坛——环境公益诉讼典型案例研讨会上就某水务公司污染环境刑事附带民事公益诉讼一案的审理情况和法律意义进行发言交流。

展　望

江苏省环境资源“9+1”审判机制运行至今恰 1 周年，环境资源案件跨行政区划管辖、专业化审判的模式正稳步发挥其优势和作用。各生态功能区环境资源法庭和南京环境资源法庭谋划创新举措、强化环境资源审判的努力方兴未艾，正共同推进环境资源审判改革的江苏实践蓬勃发展。

玄武法院将以西南低山丘陵区域环境资源法庭设立为机遇，以环境资源审判专门化为抓手，落实落细环境资源“9+1”审判机制改革举措，进一步强化司法协作和执法联动，推进裁判尺度统一完善，探索建立打击野生动物犯罪宣传教育基地；依法严惩污染环境、破坏生态犯罪，依法维护群众环境民事权益，积极推进环境公益诉讼制度实施，切实履行司法保护生态环境的重要职责，为满足人民群众对优美生态环境的向往提供有力司法保障。

第二节　西南低山丘陵区域环境资源法庭环境资源审判白皮书（2019.11—2021.6）

前　言

党的十九大报告把“坚持人与自然和谐共生”作为新时代坚持和发展中国特色社会主义的基本方略之一，指出“建设生态文明是中华民族永续发展的千年大计”。全省环境资源“9+1”审判机制①是深入贯彻习近平生态文明思想、司法保障生态文明建设的积极实践。在这一实践中，西南低山丘陵区域环境资源法庭以习近平生态文明思想为指引，紧紧围绕党委政府关于环境资源保护的重大决策部署，切实落实上级法院关于环境资源审判各项改革举措，推动环境资源审判工作实现新发展。

一、机构设置及生态功能区概况

（一）机构设置

2019年10月29日，江苏省高级人民法院下发通知（苏高法〔2019〕296号），决定在玄武法院设立西南低山丘陵区域环境资源法庭，自2019年11月1日起，集中管辖南京市、句容市基层人民法院的环境资源民事、刑事和行政第一审案件。西南低山丘陵区域环境资源法庭的各项工作于2019年11月1日全面展开。

2020年11月4日，西南低山丘陵区域环境资源法庭举行揭牌仪式。江苏省高级人民法院党组书记、院长夏道虎，市委常委、政法委书记徐锦辉出席仪式并共同为法庭揭牌，南京市中级人民法院党组书记、院长孙道林主持揭牌仪式，玄武区委书记闵一峰出席并致辞。

（二）生态功能区概况

西南低山丘陵区域系江苏省九大生态功能区之一，位于江苏省西南部，区域名称体现了地理位置和地貌特点，由南京市和句容市行政区划范围内的区域组成，辖区范围内长江岸线达200余千米。该生态功能区具有典型的江南地貌特征，多丘陵、多水、多平原；老山、紫金山、牛首山、云台山、茅山等山脉绵延起伏；玄武湖、莫愁湖、固城湖、石臼湖（部

---

① 为进一步提升环境资源案件专业化审判水平，2019年1月，江苏省高级人民法院指定南京铁路运输法院等9家基层人民法院集中管辖全省环境资源第一审案件。2019年4月，最高人民法院批复同意由南京市中级人民法院跨区域管辖全省辖区内应由中级人民法院管辖的第一审、第二审案件。2019年10月，因南京铁路运输法院已撤销，江苏省高级人民法院指定自2019年11月1日起，由玄武法院集中管辖南京市、句容市基层人民法院的环境资源第一审案件。由此，形成全省范围内9家基层人民法院和1家中级人民法院集中管辖、专业审理的环境资源审判体系。

分）、赤山湖等湖泊遍布，属长江和秦淮河水系；设有老山国家森林公园、南京长江新济洲国家湿地公园、宝华山自然保护区等多个动植物保护区，以江豚、宝华玉兰为代表的珍稀动植物种群繁衍生息，动植物种类丰富，生态环境条件优越。

二、强化法庭建设，依法履职尽责

西南低山丘陵区域环境资源法庭设立后，玄武法院党组专题研究环境资源法庭机构设置、人员配备问题，通过划定专门办公区域、制定工作规范等，强化环境资源审判各项保障。积极落实环境资源案件专业化审判要求，指定政治立场坚定、专业能力过硬的法官专门办理环境资源案件。由2名员额法官、1名法官助理组成专业化审判队伍，分管院领导参与环境资源案件分案，并牵头重大案件审理，员额法官和法官助理均具有硕士研究生学历。

（一）收案情况

西南低山丘陵区域环境资源法庭设立以来，截至2021年5月24日，共受理各类环境资源案件（不含行政非诉案件）412件。其中，刑事案件367件（含刑事附带民事公益诉讼17件）、民事案件14件、行政案件19件，民事公益诉讼案件12件。

刑事案件主要类型：非法捕捞，危害珍贵、濒危野生动物，非法采矿，污染环境，非法狩猎。

非法捕捞案件数量位居首位。从地域分布看，案发地主要包括长江水域、固城湖水域、高旺河水域、石臼湖水域；其中，长江水域的非法捕捞案件占比接近四分之三。随着长江大保护战略的深入推进，该类案件呈现递减的态势，2020年受理非法捕捞案件112件，2021年至今受理非法捕捞案件收案27件，长江水域渔业资源和生物多样性安全得到巩固。

危害珍贵、濒危野生动物案件数量位居其次。其中，涉珍贵、濒危野生动物制品案件41件，占比43%；涉珍贵、濒危野生动物案件39件，占比41%。珍贵、濒危野生动物制品主要为象牙、玳瑁、犀牛角等，用途多为观赏、配饰、收藏；珍贵、濒危野生动物主要为陆龟、鹦鹉、蟒蛇等，多数系列入《濒危野生动植物种国际贸易公约》附录一、附录二的外来物种，大多被作为宠物饲养。作案方式多为通过微信发布交易信息，借助网络磋商联系，再通过快递运输交付，上下家通常并不相识，涉案动物或制品转手频繁。

普通环境资源民事案件主要类型：环境污染责任纠纷 4 件、合同纠纷（某胶带公司与附近居民达成每年补偿一定数额款项的协议，居民以该公司未按约履行协议为由诉至法院）4 件、水污染责任纠纷 1 件、噪声污染责任纠纷 5 件。

环境资源行政案件 19 件：16 件为行政处罚纠纷，其余分别涉及政府信息公开、强制拆除房屋或者设施、行政协议。

环境资源民事公益诉讼案件包括：生态破坏民事公益诉讼 4 件，环境污染民事公益诉讼 8 件。

（二）结案情况

2019 年 11 月 1 日至 2021 年 5 月 24 日，共审结各类环境资源案件 382 件。其中，刑事案件 359 件（含刑事附带民事公益诉讼 17 件），民事案件 14 件，行政案件 7 件，民事公益诉讼案件 2 件。依法支持生态损害赔偿金总额近 5 亿元。

三、打造精品案件，服务大局工作

以环境资源审判职能为依托，严把案件质量，打造精品案件，“打击一件、教育一片”，充分发挥司法案件的警示教育作用，坚持“一地污染、全域修复”，积极践行长江大保护，以司法保障打赢污染防治攻坚战，助力企业绿色产能提档升级，保障国家大政方针贯彻落实。

环境资源案件连续两年入选南京法院年度十大典型案件，2 起案件入选南京环境资源法庭在全省范围评选的首届年度十大典型案件，2 起案件获评江苏法院涉长江保护十大典型案例。

（一）“4·10 污染环境案”

某水务公司系南京化学工业园区配套污水处理企业，2014 年 10 月至 2017 年 4 月 18 日，该公司利用暗管向长江违法排放废水、含有毒有害成分的污泥、危险废物，并人为篡改在线监测仪器数据逃避环保部门监管超标排放污水，造成生态环境损害数额合计约 4.7 亿元。

经审理，以污染环境罪对该公司判处罚金人民币 5000 万元，对被告人郑某庚等 12 人分别判处有期徒刑一年至六年不等的刑罚，并处 5 万元至 200 万元不等的罚金。此外，检察院作为公益诉讼起诉人提起附带民事公益诉讼，经组织第三方审计，该水务公司的净资产已为负值，为最大限度修复和保护生态环境，经法院多次组织调解达成调解协议，该水务公司及其控股股东连带承担合计 4.7 亿元的生态环境损害赔偿责任，其中，2.37 亿元通过现金赔付，另外 2.33 亿元采取项目投资等替代性修复受损生态环境。涉案企业已经足额缴纳罚金 5000 万元，并按约支付生态环境修复赔偿费用合计 1.57 亿元，企业的污水处理系统提标改造工程已经初步完成，经处理排入长江的水质 COD 浓度不超过 45mg/L，大幅优于国家标准。该水务公司股东还投资建立长江江豚科教中心，积极开展公益活动。

该案先后获评南京法院 2019 年度十大典型案件、2019 年度人民法院环境资源典型案例、第九届中国十大公益诉讼。该案载入 2022 年最高人民法院工作报告，获得最高人民法院党组的高度肯定。玄武法院在办理该案中推动排污企业从“污染者”变为“修复者”的做法，受到江苏省委、省政府主要领导肯定，时任省委副书记任振鹤批示“应予宣传引导”。该案还载入江苏省高级人民法院工作报告，江苏省高级人民法院夏道虎院长在全国法院深入贯彻“两山”理念全面加强生态环境司法保护工作座谈会以及全省政法领导干部学习贯彻习近平法治思想专题研讨班上作为案例援引，评价该案系“恢复性司法实践+社会化综合治理”的有益探索。

（二）某长江航运公司污染环境案

某长江航运公司通过租赁船舶从事国内水上货物定线运输业务。2017 年以来，该公司经营的国某号船，不执行防止船舶污染的规定，将舱底废油水不经油水分离器处理偷排至长江及近海自然水域，并购买废油水接收证明应付海事部门检查。

经审理，以污染环境罪对该公司判处罚金 4 万元，对被告人向某等 12 人分别判处有期徒刑八个月至一年六个月不等的刑罚，并处罚金。同时，依法支持刑事附带民事公益诉讼原告人的请求，判令该公司支付环境损害赔偿费 23750 元及评估费、公告费，合计 33450 元。

该案先后获评南京法院2020年度十大典型案件、江苏法院涉长江保护十大典型案例。该案全面追究了生态环境破坏者的责任，彰显了“环境有价 损害担责”的司法理念，展现了人民法院积极践行习近平生态文明思想，司法保障生态文明建设，助力长江大保护战略贯彻落实等方面的责任担当；对同类型污染环境行为具有强烈震慑警示效果，对促进船舶运输行业依法依规绿色经营具有良好警示教育意义。

（三）某村村民委员会污染环境案

玄武法院遵循损害担责原则，打击环境污染行为，加大对大气、水、土壤等环境污染案件审理力度，创新裁判执行方式方法，助力区域环境一体保护和经济社会可持续发展。

审理被告单位句容市后白镇某村村民委员会等污染环境案，认定该村委会等违反国家规定，非法处置危险废物，造成公私财产损失数百万元，构成污染环境犯罪被追究刑事责任，教育和促使当地村民履行环境保护法律义务。

四、统筹多方形成合力，建立多元保护机制

与南京市生态环境局共签《共建生态环境保护执法司法联动机制合作协议》，就环境资源案件审理、执行及调查取证进行密切配合。

会同鼓楼检察院等9家单位制定《关于开展打击破坏长江流域渔业资源违法犯罪及公益保护专项行动的方案》，专项行动开展以来，长江流域非法捕捞犯罪行为明显减少，长江渔业资源和生物多样性安全得到巩固。

与玄武区水务局、南京玄武环境集团有限公司共签《生态环境保护及修复基地（项目）合作框架协议》，合力推进生态环境保护修复。

分别与玄武区、高淳区司法机关和行政主管部门共同制定《生态环境保护执法司法联动机制实施办法》《关于建立非法捕捞水产品案件协作机制的意见》，就强化生态环境执法司法衔接建立长效机制。

牵头召开西南低山丘陵区域环境资源审判工作推进会，辖区内14家基层法院共商环境资源审判协作。

青海省高级人民法院带队来访，省内外多家政法单位来院就环境资源审判工作开展交流。

与江阴市人民法院、如皋市人民法院共签《长江流域（江苏段）生态环境保护司法协作框架协议》，旨在贯彻流域治理新理念，在长江流域（江苏段）全面建立常态化生态环境保护司法协作工作机制，在探索建立关联案件统一尺度处理机制、建立环境司法信息共享平台、建立裁判规则研讨机制等十个方面进行通力协作，共同推进长江流域（江苏段）生态系统整体性保护，为长江经济带可持续发展提供更加有力的司法保障。

五、践行恢复性司法理念，创建环境司法保护基地

积极践行新发展理念，深入落实环境资源“9+1”审判机制改革，探索与多主体合作培育绿色司法成果，初步形成了涵盖湿地、山林、江畔、河流、湖泊等多类型生态环境要素的修复载体，为恢复性司法理念落实提供有力支撑。

在紫金山设立生态环境司法保护基地，发挥紫金山生态环境保护、替代性修复、环境资源司法教育宣传、环境资源司法研究等功能。在基地野放白天鹅实施生态修复，增添生态美好要素，促进人与自然和谐共生。设立生态环境司法保护展馆，开展普法宣传。设立保育林区，开展补植增绿活动，为美丽古都增美添绿贡献力量。

在南京鼓楼区滨江设立长江生态环境司法保护基地，为实施鱼类产卵场所构筑、增殖放流等修复项目提供场所。在长江保护法施行日，向长江投放100万尾鱼苗，使80万余元生态修复费用发挥实际效用，为稳定长江生态环境发挥有益作用。

推进南京玄武区玉带河水环境综合提升工程，为修复长江上游城区淤塞支流积累经验。在南京雨花经济开发区设立三桥湿地公园生态修复基地，强化对长江湿地生态系统的保护。在南京高淳区设立固城湖生态修复基地，强化对渔业资源的系统保护。

在南京红山森林动物园设立生物多样性保护司法实践基地，现场见证放飞救助的国家二级保护动物林雕。

六、推进理论实务融合，拓展环境资源审判效果

立足环境资源审判，开展司法调研。时任最高人民法院环境资源审判庭庭长王旭光到基地调研指导。法庭参与《中国环境司法改革之江苏实

践》编纂。环境资源课题连续两年入选南京市中级人民法院重点调研课题，2020年度课题阶段性成果录入中国法治现代化暨中国法治实践学派2020年智库论坛文集。邀请专家开展案件专题研讨。积极参与综合治理，针对案件办理中发现的问题，及时发送司法建议，促进相关机关及企业生态环境治理能力提升。

强化宣传力度，普及环保理念。举行多场新闻发布会，发布环境资源审判白皮书，扩大环境资源审判影响力。《人民法院报》“司法守护大江大河”栏目推出玄武法院司法修复专题视频。《新华日报》《南京日报》《荔枝新闻》等多家媒体报道环境资源审判工作。深入企业把脉问诊，进行普法宣传，并赠送民法典和长江保护法图书。

展　望

世界环境司法大会昆明宣言指出，法治在全球环境治理中具有不可替代的重要作用。应通过公开透明、公正高效、可获得、可负担的司法过程，确立裁判规则，维护公众环境权益，优化环境公共政策，完善环境治理体系，维护人与自然和谐共生。坚持创新、协调、绿色、开放、共享的新发展理念，全面加强生态环境保护工作，持续深化环境司法改革创新，是新发展阶段人民法院环境资源审判工作的重要课题。

全省环境资源“9+1”审判机制运行以来，环境资源案件跨行政区划管辖、专业化审判的模式正稳步发挥其优势和作用。玄武法院将以西南低山丘陵区域环境资源法庭设立为机遇，以环境资源审判专门化为抓手，依法严惩污染环境、破坏生态犯罪，依法维护群众环境民事权益，积极推进环境公益诉讼制度实施，切实履行司法保护生态环境的重要职责，落实落细环境资源“9+1”审判机制改革举措，进一步强化司法协作和执法联动，推进裁判尺度统一完善，探索建立各类生态环境司法保护修复及宣传教育基地并推进其实质运行，不断为满足人民群众对美好生态环境的新需求、新期待提供有力司法保障。

第三节　西南低山丘陵区域环境资源法庭环境资源审判白皮书（2019. 11—2022. 11）

引　言

党的十九大报告将“坚持人与自然和谐共生”作为新时代坚持和发展中国特色社会主义的基本方略之一，指出“建设生态文明是中华民族永续发展的千年大计”。党的二十大报告强调，“尊重自然、顺应自然、保护自然，是全面建设社会主义现代化国家的内在要求。必须牢固树立和践行绿水青山就是金山银山的理念，站在人与自然和谐共生的高度谋划发展。”

江苏省环境资源“9+1”审判机制改革是全面深入贯彻习近平生态文明思想，司法保障生态文明建设的积极实践。在这一实践中，玄武法院西南低山丘陵区域环境资源法庭紧紧围绕党委政府关于环境资源保护的重大决策部署，坚决落实上级法院关于环境资源审判的各项要求，凝心聚力、务实笃行，奋力推进环境资源审判工作实现高质量发展。

一、基本情况

（一）环境资源审判专业化体系建设情况

设立专门机构。2019 年 10 月 29 日，江苏省高级人民法院下发通知（苏高法〔2019〕296 号），决定在玄武法院设立西南低山丘陵区域环境资源法庭，自 2019 年 11 月 1 日起，集中管辖南京市、句容市环境资源一审民事、刑事和行政案件。西南低山丘陵区域环境资源法庭的各项工作于 2019 年 11 月 1 日全面展开。

配强专业队伍。西南低山丘陵区域环境资源法庭设立后，玄武法院党组迅速推进落实环境资源法庭机构设置、强化人员配备，通过划定专门办公区域、制定工作规范等，强化环境资源审判各项保障。按照环境资源案件专业化审判要求，指定政治立场坚定、专业能力过硬的法官专门办理环境资源案件。由 2 名员额法官、1 名法官助理组成专业化审判队伍，分管院领导参与环境资源案件分案，并牵头重大案件审理，员额法官和法官助理均具有硕士研究生学历。

树立特色品牌。玄武法院注重把握法庭设立机遇，加强环境资源审判特色品牌建设，以富有辨识度为目标狠抓高质量司法。2020 年 11 月，江苏省高级人民法院夏道虎院长，市委常委、政法委徐锦辉书记共同为西南低山丘陵区域环境资源法庭揭牌，法庭建设迈上新台阶，品牌效应更加彰显。2020 年，玄武法院申报的“争创环资审判特色品牌，服务生态文明建设”入选南京市中级人民法院年度特色品牌创建项目。玄武法院制订《争创环资审判特色品牌工作推进方案》，明确环境资源审判要在全省环境资源“9+1”审判机制中探索更多务实成果，厘清具体推进事项，奋力推进形成环境资源审判影响力辐射全省乃至全国的良好局面。2021 年，玄武法院致力于生态修复，与多家单位建立合作关系，形成保护合力，共签署 4 份合作协议，共建 5 个生态基地。2022 年，制作环境资源法庭建设及环境资源审判发展专题纪录片，以影像方式呈现环境资源审判 3 周年工作成效。法院官方网站升级改版设定环境资源专题板块，充分体现绿色元素。3 年来，西南低山丘陵区域环境资源法庭审理的环境资源案件每年均入选南京法院年度十大典型案件，3 起案件获评全国环境资源类典型案例，2 起案件获评江苏法院涉长江保护十大典型案例，4 起案件获评 2021 年度江苏法院环境资源典型案例。一人获评人民法院环境资源审判工作成绩突出个人，西南低山丘陵区域环境资源法庭被推荐为江苏省环境资源审判专门化改革实践中表现突出的先进集体。

（二）涉环境资源案件审理情况

西南低山丘陵区域环境资源法庭设立以来，截至 2022 年 11 月 30 日，共新收各类环境资源案件（不含行政非诉执行案件）828 件。其中，刑事案件 670 件（含刑事附带民事公益诉讼 72 件）、民事案件 63 件、行政案件 56 件，民事公益诉讼案件 35 件，行政公益诉讼案件 4 件。

刑事案件主要类型为：非法捕捞，危害珍贵、濒危野生动物，非法采矿，污染环境，非法狩猎。

非法捕捞案件数量位居首位，但呈逐年下降趋势。从地域分布看，案发地主要包括长江水域、固城湖水域、高旺河水域、石臼湖水域；其中，长江水域的非法捕捞案件占比接近四分之三。随着长江大保护战略的深入推进，长江水域渔业资源和生物多样性保护有效加强，长江禁捕行政监管与刑事打击已经形成工作合力，非法捕捞案件数量大幅减少，禁捕工作取得明显成效。

危害珍贵、濒危野生动物案件数量位居第二，亦呈逐年下降趋势。涉案珍贵、濒危野生动物制品主要为象牙、玳瑁、犀牛角等，多用于观赏、配饰、收藏；涉案珍贵、濒危野生动物主要为陆龟、鹦鹉、蟒蛇等，多数是列入《濒危野生动植物种国际贸易公约》附录一、附录二的外来物种，常被作为宠物饲养。作案方式一般通过网络磋商交易，经快递运输交付，上下家通常并不相识，涉案动物或制品转手频繁。随着监管制度和规则的不断完善，野生动物保护力度不断加大，生物多样性保护取得明显成效。实践中，危害国家重点保护植物的案件也时有发生，2022 年审结江苏省首例危害国家重点保护植物——桫椤的刑事附带民事公益诉讼案件。

普通环境资源民事案件主要类型为：环境污染责任纠纷、合同纠纷（某胶带公司与附近居民达成每年补偿一定数额款项的协议，居民以该公司未按约履行协议为由诉至法院）、水污染责任纠纷、噪声污染责任纠纷。其中，噪声污染责任纠纷 51 件，该类纠纷呈现逐年增长态势，反映出人民群众对和谐安宁的生活环境需要越来越关注。

污染环境案件数量较为均衡，大部分犯罪系因危险废物的不当收集、贮存、处置、利用引发，犯罪行为类型多样，利用暗管等逃避监管的方式偷排污染物较为常见，企业伙同监测人员篡改监测数据超标排污的情况也偶有发生。污染环境案件具有作案隐蔽、专业性强、证据易灭失、因果关系认定难等特点，导致对于污染物排放量的查明及生态环境损害具体数额的认定难度较大。

环境资源行政案件 56 件，其中 43 件为行政处罚纠纷，2 件为确认行政行为违法，4 件为行政不作为，1 件为责令行政机关改正，2 件为行政补偿，1 件为申请政府信息公开，1 件为行政批复，1 件为确认行政协议无效，1 件为行政非诉执行。行政处罚类纠纷占比 76. 78%，该类纠纷呈现明显增长的态势，2020 年收案 7 件，2021 年收案 14 件，2022 年收案 22 件，反映出行政机关对环境资源类违法行为的执法力度不断加大，同时需要进一步规范执法行为、统一执法尺度、改善执法方式。

环境资源公益诉讼案件数量逐年增多，主要类型为刑事附带民事公益诉讼和上级法院指定管辖的检察民事公益诉讼，该两类案件均呈逐年增加的趋势。一方面，检察机关针对环境资源犯罪行为在提起刑事公诉的同时，更加关注对责任主体的民事责任追究；另一方面，刑事、民事责任的一体化追责，更有利于受损生态环境资源的修复和保护。

截至2022年11月30日，共审结各类环境资源案件734件。其中，刑事案件649件（含附带民事公益诉讼60件），涉及被告人1028名、被告单位38家，判处监禁刑263人，监禁刑比例为25.58%，累计判处罚金1.65亿元，民事案件24件，行政案件35件，行政公益诉讼案件2件，民事公益诉讼案件24件，依法支持生态损害赔偿金总额超5亿元。

二、主要工作举措及成效

（一）构建配套机制，提升审判实效

建立协调联动机制。建立由法院、检察院、公安、生态环境、自然资源和规划等部门参加的常态化联席会议制度，就立案追诉标准、证据的固定和保全及案件办理中的专业性问题进行沟通研讨。牵头召开西南低山丘陵区域环境资源审判工作推进会，辖区14家基层法院共商协作，提升环境资源审判能力水平，凝聚环境资源审判整体合力，强化集中管辖法院与非集中管辖法院之间的司法协作。建立常态化生态环境保护司法协作工作机制，与江阴市人民法院、如皋市人民法院会签《长江流域（江苏段）生态环境保护司法协作框架协议》，统一关联案件裁判尺度，共享环境司法信息，探索长江生态修复资金分配机制，研讨环境资源审判规律，为长江经济带可持续发展提供更加有力的司法保障。制定《贯彻落实〈长江三角洲地区人民法院环境资源司法协作框架协议〉工作方案》，与滁河流域四县四区检察机关研讨滁河流域跨省司法协作意见，纵深推动长三角区域环境资源司法协作。建立健全行政执法与刑事司法衔接机制，与南京市生态环境局签订《共建生态环境保护执法司法联动机制合作协议》。与沿江职能部门联合开展守护长江渔业资源专项行动，共签打击非法捕捞协作意见，遏制非法捕捞高发态势。

建立多元解纷机制。邀请专家等多元力量组建环境资源纠纷调解工作组，参与环境资源案件纠纷调处，构建多元解纷机制。以实现公共利益最

大化为目标，探索开展公益诉讼调解赔偿工作，推动公益诉讼起诉人转变抵触调解办案的思想；引导相关主体积极承担生态环境保护社会责任，以第三人的身份参与诉讼，为环境赔偿责任、生态修复方案的落实提供连带责任担保；邀请各界代表旁听庭审并开展座谈，确保调解公开公正。

建立专家合作机制。发挥法院案例资源和高校专家理论优势，在课题调研、疑难问题研讨等方面开展合作。针对环境资源案件专业性强的特点，就案件证据证明效力、涉案物品定性、生态修复等问题组织行政部门、行业专家召开研讨会，搭建智力交流平台，在“4·10污染环境案”中，召开替代性修复项目专家评审会，充分听取专家意见，为替代性修复项目落实落细打下坚实基础。引入专家证人出庭发表意见，探索在环境资源审判技术专家库中聘请相关技术专家担任人民陪审员、特约调解员或提供技术咨询，为查明案件事实提供技术支撑，为审判提供智力支持。

（二）凝聚多元合力，共促生态修复

构筑文化阵地，弘扬生态法治。汇聚多条线、多板块修复力量，逐步形成涵盖山林、河流、江畔、湿地、湖泊等多类型生态要素的修复载体，积极打造“3+N”生态法治文化阵地集群。构建3个核心展示区：红山动物园生物多样性司法保护馆、紫金山生态环境司法保护展馆及西南低山丘陵区域环境资源法庭展馆，通过以案释法、教育引导、宣传示范，引导社会公众树立尊重自然、顺应自然、保护自然的生态文明新理念，为人民群众特别是广大青少年提供全面、生动、有趣的科普知识学习指引。联合市生态环境局、钟山风景名胜区管理局、句容市自然资源和规划局、句容市赤山湖管理委员会等多家单位共建生态环境司法保护（修复）基地，构建融合生态修复、普法教育、司法便民多重功能的N个法治文化价值弘扬地标区，让生态环保思想成为社会生活中的主流文化，让人与自然和谐共生的世界观、正义观更加深入人心。

贯彻为民理念，实施绿色工程。与相关部门共签《生态环境保护及修复基地（项目）合作框架协议》，协同推进生态保护和修复，在紫金山生态环境司法保护基地放养白天鹅，增添生态美好要素，打造天鹅野放点“网红打卡地”，引导更多群众关注生态保护事业。设立保育林区，开展补植增绿活动，为现代化典范城市增美添绿贡献力量，让人民群众感受到实

实在在的生态环境实惠。联合有关单位共同开展“贯彻长江保护法共同守护母亲河”长江保护系列活动，设立长江生态司法保护基地、现场增殖放流，促进长江珍稀鱼种种群数量恢复，丰富水生生物多样性，提升长江流域生态系统稳定性。

强化系统观念，积极引导修复。在涉环境资源类刑事案件中，强化系统观念，转变办案思维、优化办案理念，以修复受损生态环境、维护公共利益为目标，探索与被告企业等签订调解协议，引入替代性措施修复生态环境抵扣生态修复费用，督促企业自我加压、提标升级改造，引导企业参与环保公益事业，推动企业实现从“破坏者”到“修复者”的转变，实现法律效果、社会效果和生态效果的统一。《人民法院报》“司法守护大江大河”栏目推出玄武法院司法修复专题视频。

（三）延伸审判触角，促进全民守法

“司法宣传+以案释法”相结合。在世界环境日等重要时间节点，广泛开展环保法治宣传活动。举办“司法保护长江生态”专题新闻发布会，发布环境资源审判白皮书，公布社会影响大、警示意义强、社会效果好的环境资源审判精品案例。依托法治副校长平台，将生态环境保护教育纳入法治课程，强化青少年群体的法治观念和环保意识。定期走访环保企业，制作工作专题纪录片，弘扬以最严格制度、最严密法治保护生态环境司法理念，真正做到“谁执法、谁普法，边执法、边普法”。

“司法建议+以案促治”相结合。针对案件审理中发现的监管漏洞，向相关职能部门提出完善行政处罚程序等司法建议，促进环境保护行政执法部门提升执法精准度、规范度。向南京市生态环境局发出的《关于规范行政处罚程序提升生态环境执法能力水平的司法建议》得到积极回应，获评南京市中级人民法院2021年度优秀司法建议。出台《关于强化环资审判有效应对疫情的十条意见》，积极应对疫情期间及疫情后环境资源案件可能面临的新情况、新问题，强化环境资源审判职能，助力疫情防控。

“司法公开+以案示警”相结合。充分发挥巡回审判优势，在利民便民的同时达到“审理一案、教育一片”的效果。推进司法公开，邀请代表委员、人民群众旁听庭审，选取典型案例开展网络直播，330余万网民在线旁听庭审，实现司法审判、生态科普与法治教育的深度融合。邀请人大代

表、青少年儿童参观生态环境司法保护基地，增强社会公众对生态环境司法的了解度、参与感，彰显司法保障生态安全、维护社会公共利益和人民群众环境权益的坚定决心。

（四）理论实务并举，扩大环境资源审判影响

完善队伍建设，培育后备力量。玄武法院高度重视环境资源审判人才的培养，通过担任审判委员会集中学习会领学人、组织参加“玄法青年沙龙”、列席专业法官会议、前往本省及外省借鉴兄弟法院环境资源审判先进经验等方式，促使青年干警开展前瞻性调研，及时跟进学习环境资源刑事、民事、行政审判业务知识和审判规则，提升环境资源干警的业务办案能力，形成比、学、赶、超、帮的良好氛围。

研磨精品案例，打造示范品牌。大兴调查研究之风，充分发挥调查研究推进环境资源审判的重要作用，坚持以审代研、以研促审，致力于打造高质量司法，善于发现案件中的法律难点和社会热点，边审理边调研，细心发掘、打磨具有代表性、典型性的精品案件，不断提升环境资源审判专业度和知名度。3 年来，办理了多起社会影响大、案件质量高、社会效果好的典型案例。依法审结最高人民检察院、公安部、原环境保护部联合督办的“4 · 10 污染环境案”，开出长江大保护最严罚单，该案被载入最高人民法院和江苏省高级人民法院工作报告，获得最高人民法院、江苏省高级人民法院领导充分肯定，获评 2019 年度人民法院环境资源典型案例、第九届中国十大公益性诉讼，获评江苏法院涉长江保护十大典型案例和人民法院服务和保障长三角一体化发展典型案例，入选中国法院 2021 年度案例。审理的句容市某村村民委员会等污染环境案，获评最高人民法院发布的人民法院依法审理固体废物污染环境典型案例，入选 2021 年度江苏法院环境资源典型案例。陈某某、万某祥非法捕捞水产品案，获评全国依法惩治长江流域非法捕捞水产品犯罪典型案例。武汉某贸易公司污染环境刑事附带民事公益诉讼案，获评 2020 年度南京法院十大典型案件、江苏法院涉长江保护十大典型案例。江苏某作物科技公司污染环境案，获评 2021 年度南京法院十大典型案件、2021 年度江苏法院环境资源典型案例和江苏省高级人民法院、中国法学会案例法学研究会江苏研究基地发布的第四批弘扬中华优秀传统文化典型案例。被告人徐某某非法猎杀野生动物案，获评 2021 年

度江苏法院环境资源典型案件。南京某大桥有限责任公司与南京某物流公司等环境污染责任纠纷案获评江苏法院长江保护典型案例。

推进理论创新，促进成果转化。始终坚持深挖典型案例潜在价值，通过个案分析环境资源审判的一般规律，从中提炼出有价值的审理思路、审判理念和裁判规则，推进理论与实务融合，取得了一系列调研成果，提升了玄武法院环境资源审判工作品牌的影响力和辐射力。《南京玄武法院引导涉案污染企业打造绿色企业文化》司法信息受到时任省委书记娄勤俭、省长吴政隆肯定，时任省委副书记任振鹤批示“应予宣传引导”。一名法官受最高人民法院司法案例研究院邀请，参加全国第 24 期环境公益诉讼案例大讲堂研讨并作主题发言。《强化机制赋能促进生态修复玄武区法院深入践行环资审判“9+1”机制改革》被中共南京市委全面深化改革委员会办公室《南京改革》第 32 期采用。《某水务有限公司等污染环境刑事附带民事公益诉讼案——环境公益诉讼调解协议的审查》一文获全国法院系统 2021 年度优秀案例分析评选三等奖、江苏法院系统 2021 年度优秀案例分析评选二等奖。完成南京市中级人民法院重点调研课题《行政主管部门作为第三人参与环境民事公益诉讼研究——以刑事附带民事公益诉讼为视角》《环资审判服务市域生态环境治理问题研究》，成果载入中国法治现代化暨中国法治实践学派 2020 年智库论坛论文集，被生态环境法治研讨会暨江苏省法学会生态法学研究会 2020 年年会收录，获评三等奖。参与课题《生态环境执法司法联动的困境、成因与出路》被江苏省高级人民法院机关刊物《审判研究》收录。《环境资源审判实践中的恢复性司法研究》荣获江苏省法学会环境资源法学研究会 2021 年年会优秀论文二等奖。《践行法治守护公共卫生安全》《司法守护美丽长江》等多篇文章，被江苏省人大常委会机关刊物《人民与权力》等刊用。

三、工作展望

下一步，玄武法院将深入贯彻落实党的二十大精神，全面贯彻落实习近平生态文明思想，在区委坚强领导和上级法院有力指导下，坚持高站位谋划、高标准推进、高质量发展，切实担负起生态环境保护的政治责任与法治责任，不断推进环境资源审判专业化建设，努力打造更多更具玄武标识度的特色品牌，让人与自然和谐共生的正义观深入人心，以更高站位、更强担当为建设人与自然和谐共生的现代化贡献司法智慧和力量。

树牢“一盘棋”意识，推动形成保护合力。以案件审理为抓手，以工作机制为纽带，打造环境资源审判一体化协同平台，深化与非管辖法院业务协作，推进对法律问题的统一认识。加强执法司法联动，强化与公安、检察、环境保护局等职能部门的沟通协作，推动双向发力，形成全方位保护生态环境的强大合力。

践行“恢复性”司法，推动受损生态修复。以修复受损的生态环境为落脚点，综合运用预防性、惩罚性、恢复性司法措施，依托“3+N”生态法治文化阵地集群，加强多方联动合作、共建生态修复基地，积极探索赔偿资金使用办法，努力将每一笔生态损害赔偿资金转化为生态修复成效。

实现“智慧型”发展，推动理论实务融合。充分利用高校共建、专家合作机制，借助“玄法青年沙龙”平台，邀请专家学者开展专题讲座，不断提升理论水平，培育环境资源审判人才。加强和高校、科研院所的合作，促进理论与实践互动，做好基础性、前瞻性研究，为环境资源审判实践提供有力支撑，共同挖掘培树环境资源典型案例，合作开展生态环境法治课题研究，共创环境资源先进理论成果。

打造“集群式”阵地，推动绿色深入人心。充分拓展并利用红山动物园生物多样性司法保护馆、紫金山生态环境司法保护展馆、西南低山丘陵区域环境资源法庭展馆及长江江豚科教中心生态法治宣传教育基地等生态法治文化传播平台，通过以案释法、教育引导、宣传示范等形式，做优做强生态环境保护品牌，不断传播生态文明新理念，厚植生态法治文化土壤，共同谱写生态优先绿色发展的新篇章。

结　语

世界环境司法大会昆明宣言指出，法治在全球环境治理中具有不可替代的重要作用。应通过公开透明、公正高效、可获得、可负担的司法过程，确立裁判规则，维护公众环境权益，优化环境公共政策，完善环境治理体系，维护人与自然和谐共生。坚持创新、协调、绿色、开放、共享的新发展理念，全面加强生态环境保护工作，持续深化环境司法改革创新，是新发展阶段人民法院环境资源审判工作的重要课题。

全省环境资源“9+1”审判机制运行以来，环境资源案件跨行政区划管辖、专业化审判的模式正稳步发挥优势。玄武法院将以环境资源审判专门化为抓手，依法严惩污染环境、破坏生态犯罪，着力维护群众环境权益，积极推进环境公益诉讼，切实履行保护生态环境的司法职责。我们将落实落细环境资源“9+1”审判机制改革举措，进一步强化司法协作和执法联动，推进裁判尺度统一，推动各生态环境司法保护修复及宣传教育基地实质运行，为满足人民群众对美好生态环境的新需求、新期待提供有力司法保障。

第三章　典型案件

一、某水务公司等污染环境刑事附带民事公益诉讼案

【案情简介】

某水务公司开设在南京化学工业园区，主营污水处理业务，系危险废物国家重点监控企业。2014 年 10 月至 2017 年 4 月，该公司利用暗管排放废水、有毒有害污泥及危险废物，篡改监测数据逃避监管，多次接收排污企业（管线进水、槽罐车进水）的高浓度废水并利用暗管向长江违法排放；多次利用暗管违法排放低浓度废水；在废水处理系统中修建暗管用于向长江偷排有毒有害成分的污泥；人为篡改在线监测仪器数据，逃避环保部门监管，致使废水处理系统长期超标排放污水；在无危险废物处理资质情况下，多次接收其他单位的化工染料类危险废物利用暗管向长江违法排放，造成生态环境损害数额约 4.7 亿元。总经理郑某庚明知公司实施上述行为而默许、纵容，运行部经理浦某东、商务部经理李某珍及其他被告人分别实施了偷排污水、逃避监管行为，第三方公司赵某明知其篡改数据而配合其逃避监管。

检察机关指控某水务公司等构成污染环境罪，同时对该公司提起附带民事公益诉讼。被告单位辩称偷排高浓度废水造成的生态环境损害数额应以实际调查法而非收水价格计算。因此，生态环境损害鉴定意见有误，民事主张的生态环境损害数额过高。经审理，玄武法院以污染环境罪对某水务公司判处罚金人民币 5000 万元；对 12 名相关被告人分别判处一年至六年不等的有期徒刑，并处 5 万元至 200 万元不等的罚金。民事部分，在某水务公司缺乏履行能力的情况下，积极引导其控股股东加入诉讼主动承担

责任，达成赔偿总额 4.7 亿元（现金 2.37 亿元+替代性修复投资 2.33 亿元）的调解协议。

【案例评析】

本案有以下几个特征：一是犯罪主体涉外。某水务公司系外国某集团旗下企业，总经理郑某庚为外国籍。二是案情较为复杂。该案系最高人民检察院、公安部、原环境保护部在江苏省联合督办第一案，即“4·10 污染环境案”，被告人人数多达 13 人（包括 1 个单位），污染环境行为类型多，涉案证据材料繁杂，专业性强。三是社会关注度高。330 余万网民在线观看庭审直播。

案件审理结果树立了鲜明价值导向。一是国家重点监控企业自动监测设备第三方运营人员，明知企业篡改自动监测设备数据逃避监管排放有毒有害物质，违反职责不加以监督和管理，放任自动监测设备数据被篡改，并配合企业逃避环保行政部门监管，导致严重污染环境的，构成共同犯罪。二是认定污水处理企业造成的生态环境损害数额，适用虚拟治理成本法中的实际调查法不具有可行性的，应以该企业向客户收取的污水处理价作为计算基数，不应以其污水处理成本作为计算基数，避免使其享有优于普通主体的特殊利益。本案充分体现了用最严格制度最严密法治保护生态环境的要求，对被告单位依法判处罚金 5000 万元，对直接负责的主管人员、其他直接责任人员及篡改监测数据的共同犯罪人员一并追究刑事责任，展示了严惩长江流域环境污染违法犯罪的政策导向。

接收废水、偷排污染物、篡改在线监测数据等行为系某水务公司多部门之间协作完成，犯罪行为产生的违法所得亦归公司所有，应认定为单位犯罪。其行为造成生态环境损害后果，依法应承担相应修复责任。经评估，某水务公司截至 2019 年 11 月 30 日的净资产为人民币-6.54 万元，缺乏承担环境修复费用的能力。民事公益诉讼的调解程序仅有程序性和原则性的规定，特别是针对本案赔偿义务人无力支付赔偿款的情形，具体调解方案难以把握。针对这一情况，附带民事公益诉讼加大调解力度，促成其控股股东自愿作为第三人参与附带民事公益诉讼调解并承担环境修复费用，为调解方案的执行提供担保，最大限度维护社会公共利益。同时，准许被告单位以分期付款方式支付环境修复费用，在合理范围内准许以提标改造等方式开展环境替代性修复，对环境修复费用数额进行折抵，替代性修复不足部分应以现金方式补足。在污染者不具备赔偿能力的情况下，本案附带民事公益诉讼创造性引入某水务公司的股东作为赔偿义务人，审查确定了4.7亿元总额的调解方案和“现金赔偿+替代性修复”的责任承担方式，允许某水务公司在合理范围内通过技术升级改造、扩大绿色产能等方式承担责任，同时保障了污水处理产能需求，最大限度维护了社会公共利益，有益于环境治理综合能力和水平提升。

裁判结果生效后，某水务公司及其控股股东积极履行环境修复费用赔付和环境替代性修复义务，2.7亿元环境修复费用已全额支付，其中部分费用已用于相关生态修复项目。涉案原污水处理厂实施提标改造工程后，污水处理厂COD（化学需氧量）最高允许排放浓度不超过45mg/L，低于国家法定标准，提标改造项目已全面完成。该公司投资启动光伏发电项目，为生产活动提供清洁能源，助力“双碳”目标实现，还建立长江江豚科教中心，积极开展江豚保护公益项目。

【典型意义】

本案坚持能动履职理念，在被告单位缺乏履行能力的情况下，积极引导其股东加入诉讼主动承担责任，并创造性提出“现金赔偿+替代性修复”生态损害赔偿新方式，既打击了违法犯罪行为，维护了人民群众环境权益，又给予企业生存和发展空间，实现了保护长江生态环境、服务经济社会高质量发展和促进区域社会治理的有机统一。本案获评2019年度南京法院十大典型案件、2019年度人民法院环境资源典型案例、第九届中国十大公益性诉讼、人民法院服务和保障长三角一体化发展典型案例，载入2022年最高人民法院工作报告、江苏省高级人民法院工作报告，入选中国法院2021年度案例和2023年度中国法治实施十大事件。

【裁判文书】

中华人民共和国
江苏省南京市玄武区人民法院
刑事判决书

（2018）苏 0102 刑初 68 号

公诉机关江苏省南京市鼓楼区人民检察院。

被告单位某水务公司，住所地南京某路某号。2011 年 8 月 9 日，因超标排放污水被南京市环境保护局罚款人民币 78000 元；2012 年 5 月 14 日，因超标排放污水等被南京市环境保护局罚款人民币 30 万元；2012 年 12 月 11 日，因超标排放污水被南京市环境保护局罚款人民币 14 万元；2013 年 6 月 4 日，因露天堆放污泥及污泥泄漏等被南京市环境保护局罚款人民币 139000 元；2013 年 11 月 12 日，因超标排放污水被南京市环境保护局罚款人民币 223500 元；2013 年 12 月 10 日，因违规堆放生化污泥填料被南京市环境保护局罚款人民币 61000 元；2014 年 6 月 13 日，因超标排放污水被南京市环境保护局罚款人民币 22 万元；2014 年 7 月 7 日，因超标排放污水等被江苏省环境保护厅罚款人民币 568203 元；2017 年 7 月 10 日，因超标排放污水被南京市六合区环境保护局罚款人民币 969000 元；2017 年 11 月 20 日，因超标排放污水被南京市六合区环境保护局罚款人民币 1938000 元。

法定代表人龙某武，该公司董事长。

诉讼代表人陈某丰，该公司总经理。

辩护人倪某木、毛某华，上海市锦某（南京）律师事务所律师。

被告人郑某庚，男，新加坡国籍，原某水务公司总经理。因涉嫌污染环境罪，于 2017 年 4 月 19 日被南京市公安局水上分局取保候审，同年 4 月 24 日被该分局刑事拘留，同年 5 月 25 日经南京市鼓楼区人民检察院批准逮捕，同日被执行逮捕。同年 7 月 21 日经南京市人民检察院批准延长侦查羁押期限一个月至 8 月 25 日。现羁押于南京市看守所。

辩护人张某华，江苏天某律师事务所律师。

辩护人钱某芳，江苏苏某律师事务所律师。

被告人浦某东，男，汉族，原某水务公司运行部经理。因涉嫌污染环境罪，于2017年4月19日被南京市公安局水上分局刑事拘留，同年5月25日经南京市鼓楼区人民检察院批准逮捕，同日被执行逮捕。同年7月21日经南京市人民检察院批准延长侦查羁押期限一个月至8月25日。现羁押于南京市看守所。

辩护人伍某智，江苏马某律师事务所律师。

被告人李某珍，女，汉族，原某水务公司商务部经理。因涉嫌污染环境罪，于2017年4月22日被南京市公安局水上分局刑事拘留，同年5月25日经南京市鼓楼区人民检察院批准逮捕，同日被执行逮捕。同年7月21日经南京市人民检察院批准延长侦查羁押期限一个月至8月25日。现羁押于南京市看守所。

辩护人刘某俊，上海市锦某（南京）律师事务所律师。

辩护人冯某才，江苏金某律师事务所律师。

被告人高某阳，男，汉族，原某水务公司运行部主管。因涉嫌污染环境罪，于2017年4月19日被南京市公安局水上分局刑事拘留，同年5月25日经南京市鼓楼区人民检察院批准逮捕，同日被执行逮捕。同年7月21日经南京市人民检察院批准延长侦查羁押期限一个月至8月25日。现羁押于南京市看守所。

辩护人钱某飞、李某雅，江苏中某律师事务所律师。

被告人陈某，男，汉族，原某水务公司运行部主管。因涉嫌污染环境罪，于2017年4月19日被南京市公安局水上分局刑事拘留，同年5月25日经南京市鼓楼区人民检察院批准逮捕，同日被执行逮捕。同年7月21日经南京市人民检察院批准延长侦查羁押期限一个月至8月25日。现羁押于南京市看守所。

辩护人赵某江、董某龙，江苏信某律师事务所律师。

被告人毛某，男，汉族，原某水务公司运行部主管。因涉嫌污染环境罪，于2017年4月21日被南京市公安局水上分局刑事拘留，同年5月25日经南京市鼓楼区人民检察院批准逮捕，同日被执行逮捕。同年7月21日经南京市人民检察院批准延长侦查羁押期限一个月至8月25日。现羁押于南京市看守所。

辩护人杨某，上海锦某（南京）律师事务所律师。

被告人金某，男，汉族，原某水务公司运行部班长。因涉嫌污染环境罪，于2017年4月22日被南京市公安局水上分局刑事拘留，同年5月25日经南京市鼓楼区人民检察院批准逮捕，同日被执行逮捕。同年7月21日经南京市人民检察院批准延长侦查羁押期限一个月至8月25日。2018年12月7日经本院决定取保候审。

辩护人曹某，江苏法某永衡律师事务所律师。

被告人洪某伟，男，汉族，原某水务公司运行部班长。因涉嫌污染环境罪，于2017年4月19日被南京市公安局水上分局刑事拘留，同年5月25日经南京市鼓楼区人民检察院批准逮捕，同日被执行逮捕。同年7月21日经南京市人民检察院批准延长侦查羁押期限一个月至8月25日。2018年12月7日经本院决定取保候审。

指定辩护人庄某，北京市隆某（南京）律师事务所律师。

被告人赵某，男，汉族，南京某电子设备有限公司第三方运营科科长。因涉嫌污染环境罪，于2017年4月19日被南京市公安局水上分局刑事拘留，同年5月25日经南京市鼓楼区人民检察院批准逮捕，同日被执行逮捕。同年7月21日经南京市人民检察院批准延长侦查羁押期限一个月至8月25日。2019年1月3日经本院决定取保候审。

辩护人吴某胜，江苏德某律师事务所律师。

辩护人王某，北京德某（南京）律师事务所律师。

被告人谷某风，男，汉族，原某水务公司运行部班长。因涉嫌污染环境罪，于2017年4月19日被南京市公安局水上分局取保候审，同年8月25日被南京市鼓楼区人民检察院决定取保候审。

指定辩护人陆某、胡某，北京市隆某（南京）律师事务所律师。

被告人夏某，男，汉族，原某水务公司运行部班长。因涉嫌污染环境罪，于2017年4月22日被南京市公安局水上分局取保候审，同年8月25日被南京市鼓楼区人民检察院决定取保候审。

指定辩护人王某宏，江苏兴某武律师事务所律师。

被告人高某，女，汉族，原某水务公司分析室主管。因涉嫌污染环境罪，于2017年4月19日被南京市公安局水上分局取保候审，同年8月25日被南京市鼓楼区人民检察院决定取保候审。

辩护人戴某龙、王某娜，江苏博某达律师事务所律师。

江苏省南京市鼓楼区人民检察院以宁鼓检诉刑诉〔2018〕47号起诉书指控被告单位某水务公司（以下简称某水务公司）、被告人郑某庚、浦某东、李某珍、高某阳、陈某、毛某、金某、洪某伟、赵某、谷某风、夏某、高某犯污染环境罪，于2018年1月23日向本院提起公诉。本院受理该案后，江苏省南京市鼓楼区人民检察院分别于2018年8月15日、2018年10月15日、2019年3月11日作出宁鼓检诉刑变诉〔2018〕27号变更起诉决定书、宁鼓检诉刑变诉〔2018〕36号变更起诉决定书、宁鼓检诉刑变诉〔2019〕13号变更起诉决定书，就指控的部分案件事实、适用法律进行了变更。此外，江苏省南京市鼓楼区人民检察院于2018年9月14日就该案向本院提起刑事附带民事公益诉讼，后于2019年3月12日作出变更诉讼请求决定书。本院依法组成合议庭，于2018年10月30日至11月1日、11月3日、11月6日、11月7日、2019年3月26日至3月30日公开开庭审理了本案。江苏省南京市鼓楼区人民检察院指派检察员严安、费晓燕出庭支持公诉，指派检察员胥宁、张培华出庭支持刑事附带民事公益诉讼，被告单位某水务公司诉讼代表人及其辩护人，被告人郑某庚、浦某东、李某珍、高某阳、陈某、毛某、金某、洪某伟、赵某、谷某风、夏某、高某及各自辩护人，刑事附带民事公益诉讼被告人某水务公司委托诉讼代理人到庭参加诉讼。因民事部分案情复杂，为防止刑事部分审判过分迟延，本院决定依法对刑事部分先行判决。现已审理终结。

江苏省南京市鼓楼区人民检察院指控，2014年10月至2017年4月18日，被告单位某水务公司在其一期B高浓度废水处理系统未运行、SBR/物化反应池无法正常使用的情况下，仍多次接收排污企业（管线进水、槽罐车进水）高浓度废水并利用暗管违法排放；多次利用暗管违法排放低浓度废水；在一期、二期废水处理系统中修建暗管用于偷排污泥；人为篡改在线监测仪器数据，逃避环保部门监管，致二期废水处理系统长期超标排放污水；在无危废处理资质情况下，接收德某达染料（南京）有限公司（另案处理，以下简称德某达公司）属于危险废物的混合废液共计118.48吨，利用暗管偷排54.06吨，其余64.42吨尚未排放。根据环境保护部南京环境科学研究所司法鉴定所（以下简称南京环科所鉴定所）司法鉴定意见书（国南环司法鉴定所〔2019〕环评鉴字第2号），2014年10月1日至2016

年6月30日、2017年1月1日至2017年4月18日，被告单位违规排放高浓度废水共计288235.04立方米，违法所得共计人民币33785162.93元，对应造成的生态环境损害数额为人民币236496140.51元；违规排放54.06吨属于危险废物的混合废液违法所得237933.54元，对应造成的生态环境损害数额为人民币1793710.80元至2459730.00元；二期废水处理系统超标排放废水造成减少防治污染设施运行支出共计人民币4855882.80元；偷排污泥约4362.53吨（含水率53%），减少设备运行支出人民币71996.70元，违法所得人民币2471373.25元，对应造成的生态环境损害数额为人民币17803589.65元。上述生态环境损害数额共计为人民币256093440.96元至256759460.16元。

在上述事实中，被告人郑某庚作为某水务公司总经理，领导了上述所有犯罪事实。被告人浦某东作为某水务公司运行部经理，参与了上述所有犯罪事实。被告人高某阳、陈某、毛某作为某水务公司运行部主管，被告人金某、洪某伟、谷某风、夏某作为某水务公司运行部班长，存在安排或实施偷排高浓度废水、低浓度废水的行为；存在安排或实施偷排污泥行为；存在取水样送检过程中弄虚作假、手动篡改自动监测仪器数据等行为，帮助其所在单位减少防治污染设施运行支出共计人民币4855882.80元、造成生态环境损害数额为人民币254299730.16元。被告人李某珍作为某水务公司商务部经理，明知公司高浓度废水处理系统未运行，明知公司总排出水长期超标，仍在被告人郑某庚授意下从事接收高浓度废水商务洽谈活动，大量接收高浓度废水，造成生态环境损害数额为人民币236496140.51元。被告人高某作为某水务公司分析室主管，在制作检测台账时存在造假数据应付环保部门检查的行为，帮助所在单位减少防治污染设施运行支出共计人民币4855882.80元。被告人赵某作为南京某电子设备有限公司（以下简称某电子公司）第三方运营科科长，职责为保证环保部门在污水处理国家重点监控企业安装的自动监测设备正常运行以及上传数据的真实性，其明知某水务公司相关人员篡改自动监测仪器数据，仍违反职责不加以监督和管理，放任二期废水处理系统自动监测仪器数据长期被篡改，帮助某水务公司减少防治污染设施运行支出共计人民币4855882.80元。

公诉机关认为，应当以污染环境罪追究被告单位某水务公司、被告人郑某庚、浦某东、李某珍、高某阳、陈某、毛某、金某、洪某伟、赵某、谷某风、夏某、高某的刑事责任，现提请法院依法惩处。

被告单位某水务公司对指控的事实和罪名持有异议，辩称如被告人郑某庚不构成污染环境罪，则被告单位某水务公司亦不构成单位犯罪；不认可亦不知道接收的德某达公司的废水是危险废物；对一期废水处理系统偷排的高浓度废水生态环境损害的计算方式及数额持有异议。其辩护人对指控的事实和罪名持有异议，提出如下辩护意见：（1）现有证据不能证明被告人郑某庚及公司管理层明知利用暗管偷排废水、污泥、接收的德某达公司的废水系危险废物、人为篡改监测数据等情况，某水务公司接收的高浓度废水可以经稀释后通过低浓度废水处理系统处理，不构成污染环境罪。（2）南京环科所鉴定所和鉴定人员没有鉴定资质，鉴定意见不合法，鉴定方法不科学，鉴定意见不能作为定案的依据，现有证据不能认定德某达公司送往某水务公司的高浓度废水系危险废物。（3）一期废水处理系统偷排的高浓度废水造成的生态环境损害数额，应按照实际调查法而非某水务公司的收水价格计算，应以一期 A 高浓度废水处理系统处理高浓度废水时产生的成本与其他时段产生的成本差额作为高浓度废水的单位治理成本，确定单位治理成本时应区分水质类别。其中，南京大某新材料有限责任公司（以下简称大某公司）的 3652 吨废水通过低浓度处理系统处理达标排放，相应的数额应当予以扣除。

被告人郑某庚对指控的事实和罪名持有异议，辩称没有指挥浦某东实施偷排、篡改监测数据等行为，不知道接收的德某达公司高浓度废水属于危险废物，某水务公司接收的高浓度废水经稀释通过低浓度废水处理系统处理后达标排放，不构成污染环境罪。其辩护人对指控的事实和罪名持有异议，提出如下辩护意见：被告人郑某庚不存在领导公司偷排废水行为，公司废水的接收与处理系浦某东负责；南京环科所鉴定所和鉴定人员没有鉴定资质，鉴定意见不合法，鉴定方法不科学，鉴定意见不能作为定案的依据；从某（中国）投资有限公司调取的电子邮件服务器位于境外，未履行公证认证程序，证据来源不合法，不应予以采信；现无足够证据证实某水务公司利用暗管排放高浓度废水的具体时间，不能证明郑某庚存在明知偷排、篡改监测数据、德某达公司的废水系危险废物等主观故意，其不构成污染环境罪。

被告人浦某东对指控的事实和罪名不持异议。其辩护人提出如下辩护意见：被告人浦某东作为公司运行部经理，没有决定是否接收废水的权利，其从未参与董事会等决策，仅依照某水务公司管理层的指示工作；其主观恶性较小，归案后如实供述，具有坦白情节；其辅助侦破本案，具有检举他人犯罪的立功情节；请求对其从轻、减轻处罚并适用缓刑。

被告人李某珍对指控的事实和罪名持有异议，辩称主观上没有污染环境的故意，接收高浓度废水系按照公司流程履行工作职责。其辩护人对指控的事实和罪名持有异议，提出如下辩护意见：被告人李某珍不构成污染环境罪，现有证据不能证实李某珍存在明知或应知某水务公司接收的废水被利用暗管偷排的主观故意，其接收高浓度废水的行为与本案指控的犯罪行为无刑法上的因果关系；其没有直接从事排污工作，不对排污工作进行组织管理，不应将其作为单位犯罪的其他直接责任人员。如构成犯罪，2017 年 1 月 1 日之前的行为不应计入生态环境损害数额，接收的高浓度废水并未完全偷排，建议按照 50%予以扣减。

被告人高某阳、陈某、毛某、金某、洪某伟、赵某、谷某风、夏某、高某对公诉机关指控其犯污染环境罪的主要事实和罪名不持异议，表示认罪认罚。

被告人高某阳的辩护人提出如下辩护意见：被告人高某阳具有坦白情节，在共同犯罪中属于从犯，没有前科劣迹，认罪悔罪，主观恶性小，请求从轻或减轻处罚并适用缓刑。

被告人陈某的辩护人提出如下辩护意见：被告人陈某的行为属于职务行为，具有坦白情节，在共同犯罪中属于从犯，没有前科劣迹，认罪悔罪，请求从轻、减轻处罚并适用缓刑。

被告人毛某的辩护人提出如下辩护意见：被告人毛某仅参与部分犯罪事实，在共同犯罪中系从犯，主观恶性小，请求从轻、减轻处罚。

被告人金某的辩护人提出如下辩护意见：被告人金某的行为属于职务行为，无权决定是否接收废水，在共同犯罪中属于从犯，主动投案属于自首，没有前科劣迹，请求从轻、减轻处罚。

被告人洪某伟的辩护人提出如下辩护意见：被告人洪某伟犯罪情节轻微，其行为属于职务行为，请求对其从轻处罚。

被告人赵某的辩护人提出如下辩护意见：被告人赵某具有坦白情节，在共同犯罪中属于从犯，其主观恶性较小，没有前科劣迹，未谋取个人利益，请求从轻处罚并适用缓刑。

被告人谷某风的辩护人提出如下辩护意见：被告人谷某风具有坦白情节，作为公司运行部班长在共同犯罪中属于从犯，没有前科劣迹，认罪悔罪，主观恶性小，请求对其免除处罚。

被告人夏某的辩护人提出如下辩护意见：被告人夏某具有自首情节，仅参与部分犯罪事实，在共同犯罪中属于从犯，没有前科劣迹，当庭认罪悔罪，请求从轻处罚并适用缓刑。

被告人高某的辩护人提出如下辩护意见：被告人高某具有坦白情节，在共同犯罪中属于从犯，认罪悔罪，主观恶性小，请求对其适用缓刑。

经审理查明，某水务公司于2003年5月成立，注册资本为1848万美元，股东为南京化学工业园有限公司和某（中国）投资有限公司（以下简称某投资公司），经营范围系为南京化学工业园的排污企业提供污水处理及其他相关服务（依法须经批准的项目，经相关部门批准后方可开展经营活动），属于污水处理厂、危险废物国家重点监控企业。

某水务公司的污水处理设施分为一期工程和二期工程：一期工程项目主要接纳南京化学工业园区企业的生产废水［包括江苏钟某化工有限公司等，产品主要为农药、医药中间体、染料等］，设计处理能力为2.5万吨/天，尾水排放须满足COD≤80mg/L、pH6-9等指标；二期工程项目主要处理南京金某锦湖化工有限公司的生产废水，设计处理能力为1.92万吨/天，尾水排放须满足COD≤80mg/L、pH6-9等指标。一期工程又分为一期A工程和一期B工程：一期A工程设计处理满足COD≤1000mg/L等指标的低浓度污水，一期B工程设计处理满足COD≤4000mg/L等指标的高浓度污水；一期B工程出于改进处理工艺以确保一期工程出水达标的目的，起初建设有SBR/物化反应池（以下简称SBR池），SBR池共有5格相互独立的处理单元，每个单元容量2000立方米，废水可在其中一个单元处理后通过集水池进入另一个单元处理，SBR池处理后的出水可进入后续处理环节或在水质达标的情况下直接排入总排池继而通过管线排入长江。后因SBR池存在诸多操作问题，基本处于闲置状态，某水务公司于2013年经环保部门等批准后启动了一期工程改造项目，新建深度处理混凝沉淀装置替代原SBR池深度处理功能，并将被替代的3格SBR池改造为某化工公司的废水预处理装置；剩余2格被替代的SBR池全部废弃，设计可在短期内用作事故池或调节池，用于临时储存高浓度废水或作为一期高浓度废水预处理设施，但其中直接通往总排池的管道未被拆除。为满足排污口规范化整治等要求，某水务公司集中设置了总排池，一期工程的排水、二期工程的排水和南京钛某化工有限责任公司（使用某水务公司排江管线）的排水达标后分别进入总排池，一期和二期工程排水口按规定均安装COD、pH、污水流量计等在线监测仪器，三股排水混合后经推进器搅匀由泵提升经管线排入长江。

一期A工程的工艺技术方案是好氧流化床工艺，工艺路线为：污水—匀质调节池—好氧流化床+曝气池—二沉池—排江。因园区内各企业生产来水特点不确定，所有的园区内事故来水先进入一期B工程的事故池。事故池分为5格，以满足容纳事故时的低浓度污水、高浓度污水、园区内部分企业由槽罐车拉来的污水等不同需求。一期B工程高浓度废水处理原设计主要采用：预处理加生化处理工艺（好氧流化床+曝气），厌氧生化处理工艺（EGSB厌氧反应器），SBR池（后被废弃）生化或物化处理工艺。根据废水水质水量，一期B工程高浓度废水处理流程原设计分三种情况：（1）废水水质水量符合厌氧反应器设计要求，高浓度废水进入高浓度废水匀质池，在匀质池中进行混合和pH调节后提升至厌氧反应器，厌氧反应后出水可进入一期A或一期B生化系统进一步降解COD，生化出水在二沉池中进行固液分离，上清液排入总排池达标排放；（2）废水水量较大且高浓度废水匀质池液位较高时，则废水先进入事故池中存储，待高浓度废水匀质池液位正常后，由事故池提升至高浓度废水匀质池，后续处理流程如上；（3）废水水质不符合厌氧进水要求时，则先进入事故池存储，再由事故池提升至SBR池做物化或生化等预处理，根据预处理后的水质情况，分别进入低浓度废水匀质池或高浓度废水匀质池做后续处理。一期工程污水处理后产生的污泥部分回流至生化池，剩余污泥浓缩脱水后外运至有资质的危险固体废弃物处理中心安全处置。二期工程产生的脱水污泥（HW41）等属于固体废物，须外运至有资质的固体废物处理单位处理。

2014年10月至2017年4月18日，被告单位某水务公司在一期B高浓度废水处理系统未运行、SBR池无法正常使用的情况下，仍多次接收排污企业（管线进水、槽罐车进水）的高浓度废水并利用暗管违法排放；多次利用暗管违法排放低浓度废水；在一期、二期废水处理系统中修建暗管用于偷排有毒有害成分的污泥；人为篡改在线监测仪器数据，逃避环保部门监管，致使二期废水处理系统长期超标排放污水；在无危险废物处理资质情况下，于 2016 年 11 月 9 日接收德某达公司遗留在 IBC 吨桶内含有 DRB 相分离液、Red9 废液、Yellow Carb DF 废液、金黄 71 废液等混合母液、废液调配处理后的危险废物 18.94 吨，分别于 2016 年 12 月 29 日、2017 年 1 月 12 日接收德某达公司 IBC 吨桶内金黄 GL 废母液和洗液调配处理后的危险废物 17.2 吨、17.92 吨，分别于 2017 年 3 月 23 日、3 月 31 日、4 月 12 日接收德某达公司 A7 车间噻唑蓝前驱体滤饼生产环节第一步废母液和洗液的混合废液调配处理后的危险废物 19.7 吨、22.12 吨、22.6 吨，某水务公司接收前述危险废物共计 118.48 吨后，放入一期 B 事故池内，将前三次的危险废物合计 54.06 吨利用暗管违法排放，其余 64.42 吨尚未排放。

被告人郑某庚作为某水务公司总经理，明知运行部经理浦某东等人实施上述污染环境行为，未加以制止或者及时采取措施，而是予以默许、纵容。被告人浦某东作为某水务公司运行部经理，组织、参与实施了上述全部污染环境行为。被告人李某珍作为某水务公司商务部经理，明知某水务公司高浓度废水处理系统未运行、总排出水长期超标等情况，仍在被告人郑某庚授意下从事接收高浓度废水商务洽谈活动，大量接收高浓度废水。被告人高某阳、陈某、毛某作为某水务公司运行部主管，被告人金某、洪某伟、谷某风、夏某作为某水务公司运行部班长，存在安排或实施偷排高浓度废水、低浓度废水的行为；存在安排或实施偷排污泥的行为；存在取水样送检过程中弄虚作假、手动篡改自动监测仪器数据等行为。被告人高某作为某水务公司分析室主管，在制作检测台账时存在造假数据应付环保部门检查的行为。

经统计和鉴定，2014 年 10 月 1 日至 2016 年 6 月 30 日、2017 年 1 月 1 日至 2017 年 4 月 18 日，某水务公司违法排放高浓度废水共计 284583.04 立方，违法所得共计人民币 33744505.76 元，对应造成的生态环境损害数额为人民币 236211540.32 元；偷排污泥约 4362.53 吨（含水率 53%），减少设备运行支出人民币 71996.70 元，违法所得人民币 2471373.25 元，对应造成的生态环境损害数额为人民币 17803589.65 元；二期废水处理系统超标排放废水造成减少防治污染设施运行支出共计人民币 4855882.80 元；违法排放 54.06 吨属于危险废物的混合废液违法所得人民币 237933.54 元，对应造成的生态环境损害数额为人民币 1793710.80 元至 2459730.00 元。

前述生态环境损害数额共计人民币255808840.77元至256474859.97元。

被告人郑某庚、浦某东应对上述全部污染环境行为造成的后果承担相应责任。被告人李某珍上述参与的污染环境行为，造成的生态环境损害数额为人民币236211540.32元。被告人高某阳、陈某、毛某、金某、洪某伟、谷某风、夏某上述参与实施的污染环境行为，造成的生态环境损害数额为人民币254015129.97元，并帮助某水务公司减少防治污染设施运行支出共计人民币4855882.80元。被告人高某上述参与的污染环境行为，帮助某水务公司减少防治污染设施运行支出共计人民币4855882.80元。

被告人赵某作为某电子公司第三方运营科科长，职责是保证环保部门在污水处理国家重点监控企业安装的自动监测设备正常运行以及上传数据的真实性，其明知某水务公司相关人员篡改自动监测仪器数据，仍违反职责不加以监督和管理，放任二期废水处理系统自动监测仪器数据长期被篡改，并存在应某水务公司相关人员要求向环保部门虚报监测仪器故障配合某水务公司逃避监管的行为，帮助某水务公司减少防治污染设施运行支出共计人民币4855882.80元。

2017年4月19日，公安机关对该案立案侦查。同日，被告人夏某主动向公安机关投案并供述其参与的犯罪事实，被告人郑某庚、浦某东、李某珍、高某阳、陈某、洪某伟、谷某风、赵某、高某被公安机关抓获归案；同年4月21日，被告人毛某被公安机关抓获归案；同年4月22日，被告人金某主动向公安机关投案并供述其参与的犯罪事实。归案后，被告人浦某东揭发了原江北新区党工委、江北新区管理委员会环保与水务局污染防治办主任徐某滥用职权的犯罪行为，并提供重要线索协助公安机关侦破了德某达公司非法处置危险废物污染环境的犯罪行为，现徐某因滥用职权等已被司法机关追究刑事责任。

另查明，被告人郑某庚、浦某东、李某珍、高某阳、陈某、毛某、金某、洪某伟、赵某、谷某风、夏某、高某2016年度的税前收入分别为1246824.74元、236075元、289010元、88013.76元、88239.52元、82518.8元、79147.76元、84822.23元、111064元、81554.5元、81650.97元、70773元，税后收入分别为767108.09元、169871.8元、210108元、71399.63元、68910.42元、64510.82元、62901.39元、67881.61元、89427.84元、64738.18元、64588.18元、59746.47元。

案件审理期间，某水务公司向本院预交了生态环境损害赔偿金、罚金各人民币5000万元。

经被告人金某、洪某伟、赵某、谷某风、夏某、高某居住地司法行政部门调查评估，6被告人均符合社区矫正的条件。

上述事实，有经庭审举证、质证本院予以确认的常住人口基本信息、护照、受案登记表、案发经过、抓获经过、台账、运输单、电子邮件、情况说明、收入证明、营业执照、工商登记资料、《环境保护部关于印发2015年国家重点监控企业名单的通知》、《环境保护部关于印发2016年国家重点监控企业名单的通知》、环境影响报告书批复、某水务公司董事会决议、职位说明书、组织架构图、人员名单、监测报告、刑事摄影照片、现场勘验笔录、某水务公司疑似私设暗管现场调查专家意见、地质勘查资质证书、某水务公司管线探测项目成果报告、南京市污染源自动监控系统截屏照片、江苏某工程技术有限公司对某水务公司的施工改造管线图、某水务公司董事会会议记录、某水务公司违规排放记录汇总表、工作记录、2013年至2017年某水务公司槽车运送水量及收费明细、某水务公司出具的2015年12月《德某达公司废水临时处理方案》以及2016年8月《巴斯夫TBA项目临时高浓度废水进入某装置处理说明》、2017年2月《欧德油储临时高浓度废水进入某装置处理说明》、德某达公司“已有项目固体废物技术评估报告”及请示报告、《污水处理临时服务协议》、废水调配单、情况说明，证人许某、卓某兵、吕某、朱某建、桑某新、徐某贵、毛某山、林某伟、郭某、胡某、褚某会、金某1、吴某智、汪某、蔡某坚、张某明、韦某晓、汤某某、赵某1、邬某军、张某超、钱某付、郑某钢、陈某惠、王某1、徐某珍、张某、陈某1、侯某伟、黄某荣、叶某金、朱某某、陶某鹏、薛某伟、何某林、沈某丰、王某军、李某、魏某超、王某2、卓某兵、朱某建、林某伟、陈某2、吕某武等人的证言，各被告人的供述和辩解，往来电子邮件及制作说明、英文邮件及翻译件，南京环科所鉴定所出具的情况说明、司法鉴定许可证、司法鉴定人执业证、司法鉴定委托书、司法鉴定意见、审计报告等证据证实。均经庭审质证，合法有效，具有证明效力。

针对被告单位、各被告人及其辩护人的辩解、辩护意见，本院综合评判如下：

一、关于被告人郑某庚的主观故意问题

被告人郑某庚长期从事污水处理工作且担任污水处理企业的主要领导，其作为某水务公司总经理知晓环境影响报告的内容、公司设备运行状况和处理废水的能力等情况，在现有设备不具备处置高浓度废水的条件下要求大量接收高浓度废水，结合被告人浦某东等人的供述、某水务公司多名员工的证言以及往来邮件、涉案暗管的铺设情况等在案证据，足以认定被告人郑某庚明知浦某东等人实施偷排、篡改在线监测数据而予以默许、纵容。结合被告人浦某东的供述、证人魏某超的证言、德某达公司高浓度废液的水质情况和处理价格等相关证据，被告人郑某庚应当知晓德某达公司运送至某水务公司处理的高浓度废液属于危险废物。综上所述，被告人郑某庚对公诉机关指控的犯罪事实具有主观故意。涉案涉外的部分邮件，系依法从某投资公司调取，且经邮件所涉被告单位、被告人确认，来源合法，程序正当，可以作为认定案件事实的依据。被告人郑某庚及其辩护人的相关意见，本院不予采纳。

二、关于被告单位某水务公司单位犯罪问题

被告人郑某庚作为某水务公司总经理，明知公司员工浦某东等人实施偷排、篡改在线监测数据等污染环境行为，并未加以制止或者及时采取措施，而是予以纵容、默许，涉案接收废水、偷排、篡改在线监测数据等行为系某水务公司多部门之间协作完成，犯罪行为产生的违法所得亦归某水务公司所有，本案应认定为被告单位某水务公司单位犯罪。经环境保护主管部门批准的环境影响报告对企业具有约束力，被告单位某水务公司、被告人郑某庚等不按环境影响报告的工艺流程处理污水，其辩称的高浓度废水经稀释处理的意见，综合被告单位某水务公司污水处理设施的运行情况、被告人浦某东等人的供述、证人魏某超等人的证言以及专家辅助人吕锡武、陈森的意见等，该观点在实际操作中明显缺乏可行性，亦与通过暗管长期频繁偷排的查明事实不符，故被告单位某水务公司及其辩护人、专家辅助人贺启环等人的相关意见不予采纳。

三、关于被告人李某珍的主观故意问题

被告人李某珍长期在污水处理企业工作，明知某水务公司处理污水的能力、设备的实际运行状况等，在洽谈接收高浓度废水时虚构厌氧反应器等高浓度废水处理设施运行情况，且大量接收显著超出环境影响报告规定标准的高浓度废水，结合被告人浦某东的供述等在案证据，被告人李某珍应当认识到接收的高浓度废水系非正常处理，其主观上具有放任指控犯罪事实发生的犯罪故意。被告人李某珍及其辩护人的相关意见，本院不予采纳。

四、关于偷排高浓度废水所造成的生态环境损害数额

《环境保护部关于虚拟治理成本法适用情形与计算方法的说明》中明确规定："有收费标准的，优先适用收费标准法，使用时需要对收费标准的合理性进行判断；没有收费标准的，优先适用实际调查法。"南京环科所鉴定所及鉴定人员具有鉴定资质，所出具的生态环境损害鉴定意见，系根据该规定并结合案件具体情况确定具体的计算方法，符合相关规定，相应的意见应当予以采纳，但大某公司的相应数额在计算犯罪数额时应予扣除。被告单位某水务公司作为污水处理企业，所实施的污染环境行为严重背离该类企业设立宗旨，就其犯罪行为计算生态环境损害数额时，不应因其企业性质以其污水处理成本作为标准使其享有优于普通主体的特殊利益。某水务公司偷排的高浓度废水的行业特征、类型、污染物的负荷等千差万别，邻近集中污水处理厂的处理工艺和设施规模各不相同，其辩称的实际调查法在本案中并不具有可操作性。被告单位某水务公司及其辩护人、专家辅助人吴伟、陈晨以及污染环境案专家意见的相关意见，本院不予采纳。被告人对其参与的污染环境行为所造成的生态环境损害，应当承担相应的责任，被告人李某珍的辩护人关于2017年以前的行为不应计入生态环境损害数额的意见，本院不予采纳。

五、关于接收德某达公司的涉案废液是否属于危险废物

对《国家危险废物名录》所列的废物，可以依据涉案物质的来源、产生过程、被告人供述、证人证言以及经批准或者备案的环境影响评价文件等证据，结合环境保护主管部门、公安机关等出具的书面意见作出认定。在案证据之间能够相互印证，足以证明涉案液态废物来源和相应特征明确，根据备案的环境影响报告等证据，结合鉴定机构的鉴定意见、专家辅助人的意见等，德某达公司运送至某水务公司处理的涉案118.48吨混合废液应当认定为危险废物。南京环科所鉴定所及相关鉴定人具有相应的鉴定资质，鉴定方法符合法律规定，所出具的鉴定意见具有事实和法律依据，应当予以采纳。被告单位某水务公司提交的证据、申请的专家辅助人证言并不能否定涉案液态废物属于危险废物，其处理德某达公司高浓度废液虽经环保部门批准，但污

水处理协议和环保部门批复移交处置的并非危险废物，德某达公司移交某水务公司处置的高浓度废液即便满足双方约定标准，被告单位某水务公司并无处理危险废物的资质，亦不能据此免除其应当承担的责任。被告单位某水务公司、被告人郑某庚及其辩护人的相关意见，本院不予采纳。

本院认为，在案证据之间相互印证，足以证实上述认定的犯罪事实。根据《中华人民共和国水污染防治法》规定，禁止私设暗管或者采取其他规避监管的方式排放水污染物；排放水污染物，不得超过国家或者地方规定的水污染物排放标准。《中华人民共和国刑法》第三百三十八条规定，违反国家规定，排放、倾倒或者处置有放射性的废物、含传染病病原体的废物、有毒物质或者其他有害物质，严重污染环境的，处三年以下有期徒刑或者拘役，并处或者单处罚金；后果特别严重的，处三年以上七年以下有期徒刑，并处罚金。长江是中华民族的母亲河，也是中华民族发展的重要支撑，保护长江是全社会的基本共识。被告单位某水务公司作为南京化学工业园区污水处理企业，应明知其所负防治环境污染的社会功能，应明知其偷排等行为的违法性，应明知未经处理的污水直接排入长江对水体生态环境造成的危害，但仍长期利用暗管实施偷排，篡改在线监测仪器数据，逃避监管超标排放污水，行为性质极其恶劣。被告单位某水务公司违反国家规定，排放、处置有毒物质和其他有害物质，严重污染环境，后果特别严重，其行为构成污染环境罪。在单位犯罪中，被告人郑某庚系直接负责的主管人员，被告人浦某东、李某珍、高某阳、陈某、毛某、金某、洪某伟、谷某风、夏某、高某系其他直接责任人员，应当以污染环境罪对其定罪处罚。被告人赵某明知某水务公司长期篡改自动监测仪器数据超标排放污水，违反职责放任二期废水处理系统自动监测仪器数据被篡改，并主动帮助某水务公司逃避环保部门的监管，致使环境保护主管部门对污染企业的监管处于失控状态，与某水务公司构成共同犯罪，应当以污染环境罪追究其刑事责任。江苏省南京市鼓楼区人民检察院的指控罪名成立，本院予以支持。

上述各被告人共同或分别共同故意实施污染环境犯罪，系共同犯罪。被告单位某水务公司已经着手实施犯罪，但部分犯罪由于意志以外的原因而未得逞，系犯罪未遂，可以比照既遂犯减轻处罚，被告人郑某庚、浦某东涉及的该部分犯罪亦予以减轻处罚。被告人李某珍、赵某、高某在共同犯罪中起辅助作用，被告人高某阳、陈某、毛某、金某、洪某伟、谷某风、夏某在共同犯罪中起次要作用，应当认定为从犯，本院依法对被告人赵某、高某从轻处罚，对被告人李某珍、高某阳、陈某、毛某、金某、洪某伟、谷某风、夏某减轻处罚。被告人浦某东归案后揭发他人犯罪，经查证属实，构成立功，依法予以减轻处罚。被告人金某、夏某具有自首情节，依法予以减轻处罚。被告人浦某东、高某阳、陈某、毛某、洪某伟、谷某风、赵某、高某具有坦白情节，依法予以从轻处罚。被告人金某、洪某伟、赵某、谷某风、夏某、高某犯罪后有悔罪表现，对其适用缓刑不致再危害社会，依法可以宣告缓刑。被告单位、各被告人及其辩护人的相关意见，本院予以采纳。

综上所述，结合被告单位某水务公司主动缴纳部分生态环境损害赔偿金等实际情况，本院为依法惩治污染环境犯罪，经审判委员会讨论决定，依据《中华人民共和国刑法》第六条第一款，第三百三十八条，第三百四十六条，第三十条，第三十一条，第二十五条第一款，第二十七条，第二十三条，第六十七条第一款、第三款，第六十八条，第五十二条，第六十四条，第七十二条，第七十三条第二款、第三款，《最高人民法院、最高人民检察院关于办理环境污染刑事案件适用法律若干问题的解释》第一条第（八）项，第三条第（六）项，第六条第一款，第十一条，第十二条，第十三条第一款，第十四条，第十五条第（一）项、第（四）项，第十七条之规定，判决如下：

一、被告单位某水务公司犯污染环境罪，判处罚金人民币五千万元。

（罚金于判决生效之日起一个月内缴纳。）

被告人郑某庚犯污染环境罪，判处有期徒刑六年，并处罚金人民币二百万元。

（刑期自判决执行之日起计算。判决执行以前先行羁押的，羁押一日折抵刑期一日，即自 2017 年 4 月 24 日至 2023 年 4 月 23 日止。罚金于判决生效之日起一个月内缴纳。）

被告人浦某东犯污染环境罪，判处有期徒刑二年九个月，并处罚金人民币二十万元。

（刑期自判决执行之日起计算。判决执行以前先行羁押的，羁押一日折抵刑期一日，即自 2017 年 4 月 19 日至 2020 年 1 月 18 日止。罚金于判决生效之日起一个月内缴纳。）

被告人李某珍犯污染环境罪，判处有期徒刑二年六个月，并处罚金人民币二十万元。

（刑期自判决执行之日起计算。判决执行以前先行羁押的，羁押一日折抵刑期一日，即自2017年4月22日至2019年10月21日止。罚金于判决生效之日起一个月内缴纳。）

被告人高某阳犯污染环境罪，判处有期徒刑二年三个月，并处罚金人民币六万元。

（刑期自判决执行之日起计算。判决执行以前先行羁押的，羁押一日折抵刑期一日，即自2017年4月19日至2019年7月18日止。罚金于判决生效之日起一个月内缴纳。）

被告人陈某犯污染环境罪，判处有期徒刑二年三个月，并处罚金人民币六万元。

（刑期自判决执行之日起计算。判决执行以前先行羁押的，羁押一日折抵刑期一日，即自2017年4月19日至2019年7月18日止。罚金于判决生效之日起一个月内缴纳。）

被告人毛某犯污染环境罪，判处有期徒刑二年三个月，并处罚金人民币六万元。

（刑期自判决执行之日起计算。判决执行以前先行羁押的，羁押一日折抵刑期一日，即自2017年4月21日至2019年7月20日止。罚金于判决生效之日起一个月内缴纳。）

被告人金某犯污染环境罪，判处有期徒刑一年九个月，缓刑二年，并处罚金人民币五万元。

（缓刑考验期限，自判决确定之日起计算。罚金于判决生效之日起一个月内缴纳。）

被告人洪某伟犯污染环境罪，判处有期徒刑二年，缓刑二年六个月，并处罚金人民币五万元。

（缓刑考验期限，自判决确定之日起计算。罚金于判决生效之日起一个月内缴纳。）

被告人赵某犯污染环境罪，判处有期徒刑一年十个月，缓刑二年，并处罚金人民币八万元。

（缓刑考验期限，自判决确定之日起计算。罚金于判决生效之日起一个月内缴纳。)

被告人谷某风犯污染环境罪，判处有期徒刑二年，缓刑二年六个月，并处罚金人民币五万元。

(缓刑考验期限，自判决确定之日起计算。罚金于判决生效之日起一个月内缴纳。)

被告人夏某犯污染环境罪，判处有期徒刑一年九个月，缓刑二年，并处罚金人民币五万元。

(缓刑考验期限，自判决确定之日起计算。罚金于判决生效之日起一个月内缴纳。)

被告人高某犯污染环境罪，判处有期徒刑一年，缓刑一年六个月，并处罚金人民币五万元。

(缓刑考验期限，自判决确定之日起计算。罚金于判决生效之日起一个月内缴纳。)

二、被告单位某水务公司的违法所得予以追缴，上缴国库。禁止被告人金某、洪某伟、赵某、谷某风、夏某、高某在缓刑考验期内从事与排污或者处置危险废物有关的经营活动。

如不服本判决，可在接到判决书的第二日起十日内，通过本院或者直接向江苏省南京市中级人民法院提出上诉。书面上诉的，应当提交上诉状正本一份，副本二份。

审　判　长　高　伟
审　判　员　黄彦杰
审　判　员　安洪强
人民陪审员　张苏莉
人民陪审员　陆雪萍
人民陪审员　陈时勤
人民陪审员　方海峰

二〇一九年五月十七日

书　记　员　章　颖
书　记　员　吴双香

中华人民共和国
江苏省南京市玄武区人民法院
刑事附带民事公益诉讼调解书

（2018）苏0102刑初68号

附带民事公益诉讼原告人：南京市鼓楼区人民检察院。

出庭人员：胥宁，南京市鼓楼区人民检察院检察员。

出庭人员：张培华，南京市鼓楼区人民检察院检察员。

被告：某水务公司，住所地南京市某路某号。

法定代表人：龙某武，该公司董事长。

委托诉讼代理人：陈某强，浙江京某律师事务所律师。

委托诉讼代理人：毛某华，上海市锦某（南京）律师事务所律师。

第三人：某（中国）投资有限公司，住所地上海市某路某号。

法定代表人：高某强，该公司董事长。

委托诉讼代理人：陈某强，浙江京某律师事务所律师。

委托诉讼代理人：毛某华，上海市锦某（南京）律师事务所律师。

南京市鼓楼区人民检察院以宁鼓检诉刑诉〔2018〕47号起诉书指控被告单位某水务公司、被告人郑某庚、浦某东、李某珍、高某阳、陈某、毛某、金某、洪某伟、赵某、谷某风、夏某、高某犯污染环境罪，于2018年1月23日向本院提起公诉。在诉讼过程中，南京市鼓楼区人民检察院作为公益诉讼原告人以宁鼓检刑附民公诉〔2018〕2号刑事附带民事公益诉讼起诉书以某水务公司为被告人向本院提起附带民事公益诉讼。为了防止刑事案件审判的过分延迟，本院依照《最高人民法院关于适用〈中华人民共和国刑事诉讼法〉的解释》第一百五十九条的规定，对本案刑事部分先行审判。本院于2019年5月17日作出（2018）苏0102刑初68号刑事判决书，以被告单位某水务公司犯污染环境罪，判处罚金人民币5000万元。被告单位某水务公司不服本院判决，上诉至南京市中级人民法院，南京市中级人民法院于2019年10月15日作出（2019）苏01刑终525号裁定书，裁定驳回上诉，维持原判。在本案附带民事公益诉讼中，南京市鼓楼区人民检察院指派检察员胥宁、张培华出庭支持附带民事公益诉讼，被告人某水务公司的委托代理人陈某强、毛某华到庭参加诉讼。第三人某（中国）投资有限公司（以下简称某投资公司）申请作为第三人参加诉讼。本案附带民事公益诉讼部分现已审理终结。

南京市鼓楼区人民检察院向本院提出诉讼请求：（1）判令某水务公司在省级以上媒体公开赔礼道歉；（2）判令某水务公司以虚拟治理成本人民币5450.46万元至5459.98万元为基数、地表水环境功能区敏感系数为7，合计数额为人民币38153.22万元至38219.86万元，承担生态环境损害赔偿责任。

诉讼过程中，因刑事案件审理中发现新的犯罪事实，本院遂延期审理，并要求补充新的证据，经补充侦查，南京市鼓楼区人民检察院依据新的事实于2019年3月12日作出宁鼓检刑附民公变〔2019〕1号变更诉讼请求决定书，诉讼请求变更为：（1）判令某水务公司在省级以上媒体公开赔礼道歉；（2）判令某水务公司承担生态环境修复费用人民币469387625.15元至470053644.35元；（3）判令某水务公司承担本案鉴定评估费人民币20万元。

事实及理由：某水务公司是专门为南京化学工业园区的排污企业提供污水处理服务的企业，系国家重点排污监管企业。2014年10月至2017年4月18日，某水务公司实施了以下环境侵权行为：

1. 该公司在一期B工程高浓度废水处理系统未运行、SBR池无法正常使用的情况下，仍多次接收排污企业（管线进水、槽车进水）高浓度废水并利用暗管违法排放，违规排放高浓度废水合计288235.04立方米，经环境保护部南京环境科学研究所司法鉴定所出具的《司法鉴定意见书》［国南环司法鉴定所〔2019〕环评鉴字第3号］认定，该行为造成的生态环境损害数额为人民币236496140.51元。

2. 该公司在二期工程中，人为篡改在线监测仪器数据，逃避环保部门监管，长期超标排放污水，违规排放超标废水合计9068630.28立方米，根据《司法鉴定意见书》认定，该行为造成的生态环境损害数额为人民币213294184.19元。

3. 该公司二期工程利用暗管偷排污泥约4362.53吨（含水率53%），

根据《司法鉴定意见书》认定，该行为造成的生态环境损害数额为人民币17803589.65元。

4. 该公司在无危险废物处理资质情况下，接收德某达染料（南京）有限公司（以下简称德某达公司）属于危险废物的混合废液118.48吨后将其中54.06吨利用暗管偷排，根据《司法鉴定意见书》认定，该行为造成的生态环境损害数额为人民币1793710.80元至2459730.00元。

综上所述，上述环境侵权行为造成的生态环境损害数额共计人民币469387625.15元至470053644.35元。某水务公司违反国家规定，利用暗管向长江排放、处置有毒有害物质，篡改监测数据、长期超标排放化工废水，严重污染生态环境，损害了社会公共利益，对生态环境构成民事侵权，应当承担侵权责任，请求法院依法裁判。

某水务公司辩称：该公司对造成生态环境损害的事实予以确认，但《司法鉴定意见书》据以确定虚拟治理成本的部分评估方法、评估计算等存在问题，导致公益诉讼原告人起诉的生态环境损害赔偿数额错误。此外，将德某达公司危险废物鉴定报告的结果直接适用于运往某水务公司的高浓度废水也存在问题。具体意见如下：

1. 《司法鉴定意见书》中未包括“环境损害确认”这一必要内容，不符合相关鉴定规范的要求。

2. 适用收费标准法确定一期B工程违规排放高浓度废水的单位治理成本不合理，应当适用实际调查法。

3. 二期工程超标排放废水造成生态环境损害量化存在问题。

4. 在确定违规排放污染物的虚拟治理成本时，应扣除增值税。

5. 德某达公司运至某水务公司的高浓度废水性质鉴定存在问题。

综上所述，为衡平企业良性发展与环境保护目标，请求法院充分考虑某水务公司已经采取系列改正措施，相关污水处理指标现均能稳定达标的情形，能够采纳某水务公司的相关意见，公正合理地确定损害赔偿数额，使企业能维持正常经营，不致因过高的赔偿费用而破产清算。同时，请求准予被告采用延长环境修复赔偿金缴纳期限、分批赔偿、合理提取企业年度利润、以污染设备技术改造投入按一定比例抵扣部分赔偿金等赔偿方式承担责任，使被告能够承担起企业环境保护主体责任和社会责任。

经审理，查明事实如下：

一、某水务公司于 2003 年 5 月成立，注册资本为 1848 万美元，股东为某投资公司和南京化学工业园有限公司，经营范围系为南京化学工业园的排污企业提供污水处理及其他相关服务（依法须经批准的项目，经相关部门批准后方可开展经营活动），属于污水处理厂、危险废物国家重点监控企业。2014 年 10 月 1 日至 2017 年 4 月，该公司在一期 B 高浓度废水处理系统未运行、SBR 池无法正常使用的情况，仍多次接收排污企业（管线进水、槽罐车进水）的高浓度废水并利用暗管违法排放；多次利用暗管违法排放低浓度废水；在一期、二期废水处理系统中修建暗管用于偷排有毒有害成分的污泥；人为篡改在线监测仪器数据，逃避环保部门监管，致使二期废水处理系统长期超标排放污水；在无危险废物处理资质情况下，多次接收德某达公司属于危险废物的混合废液共计 118.48 吨，并将其中 54.06 吨利用管道违法排放，其余 64.42 吨因案发尚未排放。

二、受南京市鼓楼区人民检察院委托，环境保护部南京环境科学研究所对某水务公司 2014 年 10 月 1 日至 2017 年 4 月 18 日期间违规排放危险废物、废水及污泥行为造成的生态环境损害情况进行数额量化鉴定评估，并于 2019 年 3 月 12 日出具《司法鉴定意见书》。鉴定意见为：

1. 量化方法的确定

根据《环境保护部关于虚拟治理成本法适用情形与计算方法的说明》（环办政法函〔2017〕1488 号），某水务公司违规排放危险废物、废水及污泥行为造成的生态环境损害量化适用虚拟治理成本法；结合某水务公司长江排污口所在区域地表水环境功能区类型为 II 类功能区，对应环境功能区敏感系数为 7，故生态环境损害数额以计算出的虚拟治理成本乘以 7 倍进行最终量化。

2. 量化过程与结果

（1）高浓度废水的违规排放。2014 年 10 月 1 日至 2016 年 6 月 30 日及 2017 年 1 月 1 日至 2017 年 4 月 18 日，某水务公司一期 B 工程共接收高浓度废水 296115.93 立方米，扣除案发时事故池、SBR 池和集水池中废水存量 7880.89 立方米，共计违规排放高浓度废水 288235.04 立方米。经量化得出虚拟治理成本为人民币 33785162.93 元，对应造成的生态环境损害数额为人民币 236496140.51 元。

（2）危险废物的违规排放。某水务公司违规接收德某达公司含染料生产母液的混合废液总量为 118.48 吨，已排放 54.06 吨，尚存 64.42 吨。该混合废液经司法鉴定，属于危险废物，类别为 HW12。针对已违规排放的 54.06 吨混合废液，经量化得出虚拟治理成本为人民币 256244.40 元至 351390.00 元，对应造成生态环境损害数额为人民币 1793710.80 元至 2459730.00 元。

（3）超标废水的违规排放。某水务公司二期工程在长达两年零七个月的时间内频繁违规排放超标废水，该超标废水 COD 浓度范围为 81mg/L 至 529mg/L（允许排放浓度限值为 80mg/L）。经量化得出虚拟治理成本为人民币 30470597.74 元，对应造成的生态环境损害数额为人民币 213294184.19 元。

（4）污泥的违规排放。某水务公司二期工程多次通过暗管排放一沉池中剩余污泥，污泥台账记录量较其推算量缺少 4362.53 吨（含水率 53%），视为违规排放污泥量。经量化得出虚拟治理成本为人民币 2543369.95 元，对应造成的生态环境损害数额为人民币 17803589.65 元。

综上所述，某水务公司一期 B 工程违规排放高浓度废水和危险废物、二期工程违规排放超标废水及其污泥的虚拟治理成本为人民币 67055375.02 元至 67150520.62 元，再乘以 7 倍得到生态环境损害数额为人民币 469387625.15 元至 470053644.35 元。

案件审理中，当事人共同确认某水务公司一期 B 工程违规排放的高浓度废水中应扣除从南京大某新材料有限责任公司接收的废水 3652 吨，该部分废水已正常达标处理。该废水协议处理费用为人民币 40657.17 元，相应的生态环境损害数额为人民币 284600.19 元，应在上述生态环境损害数额中予以扣除。

三、为确定某水务公司 2014 年 10 月 1 日至 2017 年 4 月 18 日违规排放危险废物、废水及污泥行为造成的生态环境损害数额，南京市鼓楼区人民检察院委托环境保护部南京环境科学研究所进行司法鉴定评估，支付鉴定费用人民币 20 万元。

四、2011 年 8 月至 2017 年 11 月，某水务公司被江苏省环境保护厅、南京市环境保护局、南京市六合区环境保护局行政处罚合计十次。其中，两次行政处罚系因未按规定申报和贮存危险废物，其余行政处罚均系因超标排放废水。

五、案件审理中，某水务公司向本院缴纳了刑事案件罚金以及附带民事公益诉讼生态环境损害修复费用合计人民币 1 亿元。其中，刑事案件罚金、生态环境损害修复费用各人民币 5000 万元。

上述事实，有某水务公司企业法人营业执照、组织机构代码证、一期扩建项目环境影响补充报告、董事会决议、施工改造管线图、浦某东及高某阳等人的供述、卓某兵及吕某等人的证言、南京市环境监测中心检测报告、转输某水务公司污水量表、企业危险废物处置报价单、司法鉴定项目合同、某水务公司私设暗管现场调查专家意见、某水务公司违规排放废水情况审计报告（南景专审〔2019〕005 号、006 号）、环境保护部南京环境科学研究所出具的《某水务公司违规私设暗管及排放有害物质污染环境事件初步认定意见》、《司法鉴定意见书》、环境修复资金付款凭证、本院（2018）苏 0102 刑初 390 号刑事判决书、南京市中级人民法院（2019）苏 01 刑终 525 号刑事裁定书、行政处罚决定书 10 份等证据加以证明。

案件审理中，为查明某水务公司的资产情况，本院依法委托南京长某土地房地产资产评估造价咨询有限公司对某水务公司的资产进行了评估。南京长某土地房地产资产评估造价咨询有限公司出具了资产评估报告，载明：截至 2019 年 11 月 30 日，某水务公司的净资产为人民币负 6. 54 万元。

因某水务公司承担本案侵权责任的赔偿能力不足，其控股股东某（中国）投资有限公司自愿作为第三人申请加入附带民事公益诉讼调解，同意承担连带担保及替代性修复责任，以践行企业在环境保护方面的社会主体责任，本院予以准许。

为最大限度维护社会公共利益，有效修复和保护生态环境，根据《中华人民共和国民事诉讼法》第九十三条、第九十六条、第九十七条、《最高人民法院关于适用〈中华人民共和国民事诉讼法〉的解释》第二百八十九条、《最高人民法院关于审理环境民事公益诉讼案件适用法律若干问题的解释》第二十五条之规定，经本院多次组织调解，并经过专家论证会论证，各方达成一致意见，签署了调解协议（含替代性修复项目方案）。本院于 2019 年 12 月 31 日将本案刑事附带民事公益诉讼起诉书、调解协议及替代性修复项目方案在人民法院公告网进行了公告，公告期三十日，公告期内未收到任何意见和建议。

调解协议的内容如下：

一、某水务公司应赔偿生态环境修复费用现金部分人民币 23700 万元。扣除某水务公司已向南京市玄武区人民法院账户支付的生态环境修复费用人民币 5000 万元后，剩余人民币 18700 万元由某水务公司分四期支付至南京市玄武区人民法院指定的账户。该生态环境修复费用应当用于修复长江生态环境，并由南京市鼓楼区人民检察院、南京市玄武区人民法院和社会公众代表对该款项使用情况依法监督。某水务公司应于本案调解书生效之日起十五日内支付人民币 6700 万元，剩余款项分别于 2020 年、2021 年和 2022 年的每年 12 月 31 日前各支付人民币 4000 万元。

二、某水务公司应赔偿鉴定费用人民币 20 万元，因鉴定系南京市鼓楼区人民检察院委托，应于本案调解书生效之日起七日内支付到南京市鼓楼区人民检察院指定的账户。

三、第三人某（中国）投资有限公司对某水务公司上述第一条、第二条的赔付义务承担连带责任。

四、如某水务公司、第三人某（中国）投资有限公司未能按照上述约定履行，某水务公司、第三人某（中国）投资有限公司应按全国银行间同业拆借中心公布的贷款市场报价利率支付自逾期之日至实际支付之日的逾期付款违约金。

五、第三人某（中国）投资有限公司应于 2023 年 12 月 31 日前完成替代性修复项目资金不少于人民币 2.33 亿元（在南京市辖区内的项目资金人民币 2.1 亿元）的环境治理、节能减排生态环保项目的新建、升级和提标改造（出资主体可以为某投资公司或其关联公司）。替代性修复项目包括但不限于以下项目：（1）在江苏省南京市江北新材料科技园内新建工业污水处理厂及现有某水务公司污水处理厂提标改造；（2）在江苏省南京市南京国际水务中心设立创新科技/技术公司/中心及公益教育基地，在南京市辖区内实施生态环境公益保护项目；（3）在江苏省南京市投资环境治理、节能减排、可再生能源等环保治理项目；（4）江苏省张家港市张家港保税区某水务公司污水处理厂提标改造项目（以上项目的具体方案详见附件，略）。以上项目投资前均需经专家论证会进行论证，项目符合国家经济结构调整方向，能够实现绿色生产转型，具有公益性、环保性和先进性，并经南京市鼓楼区人民检察院、南京市玄武区人民法院和社会公众代表同意。项目相关合同或协议、付款凭证、成果报告需向南京市鼓楼区人民检察院进行报备。各替代性修复项目实际投资额款项认定，以南京市鼓楼区人民检察院于 2023 年 12 月 31 日前委托专业资质第三方出具的竣工决算报告或投资专项审计报告作为参考依据，最终由南京市鼓楼区人民检察院、南京市玄武区人民法院和社会公众代表共同确认。

六、第三人某（中国）投资有限公司或其关联公司应在相应替代性修复项目取得各类审批备案文件（包括但不限于依法应具备的项目核准文件、备案文件、环评审批文件、项目施工许可证、项目竣工验收文件、竣工环保验收文件等）后十日内将相关文件提交南京市鼓楼区人民检察院报备。新建、升级或提标改造的污水处理项目，全年污水排放时 COD 的最高允许排放浓度需满足环保行政机关有效检测数据 92%不超过 45mg/L 条件，该项目资金才可被认定。

七、如第三人某（中国）投资有限公司及其关联公司在 2023 年 12 月 31 日前替代性修复项目总资金未达到人民币 2.33 亿元或在南京市的项目资金未达人民币 2.1 亿元，则某（中国）投资有限公司应于南京市鼓楼区人民检察院、南京市玄武区人民法院和社会公众代表确定实际投资金额之日起三十日内支付差额至南京市玄武区人民法院指定的账户。若在南京市鼓楼区人民检察院催告后十五日内仍未支付的，某（中国）投资有限公司应按全国银行间同业拆借中心公布的贷款市场报价利率支付自逾期之日至实际支付之日逾期付款违约金。

上述协议，不违反法律规定和社会公共利益，本院予以确认。

本案评估费人民币 20 万元，由被告某水务公司承担。

本调解书经各方当事人签收后，即具有法律效力。

审 判 长 高 伟
审 判 员 黄彦杰
审 判 员 安洪强
人民陪审员 张苏莉
人民陪审员 陆雪萍
人民陪审员 陈时勤
人民陪审员 方海峰

二〇二〇年二月六日

书 记 员 章 颖

二、某长江航运公司等污染环境案

【案情简介】

某长江航运公司通过租赁船舶从事国内水上货物定线运输业务，其经营的国某号船的航线为从南京经芜湖至宁波返回南京。某长江航运公司依照法律法规制定《防止船舶造成污染管理须知》，规定舱底含油污水可通过油水分离器处理达标后排放，也可由具备接收资质的第三方接收。2019年3月，经举报，国某号船将含油污水偷排入长江的行为及作案工具被查获，偷排方式为将潜水泵沉入含油污水，将与水泵相连的水管出水口置于厕所下水道进行排污。某长江航运公司机务部常年不采购、不更换油水分离器滤芯，船舶油水分离器无法正常工作，分管机务部的副总经理指示工作人员用纯净水替代油水分离器出水口水样送检，纵容船舶逃避监管实施偷排。涉案船舶购买污水接收证明自行填写附于油类记录簿应付检查，未将含油污水交给有资质的第三方处理，含油污水长期无合法处置去向。

到案被告人供述了国某号船轮机长为公司利益多次指使轮机部管轮、机工等人逃避监管，将舱底含油污水不经油水分离器处理偷排至长江及近海自然水域的事实。对于2017年8月至2019年3月五次偷排的事实，各被告人供述能够相互印证，有证人证言佐证，亦与涉案船舶常年定线运行，含油污水积累速度和偷排频率相对稳定的情形相符。船长向某明知油水分离器没有使用、第三方接收含油污水存在弄虚作假，默许纵容员工实施偷排。

因排入外界的含油污水无法取样，鉴于案涉船舶常年定线运输、偷排频次稳定，设备及操作规程没有变化，舱底残留含油污水与排入外界的含油污水原系一个整体，来源相同且性质稳定，不会存在本质变化，就舱底残留含油污水取样。经鉴定，国某号船舱底含油污水属于有毒物质。关于生态环境损害的专家评估意见显示，结合某长江航运公司与有处置资质主体签订的含油污水接收协议确定单位治理成本，根据偷排水域为近海和长江水域确定环境功能区敏感系数，以虚拟治理成本法得出五次偷排含油污水造成的生态环境损害数额为10000元至37500元。

江苏省南京市鼓楼区人民检察院提起刑事附带民事环境公益诉讼，指控被告单位及被告人犯污染环境罪，并请求判令被告某长江航运公司承担本案环境损害赔偿费用 23750 元（评估数额的中间值）、专家评估费用 9000 元及公告费用 700 元。

经审理，江苏省南京市玄武区人民法院以污染环境罪对该公司判处罚金 4 万元，对被告人向某等 12 人分别判处有期徒刑八个月至一年六个月不等的刑罚，并处罚金。同时，判令该公司支付环境损害赔偿费 23750 元及评估费、公告费，合计 33450 元。

【案例评析】

长江是世界上运量最大、通航最繁忙的内河黄金水道，船舶生活污水、含油污水及固废危废直排一直是影响长江水质的重要污染源。在船舶运行过程中，机舱内各种阀件和管路中漏出的水与机器运转过程中溢出的润滑油、燃油等混合在一起即产生含油污水，沉积于舱底，含有大量有害生物生命健康安全的成分，不经有效处理直排自然水域会造成水体污染，水生生物抵抗力下降，水产品产量降低，甚至使水生食物链和人类的水生食物混入致癌物质而危害人类健康安全。

《长江保护法》明令禁止船舶污染。相关法律法规和规章制度对排放含油污水有明确的管理措施和处罚规定。《水污染防治法》规定，船舶排放含油污水、生活污水，应当符合船舶污染物排放标准，船舶的残油、废油应当回收，禁止排入水体。根据《防治船舶污染内河水域环境管理规定》的规定，船舶超过标准向内河水域排放生活污水、含油污水的，由海事管理机构责令改正，并处以 2 万元以上 3 万元以下的罚款。现实中，对偷排含油污水行为依据上诉规定进行行政处罚较为常见，但由于含油污水的违法排放操作简单，且往往在夜间航行过程中实施，从船舶中排出的污染物立即被自然水体稀释，踪迹易灭失，导致案件取证难度大。污染物的性质、数量等往往难以直接认定，对生态环境造成的损害也缺乏科学的鉴定手段，一定程度上制约了对非法排污行为人刑事责任和环境公益民事责任的追究力度。由于违法成本小、查处难度大，长江船舶非法排污现象时有发生，屡禁不绝。

本案案涉船舶在长江、近海从事定线运输期间，船舶配备的油水分离设施备而不用，亦未将随船舶航行产生的含油污水交由有资质的第三方予以处理；为了某长江航运公司的利益，经某长江航运公司分管领导、船长等默许纵容，轮机长及工作人员多次将含油污水偷排入长江及近海水体。经鉴定，案涉船舶产生的含油污水系有毒物质，偷排含油污水造成了生态环境损害。检察机关提起刑事附带民事公益诉讼，指控被告单位和各被告人犯污染环境罪并主张生态环境损害赔偿费用。本案经群众举报案发，除现场查获的偷排行为外是否存在其他偷排行为，以及排放污染物的性质，成为定罪量刑和量化生态环境损害赔偿责任的焦点问题。审理法院依照司法解释精神，准确适用推定证明原则，排除合理怀疑，认定案件关键事实，依法认定被告单位和各被告人的行为构成污染环境罪，依法判处被告单位罚金 4 万元，判处各被告人有期徒刑一年六个月至八个月并处相应罚金，判令被告单位支付生态环境损害赔偿费用 2 万余元。

本案的审理有效破解航运船舶偷排含油污水取证难、损害后果认定难问题。同时，追究刑事责任和公益赔偿责任相协调，贯彻宽严相济刑事政策，严惩首恶与教育多数相配合，准确适用刑事及生态环境保护法律规范，提升人民法院司法保障长江生态环境的科学性、精准性、全面性。本案的审理是对《长江保护法》加大水污染防治，污染者必须担责精神的具体落实，展示了人民法院运用“最严格制度最严密法治”保护长江生态环境，严厉打击长江非法排污行为，追究污染者责任的决心和力度。同时，在环境刑事附带民事公益诉讼中对适用推定证明规则进行了有益探索，为同类案件的办理提出了具有创新性的实践路径，对同类案件的审理具有较强的指引、借鉴意义，对规范船舶运输行业经营，彻底破除行业非法排污“潜规则”具有积极的教育、引领作用。

【典型意义】

本案明确了在船舶偷排含油污水案件中，人民法院可以根据船舶航行轨迹、污染防治设施运行状况、污染物处置去向，结合被告人供述、证人证言、专家意见等证据对违法排放污染物的行为及其造成的损害作出认定；认定船舶偷排的含油污水是否属于有毒物质时，由于客观原因无法取样的，可以依据来源相同、性质稳定的舱底残留污水进行污染物性质鉴定。本案裁判对所有航运企业敲响了警钟，有助于督促船舶经营者自觉遵守长江船舶污染防治的各项要求，预防和减少污染行为。本案获评2020年度南京法院十大典型案件、江苏法院涉长江保护十大典型案例，入选最高人民法院第37批指导性案例，获评江苏法院第十七届“金法槌”杯优秀案例特等奖，并被载入联合国环境规划署网站公布的第四批中国环境资源司法案例和司法报告。

【裁判文书】

江苏省南京市玄武区人民法院
刑事附带民事判决书

（2020）苏0102刑初24号

公诉机关暨附带民事公益诉讼起诉人：江苏省南京市鼓楼区人民检察院。

被告单位暨附带民事公益诉讼被告：某长江航运公司，住所地湖北省武汉市某大道某号。

法定代表人唐某东，该公司总经理。

诉讼代表人刘某和，男，某长江航运公司体系办主管。

辩护人暨委托诉讼代理人：王某东，江苏圣某律师事务所律师。

辩护人暨委托诉讼代理人：袁某洋，江苏圣某律师事务所律师。

被告人孙某成，男，汉族，某长江航运公司机务副总。因涉嫌犯污染环境罪，先后于2019年12月21日、12月24日被取保候审。

辩护人芮某，江苏圣某律师事务所律师。

辩护人胡某，江苏圣某律师事务所实习律师。

被告人向某，男，汉族，原国某号船船长。因涉嫌犯污染环境罪，先后于2019年4月11日、7月23日被取保候审。

辩护人陈某朝，江苏天某律师事务所律师。

被告人胡某政，男，汉族，原国某号船轮机长。因涉嫌犯污染环境罪，于2019年3月17日被刑事拘留，同年4月23日被逮捕。

辩护人刘某奎，北京观某（南京）律师事务所律师。

被告人赵某，男，汉族，原国某号船机工长。因涉嫌犯污染环境罪，于2019年3月17日被刑事拘留，同年4月23日被逮捕。

辩护人赵某，北京观某（南京）律师事务所律师。

被告人刘某军，男，汉族，原国某号船三管轮。因涉嫌犯污染环境罪，于2019年3月17日被刑事拘留，同年4月23日被逮捕。

辩护人周某松，江苏苏某律师事务所律师。

被告人张某，男，汉族，原国某号船机工。因涉嫌犯污染环境罪，于2019年3月18日被刑事拘留，同年4月23日被逮捕。

辩护人杨某，北京观某（南京）律师事务所律师。

被告人黄某永，男，汉族，原国某号船轮机长。因涉嫌犯污染环境罪，于2019年3月20日被刑事拘留，同年4月23日被逮捕，同年11月4日被取保候审。

辩护人袁某勇，北京观某（南京）律师事务所律师。

被告人殷某林，男，汉族，原国某号船轮机长。因涉嫌犯污染环境罪，于2019年3月28日被刑事拘留，同年4月23、7月23日先后被取保候审。

辩护人黄某志，北京观某（南京）律师事务所律师。

被告人胡某桥，男，汉族，原国某号船大管轮。因涉嫌犯污染环境罪，于2019年3月18日被刑事拘留，同年4月23日被逮捕，同年11月4日被取保候审。

辩护人万某发，北京观某（南京）律师事务所律师。

被告人朱某东，男，汉族，原国某号船大管轮。因涉嫌犯污染环境罪，于2019年3月18日被刑事拘留，同年4月23日被逮捕，同年11月4日被取保候审。

辩护人陈某宏，江苏千某律师事务所律师。

被告人李某财，男，汉族，原国某号船机工长。因涉嫌犯污染环境罪，于2019年4月16日、7月23日先后被取保候审。

指定辩护人居某刚，江苏融某律师事务所律师。

被告人胡某林，男，汉族，原国某号船机工。因涉嫌犯污染环境罪，于2019年4月19日、7月23日先后被取保候审。

指定辩护人庄某，北京市隆某（南京）律师事务所律师。

江苏省南京市鼓楼区人民检察院以宁鼓检诉刑诉（2019）1441号起诉

书指控被告单位某长江航运公司、被告人孙某成、向某、胡某政、黄某永、殷某林、胡某桥、朱某东、刘某军、赵某、李某财、张某、胡某林犯污染环境罪，于2019年12月31日向本院提起公诉。本院受理后，公益诉讼起诉人江苏省南京市鼓楼区人民检察院以宁鼓检民公（2019）32010600002号刑事附带民事公益诉讼起诉书向本院提起附带民事公益诉讼。经查明，江苏省南京市鼓楼区人民检察院于2019年4月29日、2019年6月2日公告了案件相关情况，公告期内未有法律规定的机关和有关组织提起民事公益诉讼。本院依法组成合议庭，于2020年6月22日公开开庭审理了本案。江苏省南京市鼓楼区人民检察院指派副检察长曹莉莉、检察员江舜治出庭履行职务，被告单位暨附带民事公益诉讼被告某长江航运公司诉讼代表人、辩护人暨委托诉讼代理人，各被告人及其辩护人到庭参加诉讼。本案现已审理终结。

江苏省南京市鼓楼区人民检察院指控，某长江航运公司于2016年9月29日注册成立，以租赁武汉江某海运公司船舶的方式长期从事国内水上货物运输业务。某长江航运公司制定《防止船舶造成污染管理须知》，规定了公司及船舶在防止船舶污染方面的具体制度，明确公司机务部、船长、船舶轮机部人员在防止船舶舱底废油水污染方面的具体责任。某长江航运公司经营的国某号船进行定线运输，2017年以来，该船轮机部轮机长为了某长江航运公司利益，不执行《防止船舶造成污染管理须知》中关于防止船舶污染的规定，多次指使轮机部管轮、机工等人逃避监管，利用输油管连接水泵，将未经处理的舱底废油水偷排至自然水域，并向第三方公司购买接收证明自行填写内容后附在油类记录簿上，以应付海事部门检查。船长明知油水分离器没有使用、第三方船舶接收废油水存在弄虚作假的情形，仍然默许、纵容轮机部人员逃避监管，向自然水域偷排舱底含油废水。被告人孙某成作为分管某长江航运公司机务部的副总经理，对前述情况亦默许、纵容。经鉴定，国某号船舱底废油水中含有大量具有环境危害性和人体健康危害性的污染物质，属于有毒物质。公诉机关认为，被告单位某长江航运公司及各被告人违反国家规定，排放有毒物质，严重污染环境，应以污染环境罪追究其刑事责任，提请法院依法判处。

公益诉讼起诉人江苏省南京市鼓楼区人民检察院提出诉讼请求：判令被告某长江航运公司承担本案环境损害赔偿费用人民币23750元、专家评估费用人民币 9000 元及公告费用人民币 700 元。事实和理由：被告某长江航运公司于 2016 年 9 月 29 日注册成立，其经营的国某号船在 2019 年 3 月 8 日、2019 年 1 月底 2 月初、2018 年 9 月底 10 月初、2017 年 8 月至 2018 年 2 月，利用输油管连接水泵，将未经处理的舱底废油水偷排至自然水域。经鉴定，国某号船舱底含油废水属于具有环境危害性和人体健康危害性的有毒物质。经专家评估，某长江航运公司将未经处理的舱底废油水偷排至自然水域，造成的生态环境损害费用为人民币 10000 元至 37500 元。被告某长江航运公司违反国家规定，逃避监管向自然水体偷排有毒物质，污染生态环境，损害了社会公共利益。被告某长江航运公司的行为与损害事实之间具有因果关系，对生态环境构成民事侵权，应当承担侵权责任。

被告单位暨附带民事公益诉讼被告某长江航运公司对公诉机关指控的事实及罪名不持异议，承认控罪，对附带民事公益诉讼请求没有异议。其辩护人暨委托诉讼代理人提出如下意见：案发后，某长江航运公司深刻认识到行为造成的危害，采取了系列整改措施，真诚认罪悔罪；某长江航运公司已向公益诉讼起诉人出具了致歉函，作为民营企业因受新冠疫情影响出现大幅亏损，希望法院从轻处罚。

被告人孙某成对公诉机关指控其犯污染环境罪的事实及定性均不持异议，承认控罪。其辩护人提出如下辩护意见：孙某成具有自首情节，在庭审中如实供述，深刻认识到行为的错误，真诚认罪悔罪，希望法院依法予以从轻、减轻处罚，适用缓刑。

被告人向某对公诉机关指控其犯污染环境罪的事实及定性均不持异议，承认控罪。其辩护人提出如下辩护意见：向某没有主观故意，犯罪后自动投案，如实供述犯罪事实，系自首；在侦查阶段积极配合，系初犯、偶犯，当庭认罪认罚，态度较好，同时其家庭情况比较困难。综合以上情节，希望法院对其从轻处罚，适用缓刑。

被告人胡某政对公诉机关指控其犯污染环境罪的事实及定性均不持异议，承认控罪。其辩护人提出如下辩护意见：胡某政归案后真诚认罪悔罪，具有坦白情节，在庭审中如实供述，认罪认罚，其行为对环境的危害并不是很大、主观恶性不大，同时其家庭情况困难，希望法庭综合考虑以上情节，予以从轻处罚。

被告人赵某对公诉机关指控其犯污染环境罪的事实及定性均不持异

议，承认控罪。其辩护人提出如下辩护意见：赵某系初犯，归案后主动积极配合公安机关的工作，当庭认罪，悔罪态度较好，其参与的几次排污均系按领导要求所为，仅起到次要作用，社会危害性较低，希望法院对其从轻处罚。

被告人刘某军对公诉机关指控其犯污染环境罪的事实及定性均不持异议，承认控罪。其辩护人提出如下辩护意见：刘某军系受主管人员指示做事，仅仅是拖管、接管，作用较轻，社会危害性较小。希望法院对其从轻处罚。

被告人张某对公诉机关指控其犯污染环境罪的事实及定性均不持异议，承认控罪。其辩护人提出如下辩护意见：张某系初犯、偶犯，在案涉船舶上仅担任机工，其根据领导安排做事，对排污的地点、方式不参与任何决策，主观恶性小，发挥作用轻微，社会危害性小，且投案后如实供述，具有自首情节。综上所述，希望法院对其从轻、减轻处罚。

被告人黄某永对公诉机关指控其犯污染环境罪的事实及定性均不持异议，承认控罪。其辩护人提出如下辩护意见：黄某永主动投案构成自首，其前三次未认罪系对长江水域和海域有所误解所致，相关法律及司法解释没有对投案后如实供述时间的规定，黄某永在一审前能够如实供述犯罪事实，前三次未如实供述不影响自首情节的认定。黄某永系初犯、偶犯，无前科，为了工作实施偷排行为，主观恶性不大，其父母身体不好，家庭情况困难。本案的社会危害后果相对较小，生态环境损害费用为10000元至37500元可佐证损害后果较小。综上所述，请求法院对其从轻处罚，适用缓刑。

被告人殷某林对公诉机关指控其犯污染环境罪的事实及定性均不持异议，承认控罪。其辩护人提出如下辩护意见：殷某林系初犯、偶犯，排污行为并非其本人意愿，其当庭如实供述，认罪悔罪态度好。殷某林于2018年9月至10月实施排污行为，本案鉴定样品提取于2019年3月，舱底污水和油泥已不一致，殷某林当时所排污水已无法提取。希望法院综合考虑有关证据关联性及其他情节，对其从宽、从轻处罚。

被告人胡某桥对公诉机关指控其犯污染环境罪的事实及定性均不持异议，承认控罪。其辩护人提出如下辩护意见：胡某桥仅在下班时应别人要求将电源接通，犯罪情节轻微，且系初犯、偶犯，具有自首情节，真诚认罪悔罪，希望法院对其免予刑事处罚。

被告人朱某东对公诉机关指控其犯污染环境罪的事实及定性均不持异议，承认控罪。其辩护人提出如下辩护意见：朱某东主动归案并如实供述，构成自首，庭前签署了认罪认罚具结书，认罪悔罪态度好，具有适用缓刑的条件，希望法院对其从轻处罚。

被告人李某财对公诉机关指控其犯污染环境罪的事实及定性均不持异议，承认控罪。其辩护人提出如下辩护意见：李某财系初犯、偶犯，归案后认罪认罚，态度积极，具有自首情节，其实施排污行为系从事养家糊口的工作，发挥作用较轻，家庭情况困难。希望法院综合考虑以上情节对其从轻处罚。

被告人胡某林对公诉机关指控其犯污染环境罪的事实及定性均不持异议，承认控罪。其辩护人提出如下辩护意见：胡某林系初犯、偶犯，无前科，在共同犯罪中系从犯，发挥作用轻微，投案后经过教育如实供述相关事实，认罪认罚，主观恶性小。希望法院对其从轻处罚。

经审理查明，被告单位某长江航运公司于2016年9月29日注册成立，通过租赁武汉江某海运公司的船舶从事国内水上货物定线运输业务，其经营的国某号船的航次为从南京南钢码头驶至芜湖新港码头，从芜湖新港码头至浙江台州码头，再从浙江台州码头至宁波北仑港，最后回到南京南钢码头。某长江航运公司制定的《防止船舶造成污染管理须知》，载明防止舱底废油水污染环境的具体举措，规定舱底废油水可以通过油水分离器分离使石油含量不高于15PPM予以排放，也可由有接收资质的第三方船舶接收。该须知还明确规定了公司机务部、船长、船舶轮机部工作人员在防止船舶舱底废油水污染方面的责任，由公司机务部检查指导船舶开展防污染工作，包括管理船舶防污染文书、检查监督船舶油水分离器使用及配件更换、对船舶通过第三方接收处置废油水进行报备审查等事项。

2017年以来，某长江航运公司经营的国某号船轮机部轮机长为了公司利益，不执行《防止船舶造成污染管理须知》的有关规定，多次指使轮机部管轮、机工等人逃避监管，利用输油管连接水泵，将未经处理的舱底废油水偷排至驶经的长江及近海水域；以每张500元左右的价格向第三方公司购买接收废油水的证明，自行填写内容后附于油类记录簿上，通过弄虚作假应付海事部门检查。该船船长明知油水分离器没有使用、第三方船舶接收废油水存在弄虚作假的情形，仍然默许、纵容轮机部工作人员逃避监管，多次向自然水域排放未经处理的底舱废油水。

经环境保护部南京环境科学研究所司法鉴定所鉴定，国某号船舱底废油水含有大量具有环境危害性和人体健康危害性的污染物质，属于《最高人民法院、最高人民检察院关于办理环境污染刑事案件适用法律若干问题的解释》第十五条第四款规定的“其他具有毒性，可能污染环境的物质”，应当认定为《中华人民共和国刑法》第三百三十八条规定的“有毒物质”。

被告人孙某成分管的某长江航运公司机务部，常年不采购、更换油水分离器滤芯，不按照《防止船舶造成污染管理须知》要求对船舶使用油水分离器情况进行检查监督，默许、纵容船舶长期不使用油水分离器；对船舶通过第三方接收处置废油水的方式缺少监督，对接收单位资质、接收证明上接收废油水价格明显低于市场价格情形不加审核，对船舶在第三方接收处置废油水方面弄虚作假行为听之任之。为帮助船舶逃避海事部门监管，被告人孙某成于 2018 年 10 月指使机务部工作人员杨某（另案处理）用纯净水替代油水分离器出水口水样，送武汉方基科技有限公司检测，取得油水分离器水样符合要求的检测报告。默许、纵容船舶为了公司利益逃避监管，向自然水域偷排舱底含油废水，严重污染环境。具体犯罪事实分述如下。

1. 2018 年 4 月 15 日至 2019 年 3 月 3 日，被告人向某担任国某号船船长。在此期间，被告人殷某林担任国某号船轮机长时，于 2018 年 9 月底 10 月初指使被告人赵某、张某、朱某东利用输油管连接潜水泵，放进桶内，直接偷排未经处理的舱底废油水；被告人黄某永担任国某号船轮机长时，于 2019 年 1 月底 2 月初指使被告人张某、赵某、刘某军用同样的手段偷排舱底废油水。

2. 为防止偷排行为被发现，应付海事部门检查，被告人殷某林、黄某永等人以每张 500 元的价格向安徽省芜湖市振某船务有限责任公司购买接收证明，自行填写内容附在油类记录簿上。被告人向某明知油水分离器没有使用，没有第三方船舶接收舱底废油水，在发现船上存在偷排设备情况下，仍然默许、纵容轮机部工作人员逃避监管，长期利用暗管偷排舱底废油水。

3. 2019 年 3 月 8 日，被告人胡某政（时任国某号船轮机长）指使被告人赵某（时任国某号船机工长）偷排舱底废油水。被告人赵某伙同被告人张某（时任国某号船机工）、刘某军（时任国某号船三管轮）连接潜水泵和输油管，将潜水泵放在事先钻孔的桶内，再一起放入舱底污油水中，将输油管另一端插入甲板一楼卫生间便坑内。当晚 8 时许，被告人胡某桥（时任国某号船大管轮）接通电源，舱底废油水开始被偷排至外环境。次日凌晨 0 时后，被告人赵某关掉潜水泵，4 时许被告人张某、刘某军、赵某拆卸排污装置。

4. 2017 年 8 月至 2018 年 2 月期间，被告人胡某政（时任国某号船轮机长）指使被告人李某财（时任国某号船机工长）、胡某林（时任国某号船机工）使用上述手段偷排舱底废油水。

案发后，公安机关在国某号船甲板船舷右边卫生间内查获偷排废油水用的输油管和潜水泵。

2019 年 3 月 17 日，被告人胡某政、赵某、刘某军被南京市公安局水上分局大厂派出所抓获归案，被告人张某、胡某桥、黄某永、殷某林、朱某东、向某、李某财、胡某林、孙某成于 2019 年 3 月 18 日至 12 月 20 日至南京市公安局水上分局大厂派出所投案。

上述事实，有经庭审举证、质证本院予以确认的户籍登记信息、破案经过、营业执照、须知手册、油类记录簿、船舶污染物接收处理证明、费用报销单、检测报告、扣押清单、刑事摄影照片等物证、书证，证人孙某平、杨某、薛某宇、程某友、吴某广、江某春、彭某九、张某林、刘某友、杨某 1、许某奎、周某海等人的证言，各被告人的供述和辩解，环境保护部南京环境科学研究所出具的鉴定意见书，现场勘验检查笔录等证据证实。

本院认为，根据《中华人民共和国刑法》第三百三十八条的规定，违反国家规定，排放、倾倒或者处置有放射性的废物、含传染病病原体的废物、有毒物质或者其他有害物质，严重污染环境的，处三年以下有期徒刑或者拘役，并处或者单处罚金；后果特别严重的，处三年以上七年以下有期徒刑，并处罚金。根据《最高人民法院、最高人民检察院关于办理环境污染刑事案件适用法律若干问题的解释》第一条的规定，通过暗管、渗井、渗坑、裂隙、溶洞、灌注等逃避监管的方式排放、倾倒、处置有放射性的废物、含传染病病原体的废物、有毒物质的，应当认定为“严重污染环境”。

某长江航运公司虽制定了舱底废油水等污染环境的防治措施，但相关措施在实际运行中流于形式，用于防治污染的油水分离器不能正常使用，弄虚作假获取油水分离器水样合格的检测报告、低价购置废油水接收证明逃避监管。案涉污染环境行为系为了某长江航运公司的单位利益，在公司分管副总经理孙某成默许、纵容下，由国某号船船长向某、国某号船轮机长、机工等多人参与下共同实施将未经处理的舱底废油水偷排至驶经的长江及近海水域，应当认定为单位犯罪。被告单位某长江航运公司违反国家规定，排放有毒物质，严重污染环境，其行为构成污染环境罪；被告人孙某成系该公司单位犯罪中直接负责的主管人员，被告人向某、胡某政、赵某、刘某军、张某、黄某永、殷某林、胡某桥、朱某东、李某财、胡某林系单位犯罪中的其他直接责任人员，应当以污染环境罪对其定罪处罚。江苏省南京市鼓楼区人民检察院指控事实清楚，证据确实、充分，指控罪名成立，本院予以支持。被告人赵某、胡某林对其具体实施的犯罪行为承担责任，并非起次要、辅助作用，不应认定为从犯，有关辩护意见不予采纳。被告人胡某政、赵某、刘某军具有坦白情节，依法可以从轻处罚；被告人孙某成、张某、胡某桥、殷某林、朱某东、向某、李某财、胡某林主动到公安机关投案，并能如实供述犯罪事实，应当认定为自首，依法可以从轻处罚；各被告人认罪认罚，依法可以从宽处理；有关辩护意见予以采纳。被告人黄某永虽系主动投案，但到案后初期并未如实供述犯罪事实，不应认定为自首，其在之后如实供述犯罪事实，可以认定为坦白，依法可以从轻处罚。

被告人向某作为国某号船船长，负有监督管理全船事务的职责，其明知禁止排污的有关规定而违反职责，默许、纵容舱底废油水多次偷排至外环境，在共同犯罪中起主要作用，结合本案犯罪情节，不宜对其宣告缓刑；被告人胡某桥亦不符合免刑条件；有关辩护意见不予采纳。

附带民事公益诉讼被告某长江航运公司的污染环境行为，依法应承担生态环境损害赔偿责任。经专家评估，某长江航运公司将未经处理的舱底废油水偷排至自然水域，造成的生态环境损害费用为人民币 10000 元至 37500 元。公益诉讼起诉人江苏省南京市鼓楼区人民检察院取其中间值提出的生态环境损害赔偿费用，具有法律和事实依据，某长江航运公司亦不持异议，本院予以支持。公益诉讼起诉人主张的专家评估费及公告费，属于为诉讼支出的合理费用，本院亦予以支持。

综上所述，结合本案犯罪事实、性质、情节和对于社会的危害程度，本院为依法惩治污染环境犯罪，维护社会公共利益，经审判委员会讨论决定，依照《中华人民共和国刑法》第三百三十八条、第三百四十六条、第二十五条第一款、第六十七条第一款和第三款、第五十二条、第七十二条、第七十三条第二款和第三款，《中华人民共和国侵权责任法》第八条、第十五条，《最高人民法院、最高人民检察院关于检察公益诉讼案件适用法律若干问题的解释》第十三条、第二十条之规定，判决如下：

一、被告单位某长江航运公司犯污染环境罪，判处罚金人民币四万元。

（罚金于判决生效之日起一个月内缴纳。）

被告人孙某成犯污染环境罪，判处有期徒刑一年六个月，缓刑二年，并处罚金人民币三万元。

（缓刑考验期限，自判决确定之日起计算。罚金于判决生效之日起一个月内缴纳。）

被告人向某犯污染环境罪，判处有期徒刑一年六个月，并处罚金人民币三万元。

（刑期自判决执行之日起计算。罚金于判决生效之日起一个月内缴纳。）

被告人胡某政犯污染环境罪，判处有期徒刑一年五个月，并处罚金人民币二万元。

（刑期自判决执行之日起计算。判决执行以前先行羁押的，羁押一日折抵刑期一日，即自2019年3月17日起至2020年8月16日止。罚金于判决生效之日起一个月内缴纳。）

被告人赵某犯污染环境罪，判处有期徒刑一年五个月，并处罚金人民币二万元。

（刑期自判决执行之日起计算。判决执行以前先行羁押的，羁押一日折抵刑期一日，即自2019年3月17日起至2020年8月16日止。罚金于判决生效之日起一个月内缴纳。）

被告人刘某军犯污染环境罪，判处有期徒刑一年四个月，并处罚金人民币二万元。

(刑期自判决执行之日起计算。判决执行以前先行羁押的，羁押一日折抵刑期一日，即自2019年3月17日起至2020年7月16日止。罚金于判决生效之日起一个月内缴纳。)

被告人张某犯污染环境罪，判处有期徒刑一年四个月，并处罚金人民币二万元。

(刑期自判决执行之日起计算。判决执行以前先行羁押的，羁押一日折抵刑期一日，即自2019年3月18日起至2020年7月17日止。罚金于判决生效之日起一个月内缴纳。)

被告人黄某永犯污染环境罪，判处有期徒刑十个月，缓刑一年，并处罚金人民币一万元。

(缓刑考验期限，自判决确定之日起计算。罚金于判决生效之日起一个月内缴纳。)

被告人殷某林犯污染环境罪，判处有期徒刑十个月，缓刑一年，并处罚金人民币一万元。

(缓刑考验期限，自判决确定之日起计算。罚金于判决生效之日起一个月内缴纳。)

被告人胡某桥犯污染环境罪，判处有期徒刑十个月，缓刑一年，并处罚金人民币一万元。

(缓刑考验期限，自判决确定之日起计算。罚金于判决生效之日起一个月内缴纳。)

被告人朱某东犯污染环境罪，判处有期徒刑十个月，缓刑一年，并处罚金人民币一万元。

(缓刑考验期限，自判决确定之日起计算。罚金于判决生效之日起一个月内缴纳。)

被告人李某财犯污染环境罪，判处有期徒刑八个月，缓刑一年，并处罚金人民币一万元。

(缓刑考验期限，自判决确定之日起计算。罚金于判决生效之日起一个月内缴纳。)

被告人胡某林犯污染环境罪，判处有期徒刑八个月，缓刑一年，并处罚金人民币一万元。

(缓刑考验期限，自判决确定之日起计算。罚金于判决生效之日起一个月内缴纳。)

二、禁止被告人孙某成、黄某永、殷某林、胡某桥、朱某东、李某财、胡某林在缓刑考验期内从事与排污或者处置危险废物有关的经营活动。

三、附带民事公益诉讼被告某长江航运公司于本判决生效之日起十日内赔偿环境损害赔偿费用人民币23750元、专家评估费用人民币9000元及公告费用人民币700元，合计人民币33450元。

如不服本判决，可在接到判决书的第二日起十日内，通过本院或者直接向江苏省南京市中级人民法院提出上诉。书面上诉的，应当提交上诉状正本一份，副本二份。

审 判 长 高 伟
审 判 员 李 伟
审 判 员 安洪强
人民陪审员 胡天翔
人民陪审员 张苏莉
人民陪审员 贺 俊
人民陪审员 钮玉霞

二〇二〇年七月十六日

书 记 员 章 颖

三、某村民委员会等污染环境案

【案情简介】

2011年6月，胡某富与江苏省句容市后白镇某村民委员会签订协议承租土地，购建厂房从事润滑油生产经营业务，停产后遗留了约80吨废酸、废油脂等。因长期无人管理、贮存设施老化，厂房内的废酸、废油脂外流造成周边环境污染。2017年12月11日，该村委会主任袁某政提议并主持会议，该村委会研究决定将上述厂房内的露天废物进行挖坑深埋。2018年1月9日上午，袁某政安排陈某驾驶挖掘机在厂房北侧院外挖坑，并将原水泥地上堆放的废酸、废油脂等全部填埋入土坑内。案发后，从坑内开挖出废酸、废油脂、含油土壤700余吨，当地政府支出670余万元进行了应急处置。

【典型意义】

村民委员会作为基层群众性自治组织，是社会综合治理体系的重要组成部分，也是美丽乡村建设的重要力量，应不断提升自身的环保意识和法治水平，带头遵守并宣传宪法、法律、法规和国家的政策，教育引导村民履行法律规定的义务、爱护环境。本案中，村民委员缺乏相关法律意识，教训深刻，具有典型的警示教育作用。法院在判处刑罚的同时又禁止被告人在缓刑考验期内从事与排污或者处置危险废物有关的经营活动，体现了环境司法坚持保护优先、预防为主的理念，具有较好的示范意义。本案获评2021年度江苏法院环境资源典型案例和最高人民法院发布的人民法院依法审理固体废物污染环境典型案例。

【裁判文书】

江苏省南京市玄武区人民法院
刑 事 判 决 书

（2020）苏0102刑初364号

公诉机关江苏省句容市人民检察院。

被告单位句容市后白镇某村民委员会（以下简称某村委会），法定代表人袁某政。

诉讼代表人朱某福，男，系被告单位民兵营长。

辩护人董某平，江苏申某威律师事务所律师。

被告人袁某政，男，汉族，某村委会主任，户籍地句容市，住句容市。因涉嫌污染环境罪，于2019年5月21日、2020年5月22日先后被取保候审。

辩护人王某，江苏申某威律师事务所律师。

被告人陈某（曾用名：陈某根），男，汉族，户籍地句容，住句容市市。因涉嫌污染环境罪，于2019年5月7日、2020年5月22日先后被取保候审。

指定辩护人庄某，北京市隆某（南京）律师事务所律师。

江苏省句容市人民检察院以句检一部刑诉（2020）127号起诉书指控被告单位某村委会、被告人袁某政、陈某犯污染环境罪，向本院提起公诉。本院受理后，依法组成合议庭，公开开庭审理了本案。江苏省句容市人民检察院指派检察员杨蓓出庭支持公诉，被告单位某村委会诉讼代表人朱某福，被告人袁某政、陈某及各自辩护人到庭参加诉讼。本案现已审理终结。

江苏省句容市人民检察院指控，2011年6月17日，胡某富与某村委会签订协议租赁某村土地，成立句容市某镇某经营部进行生产经营。后因债务问题，该厂房及设备被江苏省句容市人民法院查封，厂房内遗留废酸、废油脂及固体废物。因长时间无人管理等，厂房内废酸、废油脂外流，周边环境受污染而被附近村民多次举报。2017年12月11日，被告人袁某政主持召开村务会，提议将厂房内的露天废物进行挖坑深埋处理，参会两委成员均无异议。2018年1月9日上午，被告人袁某政安排被告人陈某驾驶挖掘机在厂房北侧院外挖坑，并将水泥地上堆放的废酸、废油脂、固体废物全部填埋入坑内。经鉴定，从坑内开挖出的废油脂、含油土壤为具有毒性物质含量危险特性的危险废物。为防止污染扩大、消除坑内危险废物，句容市后白镇人民政府共计支付人民币6705773元。公诉机关认为，应当以污染环境罪追究被告单位某村委会，被告人袁某政、陈某的刑事责任，提请法院依法惩处。

被告单位某村委会对公诉机关指控的犯罪事实和罪名不持异议。其辩护人提出如下辩护意见：村委会出发点是为了群众做实事，因法律意识淡薄触犯法律，希望判处罚金时予以考虑。

被告人袁某政对公诉机关指控的犯罪事实和罪名不持异议，表示认罪认罚，请求从轻处罚。其辩护人提出如下意见：污染物由案外人产生，被告人袁某政系作为村委会负责人履行职务，没有前科劣迹，主观恶性较小，具有自首情节，请求从轻或减轻处罚。

被告人陈某对公诉机关指控的犯罪事实和罪名不持异议，表示认罪认罚，请求从轻处罚。其辩护人提出如下意见：被告人陈某具有自首情节，在本案当中系从犯，主观恶性较小，愿意积极缴纳罚金，当地镇政府已积极采取修复措施，请求对其适用缓刑。

经审理查明，2011 年 6 月，胡某富与某村委会签订协议承租某村土地，构建厂房从事润滑油生产经营业务。2014 年 4 月，因债务问题，江苏省句容市人民法院对该厂房及设备进行查封，厂房内遗留了废酸、废油脂等。后因长期无人管理、贮存设施老化等，厂房内的废酸、废油脂外流，致使周边环境受污染而被附近村民多次投诉举报。2017 年 3 月，句容市环境保护局会同专业机构至现场调查情况，对厂房内的废酸、废油脂等进行了初步估算，合计重约 80 吨，所需处置费用约 100 万元。

被告人袁某政担任某村委会主任。2017 年 12 月 11 日，经被告人袁某政提议并主持会议，某村委会研究决定将上述厂房内的露天废物进行挖坑深埋处理。2018 年 1 月 9 日上午，被告人袁某政安排被告人陈某驾驶挖掘机在厂房北侧院外挖坑，并将原水泥地上堆放的废酸、废油脂等全部填埋入土坑内。2018 年 5 月，句容市环保部门工作人员检查该厂房内的危险废物时发现该情况。之后，句容市后白镇人民政府进行应急处置，从坑内开挖出废酸、废油脂、含油土壤 700 余吨，交由具有危险废物处理资质的企业进行了处理。经江苏环保产业技术研究院股份公司鉴定，从坑内开挖出的废油脂、含油土壤为具有毒性物质含量危险特性的危险废物。为防止污染扩大、消除坑内危险废物，句容市后白镇人民政府共计支出人民币 6705773 元。

2018 年 11 月 10 日、2019 年 7 月 15 日，被告人袁某政、陈某分别主动到公安机关投案，到案后如实供述了犯罪事实。

对于上述事实，被告单位某村委会及被告人袁某政、陈某不持异议。本案事实，另有人口基本信息表、接处警工作登记表、到案经过、应急危险废物处置合同、运输合同、危险废物经营许可证、危险废物转移联单、榜单、发票、情况说明、函件、刑事摄影照片、会议记录、涉嫌环境污染犯罪案件移送书、租赁合同、民事裁定书、执行裁定书、查封财产清单、工商登记资料等书证，证人余某敏、杨某宝、谢某华等人的证言，江苏环保产业技术研究院股份公司出具的句容市某村遗留废物危险特性初步鉴定意见，句容市公安局制作的辨认笔录等证据予以证实。上述证据均经庭审质证，合法有效，具有证明效力。

本院认为，一切单位和个人都有保护环境的义务。根据《中华人民共和国固体废物污染环境防治法》规定，处置危险废物的单位和个人，必须采取防扬散、防流失、防渗漏或者其他防止污染环境的措施；不得擅自倾倒、堆放、丢弃、遗撒危险废物。被告单位某村委会、陈某违反国家规定，非法处置危险废物，后果特别严重，构成污染环境罪，系共同犯罪。被告人袁某政系某村委会单位犯罪中直接负责的主管人员，应当以污染环境罪追究其刑事责任。江苏省句容市人民检察院指控事实清楚，证据确实、充分，指控罪名成立，本院予以支持。

在共同犯罪中，被告单位某村委会起主要作用，系主犯；被告人陈某起次要作用，系从犯，依法应从轻或减轻处罚。被告人袁某政作为被告单位直接负责的主管人员，犯罪后自动投案，如实供述犯罪事实；被告人陈某犯罪后自动投案，如实供述自己及同案犯的罪行；被告单位及被告人袁某政、陈某均系自首，依法可以从轻或减轻处罚。本案虽因案外人遗留的危险废物而起，但被告单位的非法处置行为造成危险废物数量大幅增加，并由此导致公私财产损失数百万元，后果特别严重，被告人袁某政作为直接负责的主管人员，不宜宣告缓刑。本案危险废物源起于案外人遗留的情节，在量刑时予以考量。综上所述，本院对被告单位某村委会从轻处罚，对被告人袁某政、陈某减轻处罚。

据此，根据本案犯罪的事实、性质、情节和对于社会的危害程度，结合被告单位和二被告人的认罪悔罪表现，本院为依法惩治污染环境犯罪，经审判委员会讨论决定，依据《中华人民共和国刑法》第三百三十八条、第三百四十六条、第二十五条第一款、第二十七条、第六十七条第一款、第七十二条、第七十三条第二款和第三款、第五十二条之规定，判决如下：

一、被告单位句容市后白镇某村民委员会犯污染环境罪，判处罚金人民币十万元。

（罚金于判决生效之日起一个月内缴纳。）

被告人袁某政犯污染环境罪，判处有期徒刑二年，并处罚金人民币六万元。

（刑期自判决执行之日起计算。罚金于判决生效之日起一个月内缴纳。）

被告人陈某犯污染环境罪，判处有期徒刑一年三个月，缓刑一年六个月，并处罚金人民币一万元。

（缓刑考验期限，从判决确定之日起计算。罚金于判决生效之日起一个月内缴纳。）

二、禁止被告人陈某在缓刑考验期内从事与排污或者处置危险废物有关的经营活动。

如不服本判决，可在接到判决书的第二日起十日内，通过本院或者直接向江苏省南京市中级人民法院提出上诉。书面上诉的，应当提交上诉状正本一份，副本二份。

审　判　长　安洪强
人民陪审员　朱佩佩
人民陪审员　陆雪萍

二〇二〇年十二月四日

书　记　员　吴双香

四、陈某宝、万某祥非法捕捞水产品刑事附带民事公益诉讼案

【案情简介】

2020 年 2 月 26 日，被告人陈某宝、万某祥出于销售牟利、食用目的，驾驶皮划艇沿长江到位于主航道以东的潜洲岛附近水域。两人使用鱼竿、翻板钩以及鱼饵，操作遥控无人船，将翻板钩、鱼饵带到江中心投放，实施非法捕捞活动，后驾驶皮划艇返程时被巡逻民警抓获。捕鱼工具和捕捞的 10 尾鲢鱼（共重 92 千克，价值人民币 2392 元）均被依法扣押。

【案例评析】

为从根本上缓解长江生物资源衰退和生物多样性减少的危机，以习近平同志为核心的党中央从战略全局高度和长远发展角度，作出了自 2020 年 1 月 1 日 0 时起开始实施长江“十年禁渔”的重大决策，其间禁止天然渔业

资源的生产性捕捞。

【典型意义】

生产性垂钓等变相捕捞行为正逐渐成为破坏长江水生生物资源的主要违法犯罪之一，生产性垂钓能直接针对深水鱼群区且目标精准，有时还能捕获到珍稀、濒危鱼类，对天然渔业资源和生态环境的危害很大。本案中，根据行政主管部门公布的禁用工具、禁用方法，以及垂钓行为造成水生生物资源的危害程度，准确认定二名被告人的非法捕捞行为系生产性垂钓，并予以依法惩治，对企图利用或变相利用垂钓进行非法捕捞的犯罪分子起到了有效威慑和警示作用。本案获评最高人民检察院发布的依法惩治长江流域非法捕捞水产品犯罪典型案例。

【裁判文书】

江苏省南京市玄武区人民法院
刑事附带民事判决书

（2020）苏 0102 刑初 171 号

公诉机关暨附带民事公益诉讼起诉人：南京市鼓楼区人民检察院。

被告人暨附带民事公益诉讼被告：陈某宝，男，汉族，户籍地南京市，住南京市建邺区。因涉嫌非法捕捞水产品罪，于 2020 年 2 月 27 日被取保候审。

指定辩护人徐某，江苏科某律师事务所律师。

被告人暨附带民事公益诉讼被告：万某祥，男，汉族，户籍地安徽省滁州市琅琊区，住南京市建邺区。因涉嫌非法捕捞水产品罪，于 2020 年 2 月 27 日被取保候审。

指定辩护人庄某，北京市隆某（南京）律师事务所律师。

江苏省南京市鼓楼区人民检察院以宁鼓检诉刑诉（2020）60 号起诉书指控被告人陈某宝、万某祥犯非法捕捞水产品罪，向本院提起公诉。本院于 2020 年 4 月 27 日受理后，公益诉讼起诉人江苏省南京市鼓楼区人民检察院向本院提起附带民事公益诉讼。经查明，南京市鼓楼区人民检察院于

2020年4月2日公告了案件相关情况，公告期内未有法律规定的机关和有关组织提起民事公益诉讼。本院依法组成合议庭，于2020年5月20日公开开庭审理了本案。江苏省南京市鼓楼区人民检察院指派检察员王苏、张培华出庭履行职务，被告人暨附带民事公益诉讼被告陈某宝、万某祥及其辩护人到庭参加诉讼。本案现已审理终结。

公诉机关江苏省南京市鼓楼区人民检察院指控：2020年2月26日中午，被告人陈某宝、万某祥相约驾驶皮划艇至潜洲岛上，后二被告人使用鱼竿、翻板钩、鱼饵组成的捕鱼工具，由万某祥操作无人船将翻板钩、鱼饵带到江中心投放进行捕鱼。截至次日被公安机关抓获，二人采用上述方法非法捕捞渔获物共计10尾，经称量共计重92千克。公诉机关认为，应当以非法捕捞水产品罪追究被告人陈某宝、万某祥的刑事责任。

附带民事公益诉讼起诉人江苏省南京市鼓楼区人民检察院向本院提出诉讼请求：判令被告陈某宝、万某祥连带承担渔业资源补偿费23000元及专家评估费3000元。事实和理由：2020年2月26日中午，陈某宝、万某祥相约驾驶皮划艇至南京市建邺区潜洲岛洲尾长江水域国家级水产种质资源保护区及省级南京长江豚类自然保护区内，捕获长江大头鲢鱼10条，经称重约92千克，共计价值2392元。经委托江苏省淡水水产研究所专家评估，案涉行为造成的渔业资源修复费用为23000元，公益诉讼起诉人为此支出评估费3000元。二被告的行为破坏水产资源，损害水生态环境，侵害社会公共利益，构成共同侵权，应当承担连带赔偿责任。

被告人暨附带民事公益诉讼被告陈某宝辩称，对公诉机关指控的犯罪事实和罪名没有异议，表示认罪认罚；对公益诉讼起诉人的诉请也不持异议，同意赔偿相应费用。其辩护人提出如下辩护意见：被告人陈某宝没有前科劣迹，犯罪情节相对较轻，归案后如实供述犯罪事实，愿意认罪认罚和退赔，请求对其适用缓刑。

被告人暨附带民事公益诉讼被告万某祥辩称，对公诉机关指控的犯罪事实和罪名没有异议，表示认罪认罚；对公益诉讼起诉人的诉请也不持异议，同意赔偿相应费用。其辩护人提出如下辩护意见：被告人万某祥具有坦白情节，自愿认罪认罚，请求从宽处理。

经审理查明：2020年2月26日中午，被告人暨附带民事公益诉讼被告陈某宝、万某祥驾驶皮划艇至南京市建邺区潜洲岛洲尾长江水域，二人使用10套鱼竿、翻板钩（含多个鱼钩）、鱼饵组成的捕鱼工具，由万某祥操作遥控船将翻板钩、鱼饵带到江中心投放进行捕捞水产品，以满足其销售牟利、食用等目的。次日6时许，二人捕捞结束后驾驶皮划艇返程时被巡逻的民警抓获，前述捕鱼工具及捕捞的水产品被依法扣押。二人采用上述方法捕获鲢鱼共计10尾，称量合计重92千克。到案后，陈某宝、万某祥均如实供述了犯罪事实。

另查明，案发水域属于国家级水产种质资源保护区及南京长江江豚省级自然保护区，全面禁止生产性捕捞。经南京市发展和改革委员会价格认证中心鉴定，上述水产品价值合计人民币2392元。因不易保存，案涉水产品已被公安机关销毁处理。

关于案涉行为造成的生态环境影响和渔业资源损害，公益诉讼起诉人委托江苏省环境资源司法保护专家库专家李大命进行了评估，评估意见为：1. 该案发生在长吻鮠、铜鱼国家级水产种质资源保护区和长江江豚省级自然保护区，对保护区生态环境、渔业资源及保护区对象造成不利影响。（1）非法捕捞水产品直接导致渔业资源量下降，改变了鱼类群落结构，降低了鱼类的遗传多样性水平。（2）非法捕捞水产品破坏了水生食物链和食物网的完整性，同时会对生态系统功能造成不利影响。（3）非法捕捞水产品增加了江豚的捕食难度，对江豚生长及繁殖造成不利影响，翻板钩有可能对江豚造成机械损伤，甚至导致江豚死亡。2. 渔业资源和生态环境修复措施。鱼类增殖放流是补充渔业资源种群和数量、修复水域生态环境以及保持鱼类生物多样性最直接、最有效的方法，建议采用等量投放的原则（增殖放流对象的总重量等于非法捕捞渔获物的总重量）进行投放。同时，考虑自然环境条件下，鱼苗成活率按10%估算，拟投放鲢鱼苗46000尾，费用约23000元。3. 考虑到当事人自主采购并实施鱼类增殖放流存在很多技术问题，无法保证放流苗种的质量及增殖放流的规范性、科学性，建议将鱼类增殖放流费用纳入长江渔业资源增殖放流计划，用于鲢鱼的增殖放流等。公益诉讼起诉人就委托评估事宜支出评估费3000元。

案件审理期间，公益诉讼起诉人就民事部分不同意调解。被告人暨附带民事公益诉讼被告陈某宝、万某祥主动预交渔业资源和生态环境修复费23000元至本院账户，并向公益诉讼起诉人支付专家评估费3000元。

上述事实，被告人暨附带民事公益诉讼陈某宝、万某祥不持异议。本案事实另有常住人口基本信息、抓获经过、扣押清单、随案移送清单、处理物品和文件清单、农业部公告第1130号、《农业部办公厅关于公布阜平中华鳖等63处国家级水产种质资源保护区的面积范围和功能分区的通知》（农办渔〔2009〕34号）、《农业农村部关于加强长江流域禁捕执法管理工作的意见》（农长渔发〔2020〕1号）、《农业农村部关于长江流域重点水域禁捕范围和时间的通告》（〔2019〕4号）、《农业农村部关于加强长江流域禁捕执法管理工作的意见》（农长渔发〔2020〕1号）、《农业农村部长江流域渔政监督管理办公室关于开展长江流域打击非法捕捞专项执行行动的通知》（长渔函字〔2020〕44号）、《江苏省人民政府关于新建南京长江江豚省级自然保护区和优化调整镇江长江豚类省级自然保护区功能区的批复》（苏政复〔2014〕98号）、刑事摄影照片、收据等书证，南京市发展和改革委员会价格认证中心价格认证结论书，现场勘验笔录、辨认笔录等证据予以证实。上述证据均经庭审质证，合法有效，具有证明效力。

本院认为，根据《中华人民共和国渔业法》的规定，禁止在禁渔区、禁渔期进行捕捞；国家保护水产种质资源及其生存环境，未经国务院渔业行政主管部门批准，任何单位或者个人不得在水产种质资源保护区内从事捕捞活动。被告人陈某宝、万某祥的行为属于多线多钩、长线多钩型生产性捕捞，其违反保护水产资源法规，于禁渔期在长江水产种质资源保护区、长江江豚省级自然保护区禁渔区内捕捞水产品50千克以上，破坏国家对水产资源管理保护制度和渔业资源，情节严重，其行为均构成非法捕捞水产品罪，且系共同犯罪。江苏省南京市鼓楼区人民检察院指控事实清楚，证据确实、充分，指控罪名成立，本院予以支持。二被告人归案后如实供述犯罪事实，认罪认罚，依法可以从轻处罚；二被告人没有前科劣迹，主动预交渔业资源和生态环境修复费等，悔罪态度良好，本院酌情从轻处罚；有关辩护意见予以采纳。

陈某宝、万某祥的非法捕捞行为，直接导致渔业资源量下降，对水产种质资源保护区内的鱼类群落结构造成不利影响，降低了鱼类的遗传多样性水平，有损水生食物链和食物网的完整性，破坏了水域生态系统功能，对长江江豚生长及繁殖亦构成不良影响，其应对由此造成的损害承担恢复原状或损失赔偿责任。二人共同实施侵权行为，依法应当承担连带责任。陈某宝、万某祥作为普通自然人，由其对受损渔业资源和生态环境直接恢复不具有可行性，公益诉讼起诉人委托专家评估确定渔业资源和生态环境修复措施费23000元，由此支出的3000元评估费亦属为诉讼支出的合理费用，陈某宝、万某祥对前述费用数额及承担亦不持异议，本院予以确认。综上所述，公益诉讼起诉人的诉讼请求，具有事实和法律依据，本院予以支持。

据此，本院为保护环境资源不受破坏，维护社会公共利益，依照《中华人民共和国刑法》第三百四十条、第二十五条第一款、第六十七条第三款、第六十四条、第七十二条第一款、第七十三条第一款和第三款，《中华人民共和国侵权责任法》第八条、第十五条，《最高人民法院、最高人民检察院关于检察公益诉讼案件适用法律若干问题的解释》第十三条、第二十条之规定，判决如下：

一、被告人陈某宝犯非法捕捞水产品罪，判处拘役三个月，缓刑四个月。

（缓刑考验期限，自判决确定之日起计算。）

被告人万某祥犯非法捕捞水产品罪，判处拘役三个月，缓刑四个月。

（缓刑考验期限，自判决确定之日起计算。）

二、扣押在案的作案工具鱼竿、翻板钩、遥控船予以没收。

三、附带民事公益诉讼被告陈某宝、万某祥连带赔偿渔业资源和生态环境修复费23000元及专家评估费3000元（均已支付）。

如不服本判决，可在接到判决书的第二日起十日内，通过本院或者直接向江苏省南京市中级人民法院提出上诉。书面上诉的，应当提交上诉状正本一份，副本二份。

审　判　长　高　伟
审　判　员　何　俊
审　判　员　安洪强
人民陪审员　陆雪萍
人民陪审员　张苏莉
人民陪审员　贺　俊
人民陪审员　张　虹

二〇二〇年六月十一日

书　记　员　吴双香

五、某科技公司等污染环境案

【案情简介】

江苏某作物科技有限公司（以下简称某科技公司）系一家生产、销售农药杀菌剂的企业。为减少成本支出，自 2015 年下半年起，经某科技公司总经理欧阳某某、副总经理李某等人商议决策，某科技公司擅自在位于南京江北新区某街道的厂区内设置露天堆场，在明知采取的措施达不到危险废物贮存标准的情况下，将经营中产生的 3000 余吨产后废料以“产品中间体”名义长期堆放、贮存在露天堆场。在长期堆放过程中，有毒有害物质时有流失、泄漏、挥发。2019 年 4 月 8 日，江苏省生态环境厅在巡查时发现某科技公司位于露天堆场的案涉危险废物。同年 4 月 10 日前后，为避免环境风险和安全事故的发生，有关行政部门责令某科技公司将案涉危险废物紧急转移至南京密某有限公司、江苏环某有限公司的仓库内分类存储。同年 4 月 15 日，南京市公安局江北新区分局（以下简称江北新区分局）予以立案侦查。经称量和鉴定，某科技公司露天堆放的 369.9 吨 CY1202 粗品、1170.389 吨苯醚粗品 CY1201、194.535 吨 DMF 水溶液、848.169 吨氯化钠溶液、1034.452 吨硫酸钾溶液、7.418 吨苯醚硝酸盐固体、11.104 吨溴化钾等物料共计 3635.964 吨，在不作为中间物料返回生产工艺使用的情况下，属于危险废物。

2019 年 5 月，江北新区分局委托江苏环某产业技术研究院股份公司就露天堆场土壤和地下水环境现状进行调查。江苏环某产业技术研究院股份公司出具了调查报告，主要意见为：该露天堆场所在位置地下土壤重金属指标、无机盐指标、有机物指标、石油烃指标以及地下水氯化物、硫酸盐等部分特征因子超出基准线 20%。同年 5 月 22 日，江苏省苏某环境科技有限责任公司受江北新区分局委托，依法对存放案涉危险废物的江苏某物流有限公司 29 库区环境空气进行检测，所选 2 个点位各 3 次检测中均检出二氯甲烷，检出浓度为 12.0 微克/立方米至 27.4 微克/立方米不等，大幅超过检出限值 0.4 微克/立方米。二氯甲烷系列入我国《有毒有害大气污染物名录（2018 年）》的大气污染物。

2019年4月15日，被告人欧阳某某、李某经公安机关电话传唤到案，并如实供述了犯罪事实。

另查明，被告人欧阳某某、李某2018年度收入分别为73万余元、28万余元。

此外，本案审理期间，经法院组织协调，江苏某科技公司将案涉危险废物（其中21吨多苯醚粗品回收利用）依法委托有危险废物处理资质的单位予以处理，处理的危险废物称重合计3540余吨，某科技公司为此支出处置费用2420余万元。

江苏省南京市玄武区人民法院于2020年6月29日作出（2020）苏0102刑初25号刑事判决：（1）被告单位某科技公司犯污染环境罪，判处罚金人民币一千万元，追缴被告单位某科技公司的违法所得，上缴国库；（2）被告人欧阳某某犯污染环境罪，判处有期徒刑一年三个月，并处罚金人民币四十万元；（3）被告人李某犯污染环境罪，判处有期徒刑一年，并处罚金人民币十五万元。

一审宣判后，被告单位某科技公司、被告人欧阳某某、李某不服，向江苏省南京市中级人民法院提出上诉。二审审理期间，上诉人欧阳某某、李某自愿申请撤回上诉。江苏省南京市中级人民法院于2021年11月15日作出（2020）苏01刑终525号刑事裁定：（1）准许上诉人欧阳某某、李某撤回上诉；（2）驳回上诉单位某科技公司上诉，维持原判。

【案例评析】

响水“3·21”特大爆炸事故发生后，在南京市开展化工企业安全生产专项巡查工作中，发现某科技公司长期违规露天堆放数千吨危险废物，有重大安全隐患和环境风险，时任省领导为此作出指示批示。后公安机关刑事立案，后经市公检法等多次会商研讨，案件侦办审理取得圆满成功。案件处理后，南京市应急管理局（市安委办）专门以该案为依托制作了警示教育片，在全市范围内开展警示教育，危险废物产生企业依法积极处置危险废物的自觉性明显增强。南京市应急管理局（市安委办）就案件办理情况专题向南京市委、市政府作了汇报。《人民法院报》2020年7月2日专题对本案进行了报道。

未采取符合国家环保标准的防范措施，以“产品中间体”名义露天堆放危险废物3000余吨，放任有毒有害物质时有泄漏、流失、挥发，严重危害生态环境安全，属于《刑法》第三百三十八条规定的“非法处置”。

关于涉案产余物料是否属于危险废物的问题。一方面，欧阳某某、李某的供述和证人徐某成、杨某峰、宗某等人的证言，能够证明露天堆放的产余物料主要包括苯醚粗品CY1201、DMF水溶液、氯化钠溶液、苯醚硝酸盐、CY1202粗品、硫酸钾溶液（含二氯甲烷、硫酸盐、甲醇、二甲基亚砜），散发出刺激性气味，操作中需要戴橡胶手套、口罩、护目镜、安全帽、胶鞋等防护用品，溅到身上可能对人体造成损伤，摄入人体内是有害的，遇水会稀释出有毒有害物质，袋装的活性炭有比较明显的甲苯味道。另一方面，案发后，南京市生态环境局委托某大学环境规划设计研究院集团股份公司对前述物料属性进行判定，鉴别意见为：按照国家危险废物名录、国家规定的危险废物鉴别标准和鉴别方法，结合某科技公司的环境影响评价文件、危险废物核查报告、专家论证意见，前述物料在不作为中间物料返回生产工艺使用的情况下，属于危险废物。法院据此认定涉案长期堆放的产余物料属于危险废物，依据充分。

关于原判认定某科技公司属于非法处置的问题。《中华人民共和国固体废物污染环境防治法》第一百二十四条第九项的规定，处置，是指将固体废物焚烧和用其他改变固体废物的物理、化学、生物特性的方法，达到减少已产生的固体废物数量、缩小固体废物体积、减少或者消除其危险成分的活动，或者将固体废物最终置于符合环境保护规定要求的填埋场的活动。本案中，某科技公司至迟自2015年开始即在厂区内堆放涉案产余物料，至案发时已逾四年，且数量巨大，属于长期大量堆放；某科技公司虽然对堆放地点采取过一定程度硬化措施，但不符合长期贮存条件要求，导致物料存在渗透、挥发的情形，物料在数量、体积上有所减少，客观上也造成了堆场附近土壤及地下水、空气等环境要素的损害，法院根据查明事实，结合《最高人民法院、最高人民检察院、公安部、司法部、生态环境部关于办理环境污染刑事案件有关问题座谈会纪要》有关规定，认定某科技公司在不符合长期贮存条件下大量堆放涉案废料的行为属于《中华人民共和国刑法》第三百三十八条以及《最高人民法院、最高人民检察院关于办理环境污染刑事案件适用法律若干问题的解释》第三条第二项规定的非法处置，定性准确，依据充分。

关于某科技公司堆放涉案产余物料是否造成环境污染的问题。根据某科技公司的环评文件、固体废物属性判定报告、上诉人欧阳某某、李某供述以及相关证人证言等证据，足以证明某科技公司露天堆放的产余物料主要由 CY1202 粗品、苯醚粗品 CY1201、DMF 水溶液、氯化钠溶液、硫酸钾溶液、苯醚硝酸盐固体、溴化钾等物质组成，上述物质虽可作中间原料返回生产工艺再使用，但在不作为原料返回利用情况下属于危险废物。某科技公司在未采取有效防护措施情况下将上述物料长期大量堆放于厂区，此种放任做法势必造成含重金属溶液的渗透、二氯甲烷及含苯物质挥发，足以导致土壤、地下水及大气污染和损害。而且，环境监察现场检查（勘验）记录表、露天堆场勘验笔录、刑事摄影照片及相关证人证言相互印证，也能够证实堆放的产余物料有泄漏、物料洒落没有及时清理、围堰和遮盖雨布存在破损、硬化过的水泥地面有裂缝、雨天堆场地面存在黄色积水以及堆场有刺激性气味等事实客观存在，结合物料属性判定报告、调查检测报告等证据，足以证明涉案危险废物存在污染环境的事实。某科技公司有关涉案物料没有造成环境污染损害的上诉理由和辩护意见，法院不予采纳。

关于某科技公司污染环境犯罪是否达到“后果特别严重”情形问题。根据《中华人民共和国刑法》第三百三十八条的规定，违反国家规定，排放、倾倒或者处置有放射性的废物、含传染病病原体的废物、有毒物质或者其他有害物质，严重污染环境的，处三年以下有期徒刑或者拘役，并处或者单处罚金；后果特别严重的，处三年以上七年以下有期徒刑，并处罚金。根据《最高人民法院、最高人民检察院关于办理环境污染刑事案件适用法律若干问题的解释》第三条第二项的规定，非法排放、倾倒、处置危险废物 100 吨以上的，属于《中华人民共和国刑法》第三百三十八条规定的“后果特别严重”。本案中，某科技公司非法处置危险废物数量 3500 余吨，法院认定其犯罪后果特别严重定性准确，而在量刑方面，充分考虑了某科技公司处置方式特殊性和社会危害性，结合其长期非法堆放而节省的防治支出和案发后废料合法处置实际支出情况，参考公诉机关所提的量刑建议，判处某科技公司罚金 1000 万元。

【典型意义】

本案认定被告单位消极处置危险废物的行为构成污染环境罪，对相关行业企业以“产品中间体”名义违法堆放、怠于处置危险废物的“潜规则”行为，具有强烈的震慑警示作用，有效引导危险废物相关企业形成依法收集、贮存、处置危险废物的行业新风，是人民法院用最严格制度最严密法治保护生态环境的生动实践。本案获评2021年度南京法院十大典型案件、2021年度江苏法院环境资源典型案例及第四批弘扬中华优秀传统文化典型案例，入选江苏省高级人民法院公报参阅案例、中国法院2023年度案例和人民法院案例库、南京环境资源法庭五周年十大典型案例。

【裁判文书】

江苏省南京市玄武区人民法院
刑 事 判 决 书

（2020）苏0102刑初25号

公诉机关：江苏省南京市六合区人民检察院。

被告单位：江苏某作物科技有限公司，住所地南京市江北新区。曾因厂界下风向臭气浓度超标，于2017年7月27日被南京市六合区环境保护局责令改正环境违法行为、罚款人民币十万元。曾因将危险废物混入非危险废物贮存、不按规定申报登记危险废物、不设置危险废物识别标志等行为，于2019年4月28日被南京市江北新区管理委员会环境保护与水务局责令改正环境违法行为、罚款人民币四十万元。曾因违反危险化学品管理规定，于2019年5月10日被南京市公安局江北新区分局罚款人民币五万元。

诉讼代表人：蔡某彬，男，汉族，该公司董事长，住江苏省张家港市。

辩护人：孙某祥，江苏新某律师事务所律师。

辩护人：周某，江苏国某律师事务所律师。

被告人：欧阳某某，男，汉族，原系江苏某作物科技有限公司总经理，户籍地江苏省金坛区，住南京市六合区。因涉嫌污染环境罪，于2019年4月16日被刑事拘留，同年5月23日被逮捕，同年7月23日被取保候审。

辩护人：李某，江苏法德某（江北新区）律师事务所律师。

辩护人：杨某，江苏天某律师事务所律律师。

被告人：李某，男，汉族，原系江苏某作物科技有限公司副总经理，户籍地南京市鼓楼区，住南京市建邺区。因涉嫌污染环境罪，于2019年4月16日被刑事拘留，同年5月23日被逮捕，同年7月23日被取保候审。

辩护人：孙某，江苏法德某（江北新区）律师事务所律师。

辩护人：蒋某成，江苏天某律师事务所律师。

江苏省南京市六合区人民检察院以宁六检诉刑诉（2019）879号起诉书指控被告单位江苏某作物科技有限公司、被告人欧阳某某、李某犯污染环境罪，向本院提起公诉。本院于2020年1月6日受理后，依法组成合议庭，分别于2020年1月19日、5月27日公开开庭审理了本案。江苏省南京市六合区人民检察院指派检察员王惠、于乐出庭支持公诉，被告单位江苏某作物科技有限公司诉讼代表人蔡某彬、被告人欧阳某某、李某及各自辩护人到庭参加诉讼。本案现已审理终结。

江苏省南京市六合区人民检察院指控，被告单位江苏某作物科技有限公司系一生产农药杀菌剂苯醚甲环唑、环丙唑醇的企业，自2015年下半年起在江北新区的厂区内设置露天堆场堆放产余物料。被告人欧阳某某自2016年6月起任江苏某作物科技有限公司总经理，到任后与被告人李某等人商议决策，在明知公司生产中产生的氯化钠、硫酸钾等溶液系危险废物以及所采取的防范措施达不到危险废物贮存标准的情况下，延续公司2015年以来的做法，逐年对原露天堆场进行扩建，并指示、安排工人将生产中产生的固体、液体混合废弃物长期贮存、搁置在露天堆场。在长期堆放过程中，上述物质时有流失、泄漏、挥发。

经鉴定，江苏某作物科技有限公司露天堆放的CY1202粗品、苯醚粗品CY1201、DMF水溶液、氯化钠溶液、硫酸钾溶液、苯醚硝酸盐固体、溴化钾等物料共计3540余吨属于危险废物。

经检测，江苏某作物科技有限公司露天堆场地下土壤、水样部分特征污染物超出基准线20%，根据《生态环境损害鉴定评估技术指南环境要素

第1部分：土壤和地下水》的相关规定，认定造成生态环境损害。

公诉机关认为，应当以污染环境罪追究被告单位某科技公司及被告人欧阳某某、李某的刑事责任，现提请法院依法惩处。

被告单位江苏某作物科技有限公司对公诉机关指控的事实不持异议，辩称其行为不构成犯罪。其辩护人提出如下辩护意见：江苏某作物科技有限公司接受行政部门的调查处理，案发后进行了整改。江苏某作物科技有限公司主观上没有犯罪的故意，现有证据不足以证实其行为与环境受损之间具有因果关系，其行为没有造成污染环境的后果，不构成污染环境罪。露天堆场的土壤与地下水环境现状调查报告未作本底调查，背景点处绿化具有水土净化功能，背景点选择不合理，取样也不规范，检测结果低于《土壤环境质量建设用地土壤污染风险管控标准》第二类用地风险筛选值、优于《地下水质量标准》四级标准；案涉气体检测报告未作本底调查，系在仓库内取样而非外环境；前述报告均不应作为定案依据。

被告人欧阳某某对公诉机关指控的事实和罪名不持异议，表示认罪认罚。其辩护人提出如下辩护意见：对公诉机关指控的事实和罪名不持异议。露天堆场采取了一定的防护措施，被告人的主观恶性较小，具有自首情节，认罪认罚，请求对其减轻处罚。

被告人李某对公诉机关指控的事实和罪名不持异议，表示认罪认罚。其辩护人提出如下辩护意见：对公诉机关指控的事实和罪名不持异议。露天堆场采取了一定的防护措施，被告人李某在共同犯罪中属于从犯，具有自首情节，认罪认罚，请求对其免予刑事处罚或适用缓刑。

经审理查明，江苏某作物科技有限公司于2007年6月成立，经营范围为苯醚甲环唑、环丙唑醇（均系农药项目）的生产、销售等，实际于2013年底投产运行。该公司经环保部门批复的《200吨/年环丙唑醇、200吨/年苯醚甲环唑农药项目环境影响报告书》载明，危险废物产生量合计1143.75吨/年，危险废物类型主要包括：减压精馏残渣、缩合钾盐、异丙醇回收残渣、DMF吸收残液、废溶剂吸收液、高浓度废水精馏前馏、高浓废水精馏釜残、废包装材料、污水处理污泥。2017年，江苏某作物科技有限公司就产品苯醚甲环唑、环丙唑醇扩大产能，经环保部门批复的《1000吨/年苯醚甲环唑、400吨/年环丙唑醇、200吨/年叶菌唑等6个农药原药及相关产品技改项目环境影响报告书》载明，全厂总产能产生的危险废物总量合计 4651. 907 吨/年，危险废物类型主要包括：工艺废渣/废液、工艺过滤废渣、废溶剂吸收液、三效蒸发废渣、废污泥、精馏废液、废矿物油、废包装材料、废滤袋。江苏某作物科技有限公司生产中产生的废气污染物主要为二氧化硫、溴化氢、氯化氢、二氯甲烷、甲苯、DMF 等。

为减少成本支出等，自 2015 年下半年起，江苏某作物科技有限公司擅自在其位于南京市江北新区的厂区内设置露天堆场，用于堆放前述产余物料。被告人欧阳某某自 2016 年 6 月起任江苏某作物科技有限公司总经理，全面负责公司的日常经营、行政和管理等各项事宜。被告人李某自 2016 年起任江苏某作物科技有限公司生产经理，后于 2018 年初任副总经理，主持产品中心工作，负责生产的日常运行工作等。为满足经营中不断累积的产余物料堆放需要，被告人欧阳某某、李某等人在明知江苏某作物科技有限公司的产余物料系危险废物，明知在露天堆场堆放危险废物违反国家规定、所采取的防范措施（地面水泥硬化、设置围堰、收集井、雨布遮盖、日常巡检）达不到危险废物贮存标准的情况下，经共同研究决定，于 2016 年、2017 年分次对原露天堆场进行扩建（建成后面积约 7200 平方米），并指示、安排工人将生产中产生的危险废物以“产品中间体”名义长期堆放、贮存在该露天堆场。被告人李某负责露天堆场的使用分配和日常管理。因堆放的产余物料具有致害性、有刺激性气味等，工作人员巡检时需佩戴口罩、胶皮手套、护目镜等防护用品。在长期堆放过程中，产余物料物质时有流失、泄漏、挥发。江苏某作物科技有限公司因气味扰民等问题曾多次被举报，有关行政部门检查时多次要求其就露天堆放物料的行为进行整改。

2019 年 4 月 8 日，江苏省生态环境厅在巡查时发现江苏某作物科技有限公司位于露天堆场的案涉危险废物。同年 4 月 10 日前后，为避免环境风险和安全事故的发生，有关行政部门责令江苏某作物科技有限公司将案涉危险废物紧急转移至南京密某有限公司、江苏环某有限公司（以下简称环某有限公司）的仓库内分类存储。同年 4 月 15 日，南京市公安局江北新区分局（以下简称江北新区分局）予以立案侦查。经称量和鉴定，江苏某作物科技有限公司露天堆放的 369. 9 吨 CY1202 粗品、1170. 389 吨苯醚粗品 CY1201、194. 535 吨 DMF 水溶液、848. 169 吨氯化钠溶液、1034. 452 吨硫酸钾溶液、7. 418 吨苯醚硝酸盐固体、11. 104 吨溴化钾等物料共计

3635.964 吨，在不作为中间物料返回生产工艺使用的情况下，属于危险废物。

2019 年 5 月，江北新区分局委托某江苏环某产业技术研究院股份公司就露天堆场土壤和地下水环境现状进行调查。环某公司出具了调查报告，主要意见为：该露天堆场所在位置地下土壤重金属指标、无机盐指标、有机物指标、石油烃指标以及地下水氯化物、硫酸盐等部分特征因子超出基准线 20%。同年 5 月 22 日，江苏省苏某环境科技有限责任公司受江北新区分局委托，依法对存放案涉危险废物的环某有限公司 29 库区环境空气进行检测，所选 2 个点位各 3 次检测中均检出二氯甲烷，检出浓度为 12.0 微克/立方米至 27.4 微克/立方米不等，大幅超过检出限值 0.4 微克/立方米。二氯甲烷系列入我国《有毒有害大气污染物名录（2018 年）》的大气污染物。

2019 年 4 月 15 日，被告人欧阳某某、李某经公安机关电话传唤到案，并如实供述了犯罪事实。

另查明，被告人欧阳某某、李某 2018 年度收入分别为 73 万余元、28 万余元。

此外，本案审理期间，经本院组织协调，江苏某作物科技有限公司将案涉危险废物（其中 21 吨多苯醚粗品回收利用）依法委托有危险废物处理资质的单位予以处理，处理的危险废物称重合计 3540 余吨，江苏某作物科技有限公司为此支出处置费用 2420 余万元。

上述事实，有经庭审举证、质证本院予以确认的发破案经过、查获经过、刑事摄影照片、危险废物处置合同、危险废物经营许可证、营业执照、危险废物转移联单、款项支付凭证、江苏某作物科技有限公司《200 吨/年环丙唑醇、200 吨/年苯醚甲环唑农药项目环境影响报告书》及批复、《1000 吨/年苯醚甲环唑、400 吨/年环丙唑醇、200 吨/年叶菌唑等 6 个农药原药及相关产品技改项目环境影响报告书》及批复、生产调度会记录、周例会材料、堆场巡检记录表、危险废物处置台账、危险废物转移联单、危险废物申报单和统计表、工单、交办单、环境监察现场检查记录表，证人徐某明、胡某东、郭某君、杨某俊、胡某、张某骁、王某、徐某成、杨某峰、宗某、王某斌、陈某斌、华某燕、黄某峰、侯某忠、李某亮、花某林、卓某君、丁某福、葛某强、陈某等人的证言，各被告人的供述和辩解，检测资质认定证书、营业执照、检测报告、调查报告、露天堆放固体废物属性判定报告、检测报告，现场勘验笔录等证据予以证实。

本院认为，一切单位和个人都有保护环境的义务。根据《中华人民共和国固体废物污染环境防治法》规定，对危险废物的容器和包装物以及收集、贮存、运输、处置危险废物的设施、场所，必须设置危险废物识别标志。产生危险废物的单位，必须按照国家有关规定处置危险废物，不得擅自倾倒、堆放。产生危险废物的单位，必须按照国家有关规定制定危险废物管理计划，并向所在地县级以上地方人民政府环境保护行政主管部门申报危险废物的种类、产生量、流向、贮存、处置等有关资料。申报事项或者危险废物管理计划内容有重大改变的，应当及时申报。

根据我国《危险废物贮存污染控制标准》（GB 18597—2001）规定，危险废物贮存设施在施工前应做环境影响评价。危险废物贮存设施必须有泄漏液体收集装置、气体导出口及气体净化装置，周围应设置围墙或其他防护栅栏；气体导出口排出的气体经处理后须满足有关国家标准要求。装载危险废物的容器必须完好无损，用以存放装载液体、半固体危险废物容器的地方，必须有耐腐蚀的硬化地面，且表面无裂隙。危险废物堆要防风、防雨、防晒；危险废物堆内要设计雨水收集池，并能收集25年一遇的暴雨24小时降水量。

危险废物属于有毒物质。被告单位江苏某作物科技有限公司违反规定擅自设置露天堆场堆放危险废物，虽采取了一定的防护措施，但与危险废物贮存设施要求相比存在较大差距，其以“产品中间体”名义长达数年露天堆放数千吨危险废物，长期放任有毒有害物质泄漏、流失、挥发，应当认定为非法处置危险废物。根据《最高人民法院、最高人民检察院关于办理环境污染刑事案件适用法律若干问题的解释》第三条的规定，非法处置危险废物100吨以上的，应当认定为后果特别严重。被告单位江苏某作物科技有限公司非法处置危险废物数千吨，属于后果特别严重。同时，被告单位江苏某作物科技有限公司就露天堆场的危险废物采取了一定的防护措施，其非法处置行为有别于一般的积极处置行为，属于消极处置危险废物，所造成的危害后果显著弱于积极非法处置同等数量的危险废物，该情节在量刑时应予以充分考量。

公诉机关就本案污染环境实际危害后果提交了露天堆场土壤和地下水

环境现状调查报告、危险废物转移后暂存仓库内的气体检测报告等大量证据，被告单位对前述报告的证明力持有异议。对此，本院认为，判定案涉行为造成的环境污染后果，应结合其对大气、土壤、水体等外环境造成的不利影响综合认定。露天堆场的土壤和地下水环境现状调查报告，系侦查机关依法委托由具有资质的专业机构所作出，即便所选背景点绿化对浅层土壤具有净化功能，但土壤取样选取了不同深度的多个点位，且地下水取样检测结果也印证露天堆场的环境状况弱于背景点位，与环境影响报告书中2014年厂区土壤和地下水监测结果相比亦存在一定差距，特别是氯化物、硫酸盐、硝酸盐氮含量显著偏高，而江苏某作物科技有限公司的污染物种类与周边邻近企业存在较大差异，污染源能够排除其他合理怀疑。危险废物转移后暂存仓库内的气体检测报告，系具有资质的检测机构根据侦查机关委托所作出，检测的仓库专门用于存放案涉危险废物，仓库环境属于外环境的一部分，检出的超标大气污染物二氯甲烷与江苏某作物科技有限公司项目的废气污染物亦吻合。前述报告来源合法，与本案具有关联性，应当作为定案依据，有关辩护意见不予采纳。证人徐某成、杨某峰、宗某等人的证言、生产调度会记录、周例会材料、堆场巡查记录表、工单、交办单、环境监察现场检查（勘验）记录表、露天堆场勘验笔录、刑事摄影照片等证据相互印证，能够证实露天堆场物料时有泄漏、围堰和遮盖雨布时有破损、水泥地面有裂缝、物料洒落未及时处理、雨天堆场地面积水呈黄色、收集池直排雨水管网、堆场有刺激性气味等事实，露天堆场的土壤和地下水环境现状有2014年监测数据、背景点数据作为对照，存储转移危险废物的仓库内检出大幅超出检出限值的大气污染物二氯甲烷，认定案涉行为与环境受到污染之间存在因果关系，符合一般人的认知标准，有关辩护意见不予采纳。被告单位江苏某作物科技有限公司长期持续露天堆放数千吨危险废物，不仅实际造成了难以量化的外环境受损后果，而且产生巨大的环境安全隐患，有关不存在污染后果的辩护意见不能成立。

案涉污染环境行为系为了江苏某作物科技有限公司的单位利益，由公司主要负责人欧阳某某召集管理人员研究决定，应当认定为单位犯罪。本案责任主体均明知不符合国家规定而长期露天堆放危险废物，主观上具有放任环境污染的犯罪故意。被告单位江苏某作物科技有限公司违反国家规定，处置有毒物质，后果特别严重，其行为构成污染环境罪，有关不构成犯罪的辩护意见不能成立。被告人欧阳某某、李某系单位犯罪中直接负责的主管人员，应以污染环境罪对其定罪处罚。江苏省南京市六合区人民检察院指控事实清楚，证据确实、充分，指控罪名成立，本院予以支持。被告单位江苏某作物科技有限公司怠于处置危险废物，数年来延缓、减少巨额的处置成本支出，变相获取非法利益，相应违法所得应予追缴。案发后，被告单位江苏某作物科技有限公司积极配合将案涉危险废物依法处理，可以酌情从轻处罚。被告人欧阳某某、李某经公安机关电话传唤到案，并如实供述犯罪事实，应当认定为自首，依法可以减轻处罚；二被告人认罪认罚，依法可以从宽处理；有关辩护意见予以采纳。被告人李某参与露天堆场扩建决策，并负责露天堆场的使用分配和管理，在共同犯罪中起主要作用，依法不应认定为从犯；结合本案犯罪情节，被告人李某不符合免刑条件，亦不宜宣告缓刑；有关辩护意见不予采纳。

综上所述，结合本案犯罪事实、性质、情节和对于社会的危害程度，本院为依法惩治污染环境犯罪，依据《中华人民共和国固体废物污染环境防治法》第五十二条、第五十三条、第五十五条，《中华人民共和国刑法》第三百三十八条、第三百四十六条、第二十五条第一款、第六十七条第一款、第五十二条、第六十四条之规定，判决如下：

一、被告单位江苏某作物科技有限公司犯污染环境罪，判处罚金人民币一千万元。

(罚金于判决生效之日起一个月内缴纳。)

被告人欧阳某某犯污染环境罪，判处有期徒刑一年三个月，并处罚金人民币四十万元。

(刑期自判决执行之日起计算。判决执行以前先行羁押的，羁押一日折抵刑期一日。罚金于判决生效之日起一个月内缴纳。)

被告人李某犯污染环境罪，判处有期徒刑一年，并处罚金人民币十五万元。

(刑期自判决执行之日起计算。判决执行以前先行羁押的，羁押一日折抵刑期一日。罚金于判决生效之日起一个月内缴纳。)

二、追缴被告单位江苏某作物科技有限公司的违法所得，上缴国库。

如不服本判决，可在接到判决书的第二日起十日内，通过本院或者直接向江苏省南京市中级人民法院提出上诉。书面上诉的，应当提交上诉状正本一份，副本二份。

审　判　长　高　伟
审　判　员　安洪强
人民陪审员　钟正宝

二〇二〇年六月二十九日

书　记　员　吴双香

六、陈某非法占用农用地刑事附带民事公益诉讼案

【案情简介】

2017 年上半年至 2020 年 9 月间，被告人陈某伙同他人在租赁的南京市高淳区东某村集体土地上利用机械取土、堆放废土，所取土方用于其承包的堤防消险工程以及供刘某（另案处理）铺垫高速公路路基等，他人曾多次予以劝阻无果。此外，陈某等人还同意张某平在该地利用机械取土用于水利工程，后因村民阻挠而停止。前述行为共造成 19.44 亩基本农田的种植条件严重毁坏。经征询行政主管部门意见并听取其建议，由专业机构就修复事宜编制了《土地复垦方案报告书》，复垦动态投资需约 175.276 万元，方案编制费 10 万元。

案发后，陈某的同案人预缴了土地复垦费用 60 万元。2021 年 12 月 31 日，江苏省南京市高淳区人民检察院向法院提起公诉，指控陈某犯非法占用农用地罪，同时提起附带民事公益诉讼，请求判令：陈某在三个月内对案涉地块完成复垦；逾期未能修复或修复未达到验收标准的，由陈某承担耕地修复费 185.276 万元（含复垦方案编制费 10 万元）；陈某就破坏耕地资源的行为在国家级媒体上公开赔礼道歉。陈某辩称：案发前原地取土对案涉地块进行了回填、平整，指控的农用地面积系回填、平整后的测量结果，扩大了实际占用面积；请求对受损耕地进行自行复垦；诉请的复垦方案编制费包括 1 万元的项目竣工测量与工程复核费，该 1 万元并未发生应

予扣除。

江苏省南京市玄武区人民法院于2022年5月30日作出（2022）苏0102刑初28号刑事附带民事判决：陈某犯非法占用农用地罪，判处有期徒刑一年，并处罚金人民币五万元；同时，陈某须支付土地复垦费125.276万元（含复垦方案编制费），并在国家级媒体就破坏耕地资源的行为向社会公众刊登致歉声明。判决后，陈某不服，提起上诉。二审审理期间，陈某自愿申请撤回上诉。江苏省南京市中级人民法院于2022年7月21日作出终审裁定：准许上诉人陈某撤回上诉。

【案例评析】

粮食安全是国家安全的重要基础。习近平总书记指出，耕地是粮食生产的命根子，耕地是我国最为宝贵的资源，[①] 坚决遏制土地违法行为，牢牢守住耕地保护红线。民事主体从事民事活动，应当有利于节约资源、保护生态环境。环境资源破坏者实施犯罪行为承担刑事责任的同时，亦应对造成的生态环境损害承担民事侵权责任。生态环境能够修复的，由侵权人优先承担修复责任；侵权人明显怠于履行修复义务的，亦未提供证据证明其具有履行复垦义务的能力和条件，社会公共利益持续处于受损状态的，应令其承担相应的修复费用由他人代为修复。

耕地是宝贵的自然资源。根据《土地管理法》规定，禁止擅自在耕地上建房、挖砂、采石、采矿、取土等。陈某伙同他人违反土地管理法规，非法占用耕地，改变被占用土地用途，数量较大，造成耕地大量毁坏，构成非法占用农用地罪。陈某具有自首情节，依法可以从轻处罚。陈某在原地取土对现场土坑的回填、平整，实系对耕地的二次破坏，相应不利后果应由陈某承担，有关农用地破坏面积的异议不能成立。

侵权人因同一行为应当承担刑事责任的，不影响依法承担侵权责任。法律规定承担连带责任的，被侵权人有权请求部分或者全部连带责任人承担责任。耕地是人类赖以生存的基本资源和条件，陈某等人的行为破坏自然资源，造成案涉耕地丧失种植条件，侵害了社会公共利益，应当对由此

---

① 参见中共中央宣传部、中华人民共和国生态环境部：《习近平生态文明思想学习纲要》，学习出版社、人民出版社2022年版，第93页。

造成的损害承担侵权责任，且属于应承担连带责任的共同侵权。本案被毁坏的农用地能够修复，根据《土地复垦条例》第十一条的规定，土地复垦义务人应当按照土地复垦标准和国务院国土资源主管部门的规定编制土地复垦方案。陈某于2021年6月被查处，既未提供证据证明实际在履行复垦义务，亦未提供证据证明具有履行复垦义务的能力和条件，社会公共利益持续处于受损状态，仍由陈某自行复垦缺乏可行性和合理性，应令其承担相应的复垦费用由他人代为复垦，从而实现受损生态环境资源的早日修复。

案涉《土地复垦方案报告书》，事先征询了规划和自然资源行政管理部门的意见，系依据受损的土地实际结合有关复垦要求制作，具有有效性、可行性，相应的动态总投资额185.276万元（含复垦方案编制费）应由陈某等人负担。根据《土地复垦条例》规定，土地复垦完成后应当依法验收。竣工验收费用属于复垦的必要支出，竣工验收费1万元不应扣除。鉴于陈某的同案人已经预缴土地复垦费60万元，陈某仍应承担的费用为125.276万元（含复垦方案编制费）。同时，陈某应对破坏耕地资源的行为在国家级媒体公开赔礼道歉，鉴于国家级媒体系抽象概念，为确保判决具有可执行性，可在国家级报纸《法治日报》《人民法院报》《检察日报》三者任选其一进行公开赔礼道歉。

【典型意义】

民事主体从事民事活动，应当有利于节约资源、保护生态环境。环境资源破坏者实施犯罪行为承担刑事责任的同时，亦应对造成的生态环境损害承担民事侵权责任。生态环境能够修复的，由侵权人优先承担修复责任；侵权人明显怠于履行修复义务的，亦未提供证据证明其具有履行复垦义务的能力和条件，社会公共利益持续处于受损状态的，应令其承担相应的修复费用由他人代为修复。本案判决旨在保障受损的自然资源和生态环境得到有效救济，同时为牢牢守住耕地保护红线筑牢司法防线。本案入选南京法院贯彻实施民法典典型案例（第一批）、江苏省自然资源厅通报的典型案件和人民法院案例库，获评江苏法院环境资源审判典型案例。

【裁判文书】

江苏省南京市玄武区人民法院
刑事附带民事判决书

（2022）苏 0102 刑初 28 号

公诉机关暨附带民事公益诉讼起诉人：江苏省南京市高淳区人民检察院。

被告人暨附带民事公益诉讼被告：陈某，男，汉族，南京高某有限责任公司员工，户籍地南京市高淳区，住南京市高淳区淳溪街道。因涉嫌非法占用农用地罪，于 2021 年 6 月 5 日被取保候审。

辩护人：董某，江苏中某（江北新区）律师事务所律师。

委托诉讼代理人：张某、张某 1，江苏中某律师事务所律师。

江苏省南京市高淳区人民检察院以宁高检刑诉（2021）73 号起诉书指控被告人陈某犯非法占用农用地罪，于 2021 年 12 月 31 日向本院提起公诉，并作为公益诉讼起诉人同时提起附带民事公益诉讼。本院于 2022 年 1 月 4 日立案受理，并于 1 月 6 日向陈某送达了诉讼材料。经查明，江苏省南京市高淳区人民检察院于 2021 年 10 月 16 日公告了案件相关情况，公告期内未有法律规定的机关和有关组织提起民事公益诉讼。本院依法组成合议庭，公开开庭审理了本案。江苏省南京市高淳区人民检察院检察长席晨、检察官孔瑶婷出庭履行职务，被告人暨附带民事公益诉讼被告陈某及其辩护人董某、委托诉讼代理人张某、张某 1 到庭参加诉讼。本案现已审理终结。

江苏省南京市高淳区人民检察院指控，陈某福（系陈某父亲，另案处理）向高淳区东某一组 28 户村民租用集体土地种植苗木。2017 年上半年，被告人陈某向陈某福提议后，由被告人陈某现场负责，在前述承租的土地上利用机械取土用于陈某福承包的新沛圩消险工程。2018 年 9 月至 2020 年 8 月间，被告人陈某在前述土地上堆放陈某福承包道路工程所产生的废土，后将堆放的废土运走，并继续利用机械取土供刘某铺垫高速公路路基。2020 年 9 月，经被告人陈某与陈某福同意，张某平在该处用机械取土用于水利工程，后被村民阻挠而停止。经鉴定，该地块 19.44 亩耕地（均为基本农田）种植条件已被严重损坏。公诉机关认为，应以非法占用农用地罪追究被告人陈某的刑事责任。现提请法院依法惩处。

附带民事公益诉讼起诉人江苏省南京市高淳区人民检察院向本院提出诉讼请求：1. 判令被告陈某在三个月内对南京市高淳区东某一组案涉地块完成复垦；逾期未能修复或修复未达到验收标准的，由被告陈某承担相应的生态环境修复费用；2. 判令被告陈某承担复垦方案编制费 10 万元；3. 判令被告陈某就破坏耕地资源的行为在国家级媒体上公开赔礼道歉。事实和理由：2017 年上半年至 2020 年 9 月间，被告陈某与陈某福在陈某福承租的高淳区东某村集体土地上利用机械取土、堆放废土，并同意张某平在该土地上利用机械取土，造成土地种植条件严重破坏，被破坏的耕地面积为 19.44 亩（均为基本农田）。经南京中某土地整理规划设计有限公司（以下简称中某公司）编制案涉土地复垦方案，该地块复垦动态投资约 175.276 万元，方案编制费 10 万元。案发后，陈某福预缴了土地复垦费 60 万元。被告陈某的行为损害了社会公共利益，现诉至法院要求处理。

被告人暨附带民事公益诉讼被告陈某对公诉机关指控的犯罪事实和罪名不持异议，表示认罪认罚；对附带民事公益诉讼的诉讼请求也未提出异议，请求自行复垦。

被告人陈某的辩护人提出如下意见：1. 对公诉机关指控的罪名不持异议。2. 不认可非法占用的农用地面积为 19.44 亩。根据侦查机关制作的现场勘验笔录，测距仪测量的土坑深为 5 米、南北长为 92 米、东西宽为 115.1 米，非法占用的农用地面积据此约为 15.89 亩；在被查处前案涉地块就地进行了回填、平整，公诉机关指控的面积采用的系回填、平整后的测量数据，扩大了实际占用面积。3. 现有证据不足以证明案涉土地的性质为耕地，高淳区农业农村局出具的意见载明：经查询林地保护利用规划，该地块为市级公益林。4. 被告人陈某具有自首情节，认罪认罚，没有前科劣迹，请求从轻从宽处罚并适用缓刑。

附带民事公益诉讼被告陈某的委托诉讼代理人提出如下意见：1. 同意在国家级媒体上公开赔礼道歉。2. 愿意承担复垦方案编制的费用，但诉请的复垦方案编制费包括 1 万元的项目竣工测量与工程复核费，目前并未涉及该后期费用，该 1 万元应予扣除。3. 被告实际取土量为 2 万余方，侦查机关制作的现场勘验笔录载明案涉土地面积约 15. 89 亩，而公益诉讼起诉人委托编制的土地复垦方案回填土方量为 33808 方，愿意按照公益林的标准以现场实际面积对案涉土地进行复垦。

经审理查明：从 2011 年左右开始，陈某福（另案处理，系陈某父亲）承租南京市高淳区东某村的集体土地用于种植苗木。2017 年上半年，经被告人陈某向陈某福提议，被告人陈某负责现场组织实施，在前述承租的土地上利用机械取土，所取土方用于陈某福承包的新沛圩堤防消险工程，其间他人曾多次予以劝阻无果。2018 年 9 月至 2020 年 8 月间，被告人陈某在前述地块堆放陈某福承包道路工程所产生的废土，后将堆放的废上运走，并继续利用机械取土供刘某（另案处理）铺垫高速公路路基。2020 年 9 月，经被告人陈某与陈某福同意，张某平在前述地块上利用机械取土用于水利工程，后因村民阻挠而停止取土。

经南京捷某有限公司（以下简称捷某公司）测绘，上述非法占用的土地总面积为 13465. 3 平方米（20. 19 亩），其中耕地面积 12962. 5 平方米（19. 44 亩）、其他农用地面积 502. 8 平方米（0. 75 亩）。经查阅勘测定界报告、土地利用总体规划和现场勘查（地块开挖深度约 3—5 米）等，南京市规划和自然资源局审查后出具了鉴定意见［宁规划资源（2021）63 号］：捷某公司持有自然资源部颁发的《测绘资质证书》（证书编号：甲测资字 3200213），具备承担鉴定地块测绘工作的资质，测绘成果真实有效；鉴定地类统计数据采用 2018 年末土地调查成果数据，符合违法案件地类统计相关要求；鉴定地块 19. 44 亩耕地（均为基本农田）种植条件已被严重毁坏；等等。

经征询规划和自然资源行政管理部门意见并听取其建议，江苏省南京市高淳区人民检察院委托中某公司就上述被破坏土地编制了《土地复垦方案报告书》，并为此支出费用 10 万元。《土地复垦方案报告书》载明：该项目共复垦土地面积 1. 3465 公顷，其中耕地面积 1. 2962 公顷、沟渠面积 0. 0453 公顷、田坎面积 0. 0050 公顷，静态总投资 177. 3269 万元，因土地复垦工作是一个动态阶段性计算工程，需考虑物价上涨指数对复垦工程的影响，方案采取 5%的价差预备费率对复垦总投资进行动态计算，动态总投资为 185. 276 万元，其中包括前期工作费 9 万元（方案编制费 8 万元、项目勘察费 1 万元）、竣工验收费（项目竣工测量与工程复核费）1 万元。

2021年6月5日，被告人陈某经公安机关电话传唤归案，到案后如实供述了犯罪事实。案发后，陈某福预缴了土地复垦费60万元。

上述事实，有经庭审举证、质证本院予以确认的户籍资料、抓获经过、款项支付凭证、正义网公告卫星图片，证人陈某福、陈某华、陈某、张某平、刘某、杨某顺、赵某庆、张某丙的证言，被告人陈某的供述和辩解，捷某公司的测绘报告、南京市规划和自然资源局出具的鉴定意见、土地利用总体规划图，中某公司编制的《土地复垦方案报告书》，现场勘验检查笔录等证据予以证实。

本院认为，耕地是宝贵的自然资源。但存方寸地，留与子孙耕。十分珍惜、合理利用土地和切实保护耕地是我国的基本国策。根据《中华人民共和国土地管理法》规定，国家实行土地用途管制制度；国家编制土地利用总体规划，规定土地用途；使用土地的单位和个人必须严格按照土地利用总体规划确定的用途使用土地；禁止擅自在耕地上建房、挖砂、采石、采矿、取土等。根据《国土资源部、最高人民检察院、公安部关于国土资源行政主管部门移送涉嫌国土资源犯罪案件的若干意见》规定，移送涉嫌国土资源犯罪案件，需要对耕地破坏程度进行鉴定的，由市（地）级或省级国土资源行政主管部门出具鉴定结论。本案认定的非法占用的土地面积系具有测绘资质的单位依法测绘形成，侦查机关并非专业的测绘单位，现场勘验笔录仅是针对现场土坑情况的测量，并不能据此否定案涉测绘报告的真实性、有效性。南京市规划和自然资源局就案涉土地性质、破坏程度等出具的鉴定意见，系依据勘测定界报告、土地利用总体规划、现场勘查情况等作出，合法有效，应当作为定案依据。即便案涉地块同时系公益林地，亦不能否定其作为基本农田的土地利用总体规划定位；即便案涉土地进行了回填、平整导致占用面积扩大，陈某在原地取土对现场土坑的回填、平整实系对土地的二次破坏，相应的不利后果亦应由陈某承担；陈某的辩护人及委托诉讼代理人关于非法占用的农用地面积及土地性质的异议不能成立。

《中华人民共和国刑法》第三百四十二条规定，违反土地管理法规，非法占用耕地、林地等农用地，改变被占用土地用途，数量较大，造成耕地、林地等农用地大量毁坏的，处五年以下有期徒刑或者拘役，并处或者单处罚金。根据《最高人民法院关于审理破坏土地资源刑事案件具体应用法律若干问题的解释》第三条规定，非法占用耕地“数量较大”，是指非法占用基本农田五亩以上或者非法占用基本农田以外的耕地十亩以上；非法占用耕地“造成耕地大量毁坏”，是指行为人非法占用耕地建窑、建坟、建房、挖沙、采石、采矿、取土、堆放固体废弃物或者进行其他非农业建设，造成基本农田五亩以上或者基本农田以外的耕地十亩以上种植条件严重毁坏或者严重污染。被告人陈某伙同他人违反土地管理法规，非法占用耕地，改变被占用土地用途，数量较大，造成耕地大量毁坏，构成非法占用农用地罪，系共同犯罪。江苏省南京市高淳区人民检察院指控事实清楚，证据确实、充分，指控罪名成立，本院予以支持。被告人陈某具有自首情节，依法可以从轻处罚；其认罪认罚，依法可以从宽处理；有关辩护意见予以采纳。

侵权人因同一行为应当承担刑事责任的，不影响依法承担侵权责任。法律规定承担连带责任的，被侵权人有权请求部分或者全部连带责任人承担责任。耕地是人类赖以生存的基本资源和条件，陈某等人的行为破坏自然资源，造成案涉耕地丧失种植条件，侵害了社会公共利益，应当对由此造成的损害承担侵权责任，且属于应承担连带责任的共同侵权。

关于公益诉讼起诉人主张的第一项和第二项诉讼请求。本院认为，本案被毁坏的农用地能够修复，公益诉讼起诉人有权请求侵权人在合理期限内复垦；侵权人在期限内未复垦的，可以由他人代为复垦，所需费用由侵权人承担。根据《土地复垦条例》第十一条规定，土地复垦义务人应当按照土地复垦标准和国务院国土资源主管部门的规定编制土地复垦方案。陈某因本案行为于 2021 年 6 月被查处，本案公益诉讼的材料亦于 2022 年 1 月初送达陈某，陈某及其代理人辩称要求自行复垦，但既未提供证据证明实际在履行复垦义务，亦未提供证据证明具有履行复垦义务的能力和条件，社会公共利益至今处于持续受损状态，仍由陈某自行复垦缺乏可行性和合理性，应令其承担相应的复垦费用由他人代为复垦，从而实现受损生态环境资源的早日修复。公益诉讼起诉人委托中某公司编制的《土地复垦方案报告书》，事先征询了规划和自然资源行政管理部门的意见，系依据本案受损的土地实际结合有关复垦要求制作，具有有效性、可行性，相应的动态总投资额 185.276 万元（含复垦方案编制费）应由陈某等人负担，陈某代理人的有关异议不予采纳。根据《土地复垦条例》规定，土地复垦完成后应当依法验收。竣工验收费用属于复垦的必要支出，陈某代理人要求扣除竣工验收费1万元的意见，本院不予采纳。鉴于陈某福已经预缴了土地复垦费60万元，陈某仍应承担的土地复垦费用为125.276万元（含复垦方案编制费）。

公益诉讼起诉人要求陈某在国家级媒体上公开赔礼道歉，陈某及其代理人均不持异议，该诉请具有事实依据，符合法律规定，本院予以支持。鉴于国家级媒体系抽象概念，为确保判决具有可执行性，可在国家级报纸《法治日报》《人民法院报》《检察日报》三者任选其一进行。

据此，根据本案犯罪事实、性质、情节和对于社会的危害程度，为保护环境资源不受破坏，维护社会公共利益，依照《中华人民共和国刑法》第三百四十二条、第二十五条第一款、第六十七条第一款、第五十二条，《中华人民共和国侵权责任法》第四条、第八条、第十三条、第十五条，《中华人民共和国民法典》第一千二百三十四条，《中华人民共和国刑事诉讼法》第十五条，《最高人民法院关于审理破坏土地资源刑事案件具体应用法律若干问题的解释》第三条，《最高人民法院关于适用〈中华人民共和国民法典〉时间效力的若干规定》第三条，《最高人民法院、最高人民检察院关于检察公益诉讼案件适用法律若干问题的解释》第十三条、第二十条之规定，判决如下：

一、被告人陈某犯非法占用农用地罪，判处有期徒刑一年，并处罚金人民币五万元。

（刑期自判决执行之日起计算。判决执行以前先行羁押的，羁押一日折抵刑期一日。罚金于判决生效之日起一个月内缴纳。）

二、附带民事公益诉讼被告陈某于本判决生效之日起十日内支付土地复垦费125.276万元（含复垦方案编制费）。

三、附带民事公益诉讼被告陈某于本判决生效之日起三十日内在国家级媒体（《法治日报》《人民法院报》《检察日报》三者任选其一）就其破坏耕地资源的行为向社会公众刊登致歉声明（内容须经本院审核）；如逾期不履行，本院将选择媒体刊登判决书内容，所需费用由陈某承担。

如果未按照本判决指定的期间履行给付金钱义务，应当根据《中华人民共和国民事诉讼法》第二百六十条的规定，加倍支付迟延履行期间的债务利息。

如不服本判决，可在接到判决书的第二日起十日内，通过本院或者直接向江苏省南京市中级人民法院提出上诉。书面上诉的，应当提交上诉状正本一份，副本二份。

审　判　长　高　伟
审　判　员　徐　海
审　判　员　安洪强
人民陪审员　常玉琦
人民陪审员　黄　光
人民陪审员　黄达迦
人民陪审员　盛玉景

二〇二二年五月三十日

书　记　员　吴双香

七、朱某生等 23 人、雩某公司非法采矿、串通投标等案

【基本案情】

2013 年 12 月，被告人朱某生伙同他人通过串通投标的方式，中标雩山关闭矿山（一期）地质环境治理项目，并与雩某公司商定由其具体承包该项目以便非法开采矿产资源共同牟利。2014 年 1 月至 2016 年 1 月间，被告人朱某生将前述矿山分为 6 个宕口非法开采建筑用灰岩，或在宕口自行组织实施，或收取承包费后将宕口发包给被告人王某玉、陈某才等 10 余人实施。经鉴定和分析认定，前述非法开采的雩山矿山建筑用灰岩共计 468 万余吨，造成矿产资源破坏价值为 3748 万元—1.6 亿元。被告人王某玉、陈某才等人分别非法开采矿产 38 万吨—105 万吨不等，造成矿产资源破坏价值为 306 万元—3621 万元不等。此外，被告人朱某生还单独或伙同其他被告人实施了赌博、诈骗、容留卖淫等多起犯罪行为。

【典型意义】

盗采矿产资源犯罪不仅破坏国家矿产资源及其管理秩序，妨害矿业健康发展，也极易造成生态环境损害，引发安全事故。被告人朱某生等人通过串通投标的方式，以环境治理之名行盗采矿产非法牟利之实，加剧当地地质灾害风险，社会危害性较一般的非法采矿行为更大。本案依法对被告人朱某生等人、被告单位雩某公司从严惩处，在对责任主体判处刑罚的同时，注意落实民法典绿色原则及损害担责、全面赔偿原则，依法认定盗采行为主体的民事退赔责任，用最严格制度最严密法治筑牢维护矿产资源和生态环境安全的司法屏障，彰显了人民法院助力经济社会高质量发展的司法担当。该案获评江苏法院环境资源审判典型案例。

【裁判文书】

江苏省南京市玄武区人民法院
刑事判决书

（2021）苏 0102 刑初 508 号

公诉机关江苏省句容市人民检察院。

被告人朱某生，男，汉族，户籍地镇江市京口区，住镇江市京口区。因涉嫌非法采矿罪，于 2020 年 4 月 11 日被句容市公安局指定居所监视居住，因涉嫌寻衅滋事罪，于 2020 年 10 月 9 日被该局指定居所监视居住，2020 年 12 月 16 日被该局刑事拘留，2021 年 1 月 21 日被逮捕。现羁押于句容市看守所。

辩护人黄某定，江苏江某律师事务所律师。

辩护人孙某军，江苏天某律师事务所律师。

被告单位雩某公司，住所地镇江市谏壁雩山，法定代表人佘某全。

诉讼代表人佘某，男，系被告单位管理人员。

辩护人殷某海，江苏学某律师事务所律师。

被告人佘某全，男，汉族，雩某公司董事长、法定代表人，住镇江市京口区。因涉嫌非法采矿罪，于 2020 年 4 月 11 日被句容市公安局指定居所监视居住，2020 年 6 月 10 日被该局取保候审，2021 年 6 月 9 日被该局解除取保候审；2021 年 7 月 1 日被江苏省句容市人民检察院取保候审；2021 年 10 月 19 日被本院取保候审。

辩护人乔某，江苏学某律师事务所律师。

被告人王某玉，男，汉族，户籍地镇江市京口区，住镇江市京口区。因涉嫌非法采矿罪，于 2020 年 4 月 11 日被句容市公安局指定居所监视居住，2020 年 7 月 23 日被该局刑事拘留，2020 年 8 月 7 日被该局取保候审；2021 年 6 月 30 日被江苏省句容市人民检察院取保候审；2021 年 10 月 19 日被本院取保候审。

被告人王某甲，男，汉族，户籍地镇江市京口区，住镇江市京口区。因涉嫌非法采矿罪，于 2020 年 7 月 10 日被句容市公安局指定居所监视居住，2020 年 7 月 23 日被该局刑事拘留，2020 年 8 月 7 日被该局取保候审；2021 年 7 月 2 日被江苏省句容市人民检察院取保候审；2021 年 10 月 19 日被本院取保候审。

被告人殷某铭，男，汉族，住镇江市丹徒区。因涉嫌非法采矿罪，于 2020 年 7 月 16 日被句容市公安局指定居所监视居住，2020 年 7 月 23 日被该局刑事拘留，2020 年 8 月 8 日被该局取保候审；2021 年 7 月 2 日被江苏省句容市人民检察院取保候审；2021 年 10 月 19 日被本院取保候审。

被告人谢某，男，汉族，户籍地镇江市京口区，住镇江市新区。因涉嫌非法采矿罪，于 2020 年 4 月 11 日被句容市公安局指定居所监视居住，2020 年 6 月 5 日被该局取保候审，2021 年 6 月 3 日被该局解除取保候审；2021 年 7 月 3 日被江苏省句容市人民检察院取保候审；2021 年 10 月 19 日被本院取保候审。

辩护人陆某，江苏江某律师事务所律师。

被告人刘某滨，男，汉族，户籍地镇江市京口区，住镇江市京口区。因涉嫌非法采矿罪，于 2020 年 8 月 6 日被句容市公安局刑事拘留，2020 年 8 月 12 日被该局取保候审；2021 年 7 月 2 日被江苏省句容市人民检察院取保候审；2021 年 10 月 19 日被本院取保候审。

被告人黄某甲，男，汉族，户籍地镇江市润州区，住镇江市京口区。因涉嫌非法采矿罪，于 2020 年 8 月 12 日被句容市公安局刑事拘留，2020 年 8 月 25 日被该局取保候审；2021 年 7 月 2 日被江苏省句容市人民检察院取保候审；2021 年 10 月 19 日被本院取保候审。

辩护人李某，江苏学某律师事务所律师。

被告人孙某生，男，汉族，住镇江市新区。曾因赌博，于 2017 年 2 月 7 日被镇江市公安局新区分局行政拘留十日，并处罚款人民币五百元。因涉嫌非法采矿罪，于 2020 年 4 月 11 日被句容市公安局指定居所监视居住，2020 年 7 月 23 日被该局刑事拘留，2020 年 8 月 28 日被逮捕，2020 年 10 月 23 日被该局取保候审；2021 年 6 月 30 日被江苏省句容市人民检察院取保候审；2021 年 10 月 19 日被本院取保候审。

被告人陈某立，男，汉族，户籍所在地镇江市新区，住镇江市新区。因涉嫌非法采矿罪，于 2020 年 8 月 21 日被句容市公安局刑事拘留，2020 年 8 月 28 日被该局指定居所监视居住，2020 年 9 月 14 日被该局取保候审；2021 年 7 月 2 日被江苏省句容市人民检察院取保候审；2021 年 10 月 19 日被本院取保候审。

被告人戴某钢，男，汉族，户籍地镇江市京口区，住镇江市京口区。因涉嫌非法采矿罪，于 2020 年 4 月 11 日被句容市公安局指定居所监视居住，2020 年 6 月 4 日被该局取保候审，2021 年 6 月 3 日被该局解除取保候审；2021 年 6 月 30 日被江苏省句容市人民检察院取保候审；2021 年 10 月 19 日被本院取保候审。

被告人潘某，男，汉族，户籍地镇江市新区，住镇江市。曾因赌博，于 2012 年 7 月 28 日被镇江市公安局新区分局行政拘留二日。因涉嫌非法采矿罪，于 2020 年 7 月 31 日被该局刑事拘留，2020 年 8 月 1 日被该局取保候审；2021 年 6 月 30 日被江苏省句容市人民检察院取保候审；2021 年 10 月 19 日被本院取保候审。

辩护人窦某，江苏南某律师事务所律师。

辩护人杨某凡，江苏南某律师事务所实习律师。

被告人刘某俊，男，汉族，户籍地镇江市京口区，住镇江市京口区。因涉嫌非法采矿罪，于 2020 年 5 月 19 日被句容市公安局指定居所监视居住，2020 年 6 月 4 日被该局取保候审，2021 年 6 月 3 日被该局解除取保候审；2021 年 7 月 1 日被江苏省句容市人民检察院取保候审；2021 年 10 月 19 日被本院取保候审。

被告人赵某，男，汉族，户籍地镇江市新区，住镇江市新区。因涉嫌非法采矿罪，于 2020 年 5 月 19 日被句容市公安局指定居所监视居住，2020 年 6 月 4 日被该局取保候审，2021 年 6 月 3 日被该局解除取保候审；2021 年 7 月 1 日被江苏省句容市人民检察院取保候审；2021 年 10 月 19 日被本院取保候审。

被告人崔某伟，男，汉族，户籍地镇江市京口区，住镇江市新区。因涉嫌非法采矿罪，于 2020 年 6 月 5 日被句容市公安局指定居所监视居住，2020 年 6 月 12 日被该局取保候审，2021 年 6 月 3 日被该局解除取保候审；2021 年 7 月 1 日被江苏省句容市人民检察院取保候审；2021 年 10 月 19 日被本院取保候审。

被告人陈某才，男，汉族，住镇江市润州区。因涉嫌非法采矿罪，于 2020 年 4 月 12 日被句容市公安局指定居所监视居住，2020 年 7 月 7 日被该局刑事拘留，2020 年 7 月 16 日被该局取保候审；2021 年 7 月 1 日被江苏省句容市人民检察院取保候审；2021 年 10 月 19 日被本院取保候审。

被告人何某钱，男，汉族，户籍地浙江省建德市，住苏州市工业园区。因涉嫌非法采矿罪，于 2020 年 6 月 3 日被句容市公安局指定居所监视居住，2020 年 7 月 7 日被该局刑事拘留，2020 年 7 月 16 日被该局取保候审；2021 年 7 月 1 日被江苏省句容市人民检察院取保候审；2021 年 10 月 18 日被本院取保候审。

被告人王某强，曾用名王某祥，男，汉族，住镇江市京口区。因涉嫌容留卖淫罪，于 2021 年 6 月 12 日被句容市公安局取保候审；2021 年 9 月 13 日被江苏省句容市人民检察院取保候审；2021 年 10 月 19 日被本院取保候审。

被告人聂某，男，汉族，住镇江市京口区。因涉嫌诈骗罪，于 2021 年 6 月 13 日被句容市公安局取保候审；2021 年 7 月 2 日被江苏省句容市人民检察院取保候审；2021 年 10 月 19 日被本院取保候审。

辩护人蔡某伟，江苏学某律师事务所律师。

被告人於某华，男，汉族，户籍地镇江市丹徒区，住镇江市丹徒区。因涉嫌诈骗罪，于 2021 年 6 月 13 日被句容市公安局取保候审；2021 年 7 月 2 日被句容市人民检察院取保候审；2021 年 10 月 19 日被本院取保候审。

被告人吴某飞，男，汉族，住镇江市丹徒区。曾因犯聚众斗殴罪，于

2007年7月9日被镇江市丹徒区人民法院判处有期徒刑三年，缓刑四年。因涉嫌诈骗罪，于2021年6月13日被句容市公安局取保候审；2021年7月2日被江苏省句容市人民检察院取保候审；2021年10月19日被本院取保候审。

辩护人吴某，江苏学某律师事务所律师。

被告人於某海，男，汉族，住镇江市丹徒区。因涉嫌诈骗罪，于2021年6月13日被句容市公安局取保候审；2021年7月3日被江苏省句容市人民检察院取保候审；2021年10月19日被本院取保候审。

被告人龚某霞，女，汉族，户籍所在地镇江市京口区，住镇江市京口区。因涉嫌诈骗罪，于2020年8月20日被句容市公安局指定居所监视居住，2020年12月16日被该局刑事拘留，2021年1月14日被该局取保候审；2021年7月2日被江苏省句容市人民检察院取保候审；2021年10月19日被本院取保候审。

辩护人黄某，上海标某律师事务所律师。

江苏省句容市人民检察院以句检一部刑诉（2021）Z235号起诉书指控被告人朱某生犯非法采矿罪、串通投标罪、赌博罪、诈骗罪、容留卖淫罪，被告单位雩某公司、被告人佘某全、王某玉、王某甲、殷某铭、谢某、刘某滨、黄某甲、孙某生、陈某立、戴某钢、潘某、刘某俊、赵某、崔某伟、陈某才、何某钱犯非法采矿罪，被告人王某强犯诈骗罪、容留卖淫罪，被告人聂某、於某华、吴某飞、於某海、龚某霞犯诈骗罪，向本院提起公诉。本院受理后，依法组成合议庭，公开开庭审理了本案。江苏省句容市人民检察院指派检察官杨蓓出庭支持公诉，被告人朱某生，被告单位雩某公司诉讼代表人佘某，被告人佘某全、谢某、黄某甲、潘某、聂某、吴某飞、龚某霞及各自辩护人，被告人王某玉、王某甲、殷某铭、刘某滨、孙某生、陈某立、戴某钢、刘某俊、赵某、崔某伟、陈某才、何某钱、王某强、於某华、於某海到庭参加诉讼。本案现已审理终结。

江苏省句容市人民检察院指控：

一、非法采矿

2013年12月，被告人朱某生伙同他人通过串通投标的方式，借用江苏长某公司（以下简称长某公司）的资质中标镇江市京口区雩山关闭矿山（一期）地质环境治理项目。后长某公司镇江勘察院与雩某公司签订施工项目承包协议，将项目全部工程量承包给雩某公司施工。雩某公司将上述工程实际交由被告人朱某生。被告人朱某生与被告人佘某全约定将开采出的钙含量 52% 以上矿石低价销售给雩某公司，其中 2014 年共销售 21491.5 吨。

2014 年 1 月至 2016 年 1 月，被告人朱某生将矿山分为 6 个宕口非法开采建筑用灰岩。其中，1 号宕口由被告人王某玉、殷某铭、王某甲非法开采，2 号宕口由被告人朱某生等人非法开采，3 号宕口由被告人谢某、黄某甲、刘某滨等人非法开采，4 号宕口由被告人孙某生、陈某立非法开采，5 号宕口由被告人戴某钢、潘某、崔某伟、赵某、刘某俊非法开采，6 号宕口由被告人陈某才、何某钱非法开采。经核工业二〇八大队鉴定、立某会计师事务所（特殊普通合伙）江苏分所认定，雩山矿山非法开采建筑用灰岩共计 4827879.5 吨，造成矿产资源破坏价值为人民币 37483305.36 元至 160850234.13 元（以下币种同）。其中，1 号宕口非法开采 1054794.26 吨，造成矿产资源破坏价值为 8438354.08 元至 36211086.9 元；2 号宕口非法开采 743417.60 吨，造成矿产资源破坏价值为 5947340.8 元至 25521526.21 元；3 号宕口非法开采 944590.05 吨，造成矿产资源破坏价值为 7556720.4 元至 32427776.4 元；4 号宕口非法开采 1049035.45 吨，造成矿产资源破坏价值为 8392283.6 元至 36013387 元；5 号宕口非法开采 833639.48 吨，造成矿产资源破坏价值为 6669115.86 元至 28618843.3 元；6 号宕口非法开采 383471.71 吨，造成矿产资源破坏价值为 3067773.7 元至 13164583.9 元。

案发后，被告人朱某生、佘某全、王某玉、王某甲、殷某铭、谢某、刘某滨、孙某生、陈某立、戴某钢、刘某俊、赵某、崔某伟、陈某才被公安机关抓获归案，被告人黄某甲、潘某、何某钱主动到公安机关投案，除被告人朱某生外的其余上述 16 名被告人到案后如实供述上述事实。被告人佘某全、王某玉、王某甲、殷某铭、谢某、刘某滨、黄某甲、孙某生、陈某立、戴某钢、潘某、刘某俊、赵某、崔某伟、陈某才、何某钱分别退出 150 万元、150 万元、150 万元、20 万元、30 万元、10 万元、100 万元、10 万元、20 万元、60 万元、10 万元、60 万元、60 万元、60 万元、30 万元、60 万元。

二、串通投标

2013年11月间，被告人朱某生为中标镇江市京口区雩山关闭矿山（一期）地质环境治理项目，伙同他人，借用长某公司、江苏中某有限公司（以下简称中某公司）、江苏地某公司（以下简称地某公司）等10家公司的资质，采用统一提供投标保证金、统一安排投标报价等方式串通投标。同年12月11日，雩山关闭矿山（一期）地质环境治理项目开标，被告人朱某生借用资质的长某公司中标，中标总价11854857.17元。

三、赌博

2014年年底至2015年春节前的一天晚上，被告人朱某生在镇江市京口区华某水会东北侧平房内，组织王某建、纪某斌、田某刚、王某强以“梭哈”的方式赌博，抽头渔利6000元。

四、诈骗

2009年年初，被告人朱某生、王某强、聂某事先预谋，由被告人朱某生负责将被害人王某乙等人邀至赌场，被告人王某强负责安排场地，被告人聂某负责联系“出老千”之人，后经被告人於某海介绍找到被告人於某华。同年年初的一天晚上，被告人朱某生、王某强、聂某、於某华、吴某飞、龚某霞等人，在镇江市京口区一居民楼内，由被告人於某华操作事先购买的遥控筛子、透视隐形眼镜等工具，被告人朱某生、聂某、吴某飞等人以“二八杠”的方式参赌，被告人龚某霞“放水”，诈骗被害人王某乙、朱某顺现金合计10万元。

案发后，被告人王某强、聂某、於某海、龚某霞主动到公安机关投案；被告人吴某飞被公安机关抓获归案，后规劝被告人於某华主动到公安机关投案；到案后，6被告人均如实供述上述事实。

五、容留卖淫

2018年11月至12月间，被告人朱某生在其与他人合伙经营的镇江市京口区华某水会内，安排被告人王某强容留杨某甲、杨某乙卖淫4次，违法所得共计600元。被告人王某强主动到公安机关投案后，如实供述前述犯罪事实。

公诉机关认为，应以非法采矿罪、串通投标罪、赌博罪、诈骗罪、容留卖淫罪追究被告人朱某生的刑事责任；应以非法采矿罪追究被告单位雩某公司、被告人佘某全、王某玉、王某甲、殷某铭、谢某、刘某滨、黄某甲、孙某生、陈某立、戴某钢、潘某、刘某俊、赵某、崔某伟、陈某才、何某钱的刑事责任；应以诈骗罪、容留卖淫罪追究被告人王某强的刑事责任；应以诈骗罪追究被告人聂某、於某华、吴某飞、於某海、龚某霞的刑事责任。现提请法院依法惩处。

被告人朱某生辩称，对诈骗不应负主要责任，未参与其他犯罪，在侦查期间受到公安机关威胁。其辩护人提出如下辩护意见：对指控的诈骗数额持有异议，案发至今已经超过十二年，超过了十年的追诉时效。公诉机关指控的其他犯罪证据不足，指控的罪名不能成立。会计师事务所的报告、价格认定书等有关证据系镇江市京口区公安机关取得，其无本案的侦查权，在侦查中隐瞒身份骗取证据、疲劳审讯、变相超期羁押、越权办案等收集证据，属于非法证据，应予排除。本案属于超余量采矿；不属于未取得采矿许可证擅自开采；被告人朱某生无非法采矿的主观故意和客观行为；核工业二〇八大队出具的鉴定意见不科学、不合理，不能作为定案依据，不认可采矿的数量；即便构成非法采矿罪，被告人朱某生也应属于从犯。被告人朱某生仅委托顾某伟做标书等，没有参与其他行为，不构成串通投标罪。没有实际参与经营，对容留卖淫的情况不知情，不构成容留卖淫罪。

被告单位雩某公司辩称不构成非法采矿罪。其辩护人提出如下辩护意见：本案采矿经过了政府部门审批立项、招投标，不存在未取得采矿许可证的情况，被告单位没有超采的故意和事前通谋，没有低于市场价收购矿产资源，所购矿产不能认定系非法开采的矿石，没有实施超范围采矿的行为，也未派人对各宕口进行管理，现有证据不足以证实被告单位构成非法采矿罪。

被告人佘某全对公诉机关指控的犯罪事实及罪名均无异议，表示认罪认罚。其辩护人提出如下意见：被告人佘某全没有非法采矿的犯罪故意，与实际施工人员只是转包关系，实际施工人非法采矿超出佘某全的预料，2014 年所购矿产系在合法开采期间内所采，矿石并不是犯罪所得，且以正常的市场价购买，公诉机关指控的罪名不能成立。

被告人王某玉、王某甲、殷某铭、刘某滨、孙某生、陈某立、戴某钢、刘某俊、赵某、崔某伟、陈某才、何某钱对公诉机关指控的犯罪事实及罪名均无异议，表示认罪认罚。

被告人谢某对公诉机关指控的犯罪事实及罪名均无异议，表示认罪认罚。其辩护人提出如下辩护意见：被告人谢某的主观恶性不大，具有坦白情节，认罪悔罪态度良好，请求对其从轻、减轻处罚。

被告人黄某甲对公诉机关指控的犯罪事实及罪名均无异议，表示认罪认罚。其辩护人提出如下意见：被告人黄某甲在非法采矿中未实际获益，所退 100 万元并非赃款。

被告人潘某对公诉机关指控的犯罪事实及罪名均无异议，表示认罪认罚。其辩护人提出如下辩护意见：被告人潘某没有前科劣迹，犯罪情节较轻，具有自首情节，认罪认罚，具有悔罪表现，请求从轻处罚并适用缓刑。

被告人王某强对公诉机关指控的犯罪事实及罪名均无异议，表示认罪认罚，但称其没有经济能力。

被告人聂某对公诉机关指控的犯罪事实及罪名均无异议，表示认罪认罚。其辩护人提出如下辩护意见：被告人聂某没有前科劣迹，诈骗行为发生于十二年前，侵犯的对象系因赌博行为产生，不是犯意提起者，分工、组织实施、分赃均非由其主导，在共同犯罪中应系从犯，具有自首情节，认罪认罚，请求对其免予刑事处罚。

被告人於某华、於某海对公诉机关指控的犯罪事实及罪名均无异议，表示认罪认罚。

被告人吴某飞对公诉机关指控的犯罪事实及罪名均无异议，表示认罪认罚。其辩护人提出如下辩护意见：被告人吴某飞后参与诈骗，诈骗数额不满 10 万元，已过追诉时效，不构成诈骗罪，且规劝同案犯到案构成立功，不应撤销前罪缓刑。

被告人龚某霞对公诉机关指控的犯罪事实及罪名均无异议，表示认罪认罚。其辩护人提出如下辩护意见：被告人龚某霞没有前科劣迹，主观恶性较小，在共同犯罪中所起作用较小属于从犯，具有自首情节，认罪认罚，具有悔罪表现，请求对其适用缓刑。

经审理查明：

一、非法采矿

雩山关闭矿山原为山坡露天开采，主要采建筑用石灰岩，停采后呈现“一面墙”式高陡裸露岩面，高陡边坡残留悬石危岩，造成残留崩塌地质灾害隐患及多处凹陷采坑，同时造成严重的景观破坏和环境污染。根据废弃露采矿山环境治理工作部署，2013 年 5 月 21 日，镇江市国土资源局致函镇江市京口区政府，同意开展雩山废弃宕口整治工作，并明确工作要求：该项目责任主体为京口区政府，由国土资源局京口分局按照《江苏省地质环境治理项目管理暂行办法》跟踪管理；工程土石方坚持挖填平衡的原则、少量优质石料可适当外运；项目勘察、设计、施工、监理应具备国土资源部地质灾害防治工程相应级别的资质，确保地质灾害隐患得到根治，地质环境得到美化等。

2013 年 12 月，被告人朱某生伙同他人通过串通投标的方式，借用长某公司的地质灾害防治工程资质由该公司中标镇江市京口区雩山关闭矿山（一期）地质环境治理项目（工程性质属地质灾害治理工程）。镇江市京口区某街道办事处作为发包人与长某公司就该项目签订协议，约定：该项目治理费价款为 11854817.17 元，工程余量资源 17 万立方米，以余量资源处置费作为工程款，发包人施工期间不支付任何形式的工程款等。后经被告人朱某生与被告人佘某全商定，被告人朱某生给予好处费 200 万元，雩某公司（无地质灾害防治工程资质）与长某公司镇江勘察院签订施工项目承包协议，承包施工前述项目全部工程量。雩某公司将该工程实际交给被告人朱某生，被告人朱某生与被告人佘某全约定将开采出的钙含量 52%以上矿石低价销售给雩某公司。其中，雩某公司在 2014 年共低价购买矿石 21491.5 吨。

2014 年 1 月至 2016 年 1 月，被告人朱某生将前述矿山分为 6 个宕口非法开采建筑用灰岩，或在宕口自行组织实施，或收取承包费后将宕口发包给他人实施，并对他人开采的矿产按 1 元、1.5 元、2 元不等的价格收取过磅费等。其中，1 号宕口由被告人王某玉、殷某铭、王某甲共同出资非法开采；2 号宕口由被告人朱某生等人非法开采；3 号宕口由被告人谢某、黄某甲、刘某滨等人共同出资非法开采；4 号宕口由被告人孙某生、陈某立共同出资非法开采；5 号宕口由被告人戴某钢、潘某、崔某伟、赵某、刘某俊共同出资非法开采；6 号宕口由被告人陈某才、何某钱共同非法开采。非法采矿现场形成巨型深坑，沟壑纵横，至今尚未修复。

经核工业二〇八大队鉴定和立某会计师事务所江苏分所分析认定，扣除工程余量资源后，雩山矿山非法开采建筑用灰岩共计 4685413.17 吨，造成矿产资源破坏价值为37483305.36元至160850234.13元；其中1号宕口非法开采1054794.26吨，造成矿产资源破坏价值为8438354.08元至36211086.9元；2号宕口非法开采743417.6吨，造成矿产资源破坏价值为5947340.8元至25521526.21元；3号宕口非法开采944590.05吨，造成矿产资源破坏价值为7556720.4元至32427776.4元；4号宕口非法开采1049035.45吨，造成矿产资源破坏价值为8392283.6元至36013387元；5号宕口非法开采833639.48吨，造成矿产资源破坏价值为6669115.86元至28618843.3元；6号宕口非法开采383471.71吨，造成矿产资源破坏价值为3067773.7元至13164583.9元。被告人朱某生通过自行采矿销售牟利、收取他人宕口承包费和矿产资源过磅费等方式，非法获利25501564.35元。

2020年4月10日，被告人朱某生、佘某全、王某玉、谢某、孙某生、戴某钢被公安机关抓获归案；同年4月12日，被告人陈某才被公安机关抓获归案；同年5月18日，被告人刘某俊、赵某被公安机关抓获归案；同年6月2日，被告人何某钱主动到公安机关投案；同年6月4日，被告人崔某伟被公安机关抓获归案；同年7月9日，被告人王某甲被公安机关抓获归案；同年7月15日，被告人殷某铭被公安机关抓获归案；同年7月30日，被告人潘某主动到公安机关投案；同年8月6日，被告人刘某滨被公安机关抓获归案；同年8月12日，被告人黄某甲主动到公安机关投案；同年8月21日，被告人陈某立被公安机关抓获归案。除被告人朱某生外的其余上述16名被告人到案后均如实供述上述事实。案发后，被告人佘某全、王某玉、王某甲、殷某铭、谢某、刘某滨、黄某甲、孙某生、陈某立、戴某钢、潘某、刘某俊、赵某、崔某伟、陈某才、何某钱分别退出150万元、150万元、150万元、20万元、30万元、10万元、100万元、10万元、20万元、60万元、10万元、60万元、60万元、60万元、30万元、60万元。

上述事实，有经庭审举证、质证本院予以确认的归案经过、行政处罚决定书、刑事判决书、利润报表统计、报表、项目立项批复、情况报告、电子转账凭证、收款明细、业务回单、收条、收款收据、营业执照、关于做好雩山废弃宕口整治工作的函、句容市公安局出具的情况说明、镇江京口区雩山关闭矿山地质环境治理项目施工合同、生产销售石料账单、石料账本、记录、报表、出货明细、立某会计师事务所江苏分所出具的雩山矿区各宕口出货量数据分析报告、核工业二〇八大队出具的原镇江京口区雩山关闭矿山（一期）地质环境治理项目开采资源量评估报告、情况说明、补充情况说明、资质证明、工程监理合同、监理月报、工程暂停令、监理工程师通知单、施工日志、施工项目承包协议、雩某公司进厂石料台账、进厂石灰石过磅单、入所体检表、江苏省非税收入一般缴款书，证人王某丙、杨某玉、陈某方、卢某坤、孟某、房某、化某祥、孙某忠、谈某云、严某梅、李某证、王某建、纪某斌、赵某锋、王某强、夏某强的证言，各被告人的供述和辩解，价格认定结论书等证据予以证实。

二、串通投标

2013年11月间，被告人朱某生为中标镇江市京口区雩山关闭矿山（一期）地质环境治理项目，伙同他人，借用长某公司、中某公司、地某公司等10家公司的资质，组织前述公司参与投标，采用统一提供投标保证金、统一安排投标报价等方式串通投标。同年12月11日，雩山关闭矿山（一期）地质环境治理项目开标，被告人朱某生借用资质的长某公司中标，中标总价11854857.17元。

上述事实，有经庭审举证、质证本院予以确认的关于对雩山废弃宕口进行整治的请示、关于加快对雩山废弃宕口进行整治的请示、关于做好雩山废弃宕口整治工作的函、营业执照、雩山整治项目施工投标文件、保证金收取凭证、支出凭证、招投标通知以及施工招标文件、评标报告、中标结果公示、投标确认书、技术服务合同、施工合同、承包协议、招标文件、投标文件、中标通知书、镇江市京口区某水泥厂废弃宕口地质环境治理工程设计方案、雩山关闭矿山（一期）地质环境治理项目设计方案、转账凭证，证人周某毓、刘某、刘某建、史某勇、于某扣、赵某专、康某、焦某桂、朱某勇、张某彬、张某永、易某平、王某丁、廖某强、卜某朦、郝某宾、叶某青、王某戊、刘某平、马某、童某春、顾某伟的证言、通话记录，被告人朱某生的供述与辩解等证据证实。

三、赌博

2014年年底至2015年春节前的一天晚上，被告人朱某生在镇江市京口区华某水会东北侧平房内，组织王某建、纪某斌、田某刚、王某强以“梭哈”的方式赌博，抽头渔利6000元。

上述事实，有经庭审举证、质证本院予以确认的证人王某建、田某刚、纪某斌、龚某、王某强，被告人朱某生的供述和辩解，辨认笔录及照片等证据证实。

四、诈骗

2009年年初，被告人朱某生、王某强、聂某事先预谋，由被告人朱某生负责将被害人王某乙等人邀至赌场，被告人王某强负责安排场地，被告人聂某负责联系“出老千”之人，通过赌博方式共同骗取被害人王某乙等人的钱款。后被告人聂某就诈骗合作事宜联系被告人於某海，被告人於某海又介绍被告人於某华、吴某飞，对诈骗分工、获利分配等进行了商讨。同年年初的一天晚上，被告人朱某生、王某强、聂某、於某华、吴某飞、龚某霞等人，在镇江市京口区一居民楼内，由被告人於某华操作事先购买的遥控筛子、透视隐形眼镜等工具，被告人朱某生、聂某、吴某飞等人以“二八杠”的方式参赌，被告人龚某霞负责提供赌资“放水”，诈骗被害人王某乙、朱某顺现金合计10万元，所得款项由被告人朱某生进行分配。

被告人龚某霞、聂某、於某海分别于2020年8月19日、10月1日、10月1日主动到公安机关投案；被告人吴某飞于2020年9月29日被公安机关抓获归案，后规劝被告人於某华于同日主动到公安机关投案；被告人王某强于2021年6月12日主动到公安机关投案；到案后，6被告人均如实供述上述犯罪事实。

另查明，吴某飞因聚众斗殴于2007年2月13日被刑事拘留，同年3月22日被逮捕。2007年7月9日，江苏省镇江市丹徒区人民法院作出（2007）镇徒刑初字第00090号刑事判决书，以聚众斗殴罪判处吴某飞有期徒刑三年，缓刑四年。2007年7月9日，吴某飞被取保候审。

本案审理期间，被告人聂某、於某华、吴某飞、於某海、龚某霞分别退出款项2万元、1.5万元、1.5万元、1万元、1.5万元。

上述事实，有经庭审举证、质证本院予以确认的归案经过、欠条，证人魏某的证言，被害人王某乙、朱某顺的陈述，被告人朱某生、龚某霞、聂某的、於某华、吴某飞、於某海、王某强的供述与辩解，辨认笔录及照片、侦查实验笔录等证据证实。

五、容留卖淫

2018年11月至12月，被告人朱某生在与他人合伙经营的镇江市京口区华某水会内，安排由被告人王某强负责运营事宜，容留杨某甲、杨某乙卖淫4次，违法所得共计600元。被告人王某强主动到公安机关投案后如实供述上述犯罪事实。

上述事实，有经庭审举证、质证本院予以确认的华某水会卖淫嫖娼案行政卷宗、情况说明、归案经过、刑事判决书、取保候审决定书、联合经营协议书，证人仲某萍、李某俊、杨某甲、杨某乙、张某新、李某杰、刘某权、柴某强、严某梅、丁某、徐某云、丁某峰、许某亮、冯某勇、李某会、钱某君等人的证言、微信转账记录、辨认笔录及照片，被告人朱某生、王某强的供述与辩解，微信、QQ聊天记录等证据证实。

根据上述查明的案件事实和各被告人、被告单位及辩护人的辩解辩护意见，本院就本案的定罪量刑等事宜综合评判如下：

一、关于被告人朱某生辩护人提出的非法证据问题

本院认为，公安机关在异地侦查取证，可以委托当地公安机关代为执行。《公安机关办理刑事案件程序规定》（2020年修正）第三百四十六条规定，公安机关在异地执行传唤、拘传、拘留、逮捕，开展勘验、检查、搜查、查封、扣押、冻结、讯问等侦查活动，应当向当地公安机关提出办案协作请求，并在当地公安机关协助下进行，或者委托当地公安机关代为执行。本案中，镇江市公安局京口分局根据句容市公安局的办案协作请求，侦查取得的证据符合法律规定，不属于《中华人民共和国刑事诉讼法》规定的非法证据，被告人朱某生辩护人的有关意见不能成立。在案的镇江市京口区价格认证中心出具的价格认定意见、核工业二〇八大队出具的鉴定意见、立某会计师事务所江苏分所出具的分析报告等证据，系受侦查机关依法委托后出具，合法有效；核工业二〇八大队具有相应的鉴定资质，出具的鉴定意见与在案的生产销售石料账单、账本、记录及立信中联会计师事务所江苏分所出具的分析报告等相互吻合，具有科学性、合理性；前述证据均应当作为定案依据，有关异议不能成立。

根据《中华人民共和国刑事诉讼法》第五十六条规定，采用刑讯逼供等非法方法收集的犯罪嫌疑人、被告人供述和采用暴力、威胁等非法方法收集的证人证言、被害人陈述，应当予以排除。《最高人民法院关于适用〈中华人民共和国刑事诉讼法〉的解释》第一百二十七条规定，当事人及其辩护人、诉讼代理人申请人民法院排除以非法方法收集的证据的，应当提供涉嫌非法取证的人员、时间、地点、方式、内容等相关线索或者材料。被告人朱某生及其辩护人就其辩称的其他非法证据，没有提供相应的

线索或材料，并无证据证明被告人朱某生的有罪供述系侦查机关采用暴力方法、变相肉刑、以暴力或者严重损害朱某生及其近亲属合法权益等进行威胁的非法方式，致使其遭受难以忍受的痛苦而违背意愿所作出，故本院不予采纳。

二、关于定罪问题

（一）非法采矿罪

《地质灾害防治条例》第三十六条第二款规定："承担专项地质灾害治理工程勘查、设计、施工和监理的单位，应当具备下列条件，经省级以上人民政府国土资源主管部门资质审查合格，取得国土资源主管部门颁发的相应等级的资质证书后，方可在资质等级许可的范围内从事地质灾害治理工程的勘查、设计、施工和监理活动，并承担相应的责任：（一）有独立的法人资格；（二）有一定数量的水文地质、环境地质、工程地质等相应专业的技术人员；（三）有相应的技术装备；（四）有完善的工程质量管理制度。"镇江市京口区雩山关闭矿山（一期）地质环境治理项目属于地质灾害治理工程，被告人朱某生、被告单位雩某公司以及案涉非法采矿其他被告人均没有相应的资质和条件。

被告人朱某生以串通投标等方式取得案涉工程，并将矿山划分为多个宕口发包给不具有资质的个人从中收取巨额费用，大幅超出余料资源量开采矿产牟利，主观上具有非法采矿的故意，客观上具有组织非法采矿、伙同他人共同非法采矿的行为，非法采矿事实有案涉非法采矿各被告人的供述、鉴定意见、分析报告、账单账本、房某等人的证言等证据印证证实，有关辩护意见不能成立。根据《中华人民共和国矿产资源法》的规定，矿产资源属于国家所有；开采矿产资源，必须依法申请、经批准取得采矿权，并办理登记。被告人朱某生违反《中华人民共和国矿产资源法》的规定，伙同他人超出工程余量资源开采的矿产，属于未取得采矿许可证擅自采矿，情节特别严重，构成非法采矿罪，属于共同犯罪。被告人朱某生及其辩护人不构成非法采矿罪的意见不能成立。

被告单位雩某公司为牟取非法利益，明知不具有相应资质而帮助被告人朱某生非法取得案涉工程开采矿产，且在明知超采的情况下低价收购优质矿石，相应事实有被告人朱某生、佘某全、王某玉、谢某等人的供述及雩某公司账单、施工项目承包协议等证据印证证实，与被告人朱某生构成非法采矿罪共同犯罪，属于单位犯罪。在单位犯罪中，被告人佘某全系直接负责的主管人员，应以非法采矿罪定罪处罚。有关被告单位雩某公司、被告人佘某全不构成犯罪的异议不能成立。

被告人王某玉、王某甲、殷某铭，被告人谢某、刘某滨、黄某甲，被告人孙某生、陈某立，被告人戴某钢、潘某、崔某伟、赵某、刘某俊，被告人陈某才、何某钱，均违反《中华人民共和国矿产资源法》的规定，在各自承包的宕口超出工程余量资源且未取得采矿许可证擅自采矿，情节特别严重，均构成非法采矿罪，属于共同犯罪。

雩山关闭矿山地质环境治理项目旨在消除地质灾害隐患、修复生态环境。上述非法采矿各被告人、被告单位雩某公司，以环境治理之名，行盗采矿产非法牟利之实，进一步加剧了地质灾害风险，反向恶化当地生态环境，社会危害性较一般的非法采矿行为更大，应依法从严惩处。

（二）串通投标罪

被告人朱某生与他人相互串通投标的事实，有在案的招标公告、投标文件、施工招标确认书、投标确认书、转账记录、保证金收支凭证、通话记录，证人史某勇、顾某伟、焦某桂、刘某平、刘某、刘某建、童某春、朱某勇、郝某宾等人的证言，被告人朱某生的供述等相互印证证实。被告人朱某生与他人相互串通投标报价，损害招标人及其他投标人利益，情节严重，构成串通投标罪。被告人朱某生及其辩护人不构成串通投标罪的意见不能成立。

（三）赌博罪

被告人朱某生聚众赌博从中抽头渔利6000元的事实，有证人王某建、纪某斌、田某刚、王某强的证言、被告人朱某生的供述、辨认笔录及照片等证据相互印证证实。被告人朱某生以营利为目的，聚众赌博，抽头渔利数额达到5000元以上，其行为构成赌博罪。被告人朱某生及其辩护人不构成赌博罪的意见不能成立。

（四）诈骗罪

被告人朱某生、王某强、聂某、於某华、吴某飞、於某海、龚某霞以赌博方式共同诈骗被害人王某乙、朱某顺10万元的事实，有各参与被告人的供述、证人魏某的证言、被害人王某乙和朱某顺的陈述、辨认笔录及照片、欠条等证据印证证实，足以认定，有关异议不能成立。

关于本案诈骗罪的追诉期限问题。根据《中华人民共和国刑法》第八十七条规定，法定最高刑为十年以上有期徒刑的，经过十五年，不再追诉。《中华人民共和国刑法》第九十九条规定，本法所称以上、以下、以内，包括本数。《中华人民共和国刑法》第二百六十六条规定，诈骗公私财物，数额较大的，处三年以下有期徒刑、拘役或者管制，并处或者单处罚金；数额巨大或者有其他严重情节的，处三年以上十年以下有期徒刑，并处罚金；数额特别巨大或者有其他特别严重情节的，处十年以上有期徒刑或者无期徒刑，并处罚金或者没收财产。案涉诈骗数额10万元，数额巨大，论罪应处三年以上十年以下有期徒刑，追诉期限应为十五年，有关诈骗罪超过追诉时效的辩护意见不能成立。

被告人朱某生、王某强、聂某、於某华、吴某飞、於某海、龚某霞以非法占有为目的，诈骗他人财物，数额巨大，其行为均构成诈骗罪，系共同犯罪。前述各被告人积极参与诈骗犯罪，被告人朱某生的作用更为突出，各自分工对犯罪的实现不可或缺，本案不宜区分主从犯，各被告人在共同犯罪中的具体作用差异，在量刑时予以考量。有关被告人朱某生不负主要责任，被告人聂某、龚某霞系从犯的辩护意见不予采纳。

(五) 容留卖淫罪

被告人朱某生在其经营的场所伙同被告人王某强容留他人卖淫的事实，有证人欧某志伟、杨某甲、杨某乙、李某俊、张某新、李某杰、刘某权、柴某强等人的证言、微信转账记录、辨认笔录及照片、被告人朱某生、王某强的供述印证证实。被告人朱某生、王某强为他人卖淫活动提供场所，容留他人卖淫，其行为构成容留卖淫罪，系共同犯罪。

综上所述，江苏省句容市人民检察院指控事实清楚，证据确实、充分，指控罪名成立，本院予以支持。

三、关于量刑和退赃退赔问题

被告人黄某甲、潘某、何某钱、王某强、聂某、於某华、於某海、龚某霞具有自首情节，依法可以从轻或减轻处罚。被告人佘某全、王某玉、王某甲、殷某铭、谢某、刘某滨、孙某生、陈某立、戴某钢、刘某俊、赵某、崔某伟、陈某才、吴某飞具有坦白情节，依法可以从轻处罚。被告人吴某飞规劝同案犯自动投案，构成立功，依法可以从轻或减轻处罚。被告人王某玉、王某甲、殷某铭、谢某、刘某滨、黄某甲、孙某生、陈某立、戴某钢、潘某、刘某俊、赵某、崔某伟、陈某才、何某钱、聂某、於某华、吴某飞、於某海、龚某霞主动退赃退赔，本院酌情从轻处罚。综上所述，结合各被告人、被告单位的认罪认罚表现，本院对被告人余某全、王某玉、王某甲、殷某铭、谢某、刘某滨、黄某甲、孙某生、陈某立、戴某钢、潘某、刘某俊、赵某、崔某伟、陈某才、何某钱从轻处罚，对被告人王某强、聂某、於某华、吴某飞、於某海、龚某霞减轻处罚。被告人聂某参与诈骗的数额巨大，犯罪情节较重，不符合免刑的条件，有关辩护意见不予采纳。被告人朱某生、王某强一人犯数罪，应当数罪并罚。被告人吴某飞在缓刑考验期内犯新罪，应当撤销缓刑，实行数罪并罚，有关不应撤销缓刑的辩护意见不予采纳。

根据《最高人民法院、最高人民检察院关于办理非法采矿、破坏性采矿刑事案件适用法律若干问题的解释》第十二条的规定，对非法采矿、破坏性采矿犯罪的违法所得及其收益，应当依法追缴或者责令退赔。在非法采矿犯罪活动中，被告人朱某生经查实的违法所得 25501564.35 元应予追缴，同时应对造成的矿产资源损失承担退赔责任；鉴于前述违法所得与退赔的损失具有同源性，追缴的被告人朱某生的违法所得在 25501564.35 元范围内可以折抵矿产资源损失。被告单位雩某公司在参与非法采矿过程中获取的 200 万元等好处费及其他非法采矿被告人各自牟取的利益，属于违法所得的范畴，但实质来源于国家的矿产资源损失，本院依法责令其在参与范围内对矿产资源损失承担退赔责任。

关于退赔矿产资源损失的具体数额。结合雩山关闭矿山（一期）地质环境治理项目治理费用和作为工程款的工程余量资源量，本院酌情根据查明的所涉矿产资源破坏价值的中间值确定。据此，扣除被告人余某全之外的其他非法采矿各被告人所退款项 830 万元后，被告人朱某生、被告单位雩某公司应继续共同退赔矿产资源损失 90866769.75 元。其中，被告人王某玉、王某甲、殷某铭对矿产资源损失 19124720.49 元承担共同退赔责任，被告人谢某、刘某滨、黄某甲对矿产资源损失 18592248.4 元承担共同退赔责任，被告人孙某生、陈某立对矿产资源损失 21902835.3 元承担共同退赔责任，被告人戴某钢、潘某、刘某俊、赵某、崔某伟对矿产资源损失 15143979.58 元承担共同退赔责任，被告人陈某才、何某钱对矿产资源损失 7216178.8 元承担共同退赔责任。

此外，被告人朱某生在赌博罪、容留卖淫罪中的违法所得6600元应一并追缴没收，上缴国库。

据此，根据本案犯罪事实、性质、情节和对于社会的危害程度，本院为维护市场经济秩序和社会管理秩序，保护环境资源不受破坏，保障公民财产权益不受侵害，惩罚犯罪，依照《中华人民共和国刑法》第二百二十三条第一款、第二百六十六条、第三百零三条第一款、第三百四十三条、第三百五十九条第一款、第二十五条第一款、第六十七条第一款和第三款、第六十八条、第六十九条、第七十七条第一款、第七十二条第一款和第三款、第七十三条第二款和第三款、第五十二条、第六十四条，《中华人民共和国刑事诉讼法》第十五条之规定，判决如下：

一、被告人朱某生犯非法采矿罪，判处有期徒刑六年，并处罚金人民币三千万元；犯串通投标罪，判处有期徒刑一年，并处罚金人民币五万元；犯赌博罪，判处有期徒刑六个月，并处罚金人民币五千元；犯诈骗罪，判处有期徒刑三年六个月，并处罚金人民币五万元；犯容留卖淫罪，判处有期徒刑六个月，并处罚金人民币二千元；数罪并罚，决定执行有期徒刑九年，并处罚金人民币三千零一十万七千元。

（刑期自判决执行之日起计算。判决执行以前先行羁押的，羁押一日折抵刑期一日，指定居所监视居住二日折抵刑期一日，即自2020年12月16日至2029年8月12日止。罚金于判决生效之日起一个月内缴纳。）

被告单位雩某公司犯非法采矿罪，判处罚金人民币一千万元。

（罚金于判决生效之日起一个月内缴纳。）

被告人佘某全犯非法采矿罪，判处有期徒刑三年六个月，并处罚金人民币一百五十万元。

（刑期自判决执行之日起计算。判决执行以前先行羁押的，羁押一日折抵刑期一日，指定居所监视居住二日折抵刑期一日。罚金于判决生效之日起一个月内缴纳。）

被告人王某玉犯非法采矿罪，判处有期徒刑三年八个月，并处罚金人民币一百二十万元。

（刑期自判决执行之日起计算。判决执行以前先行羁押的，羁押一日折抵刑期一日，指定居所监视居住二日折抵刑期一日。罚金于判决生效之日起一个月内缴纳。）

被告人王某甲犯非法采矿罪，判处有期徒刑三年八个月，并处罚金人民币一百二十万元。

（刑期自判决执行之日起计算。判决执行以前先行羁押的，羁押一日折抵刑期一日，指定居所监视居住二日折抵刑期一日。罚金于判决生效之日起一个月内缴纳。）

被告人殷某铭犯非法采矿罪，判处有期徒刑四年，并处罚金人民币一百六十万元。

（刑期自判决执行之日起计算。判决执行以前先行羁押的，羁押一日折抵刑期一日，指定居所监视居住二日折抵刑期一日。罚金于判决生效之日起一个月内缴纳。）

被告人谢某犯非法采矿罪，判处有期徒刑三年八个月，并处罚金人民币一百二十万元。

（刑期自判决执行之日起计算。判决执行以前先行羁押的，羁押一日折抵刑期一日，指定居所监视居住二日折抵刑期一日。罚金于判决生效之日起一个月内缴纳。）

被告人刘某滨犯非法采矿罪，判处有期徒刑三年九个月，并处罚金人民币一百三十万元。

（刑期自判决执行之日起计算。判决执行以前先行羁押的，羁押一日折抵刑期一日。罚金于判决生效之日起一个月内缴纳。）

被告人黄某甲犯非法采矿罪，判处有期徒刑三年五个月，并处罚金人民币九十万元。

（刑期自判决执行之日起计算。判决执行以前先行羁押的，羁押一日折抵刑期一日。罚金于判决生效之日起一个月内缴纳。）

被告人孙某生犯非法采矿罪，判处有期徒刑四年，并处罚金人民币一百六十万元。

（刑期自判决执行之日起计算。判决执行以前先行羁押的，羁押一日折抵刑期一日，指定居所监视居住二日折抵刑期一日。罚金于判决生效之日起一个月内缴纳。）

被告人陈某立犯非法采矿罪，判处有期徒刑三年十一个月，并处罚金人民币一百五十万元。

（刑期自判决执行之日起计算。判决执行以前先行羁押的，羁押一日折抵刑期一日，指定居所监视居住二日折抵刑期一日。罚金于判决生效之日起一个月内缴纳。）

被告人戴某钢犯非法采矿罪，判处有期徒刑三年六个月，并处罚金人民币一百万元。

（刑期自判决执行之日起计算。判决执行以前先行羁押的，羁押一日折抵刑期一日，指定居所监视居住二日折抵刑期一日。罚金于判决生效之日起一个月内缴纳。）

被告人潘某犯非法采矿罪，判处有期徒刑三年六个月，并处罚金人民币一百万元。

（刑期自判决执行之日起计算。判决执行以前先行羁押的，羁押一日折抵刑期一日，指定居所监视居住二日折抵刑期一日。罚金于判决生效之日起一个月内缴纳。）

被告人刘某俊犯非法采矿罪，判处有期徒刑三年六个月，并处罚金人民币一百万元。

（刑期自判决执行之日起计算。判决执行以前先行羁押的，羁押一日折抵刑期一日，指定居所监视居住二日折抵刑期一日。罚金于判决生效之日起一个月内缴纳。）

被告人赵某犯非法采矿罪，判处有期徒刑三年六个月，并处罚金人民币一百万元。

（刑期自判决执行之日起计算。判决执行以前先行羁押的，羁押一日折抵刑期一日，指定居所监视居住二日折抵刑期一日。罚金于判决生效之日起一个月内缴纳。）

被告人崔某伟犯非法采矿罪，判处有期徒刑三年六个月，并处罚金人民币一百万元。

（刑期自判决执行之日起计算。判决执行以前先行羁押的，羁押一日折抵刑期一日，指定居所监视居住二日折抵刑期一日。罚金于判决生效之日起一个月内缴纳。）

被告人陈某才犯非法采矿罪，判处有期徒刑三年，并处罚金人民币四十五万元。

（刑期自判决执行之日起计算。判决执行以前先行羁押的，羁押一日折抵刑期一日，指定居所监视居住二日折抵刑期一日。罚金于判决生效之日起一个月内缴纳。）

被告人何某钱犯非法采矿罪，判处有期徒刑二年九个月，并处罚金人民币四十五万元。

（刑期自判决执行之日起计算。判决执行以前先行羁押的，羁押一日折抵刑期一日，指定居所监视居住二日折抵刑期一日。罚金于判决生效之日起一个月内缴纳。）

被告人王某强犯诈骗罪，判处有期徒刑二年，并处罚金人民币一万元；犯容留卖淫罪，判处拘役六个月，并处罚金人民币一千元；数罪并罚，决定执行有期徒刑二年，缓刑二年六个月，并处罚金人民币一万一千元。

（缓刑考验期限，从判决确定之日起计算。罚金于判决生效之日起一个月内缴纳。）

被告人聂某犯诈骗罪，判处有期徒刑二年，缓刑二年六个月，并处罚金人民币一万元。

（缓刑考验期限，从判决确定之日起计算。罚金于判决生效之日起一个月内缴纳。）

被告人於某华犯诈骗罪，判处有期徒刑一年九个月，缓刑二年，并处罚金人民币一万元。

（缓刑考验期限，从判决确定之日起计算。罚金于判决生效之日起一个月内缴纳。）

被告人吴某飞犯诈骗罪，判处有期徒刑一年九个月，并处罚金人民币一万元；撤销江苏省镇江市丹徒区人民法院（2007）镇徒刑初字第00090号刑事判决中对被告人吴某飞缓刑四年的部分；数罪并罚，决定执行有期徒刑三年二个月，并处罚金人民币一万元。

（刑期自判决执行之日起计算。判决执行以前先行羁押的，羁押一日折抵刑期一日。罚金于判决生效之日起一个月内缴纳。）

被告人於某海犯诈骗罪，判处有期徒刑一年九个月，缓刑二年，并处罚金人民币一万元。

（缓刑考验期限，从判决确定之日起计算。罚金于判决生效之日起一个月内缴纳。）

被告人龚某霞犯诈骗罪，判处有期徒刑一年九个月，缓刑二年，并处罚金人民币一万元。

(缓刑考验期限，从判决确定之日起计算。罚金于判决生效之日起一个月内缴纳。)

二、追缴被告人朱某生的违法所得人民币25508164.35元，被告人王某玉、王某甲、殷某铭、谢某、刘某滨、黄某甲、孙某生、陈某立、戴某钢、潘某、刘某俊、赵某、崔某伟、陈某才、何某钱所退在案款项人民币830万元予以没收，上缴国库。

三、责令被告人朱某生、被告单位雩某公司继续共同退赔矿产资源损失人民币90866769.75元；其中，被告人王某玉、王某甲、殷某铭对矿产资源损失人民币19124720.49元承担共同退赔责任，被告人谢某、刘某滨、黄某甲对矿产资源损失人民币18592248.4元承担共同退赔责任，被告人孙某生、陈某立对矿产资源损失人民币21902835.3元承担共同退赔责任，被告人戴某钢、潘某、刘某俊、赵某、崔某伟对矿产资源损失人民币15143979.58元承担共同退赔责任，被告人陈某才、何某钱对矿产资源损失人民币7216178.8元承担共同退赔责任。上述第二项追缴的被告人朱某生违法所得在人民币25501564.35元范围内可以折抵矿产资源损失。

四、被告人聂某、於某华、吴某飞、於某海、龚某霞所退在案款项人民币75000元发还被害人王某乙、朱某顺，责令被告人朱某生、王某强、聂某、於某华、吴某飞、於某海、龚某霞继续退赔被害人王某乙、朱某顺的经济损失人民币25000元。

如不服本判决，可在接到判决书的第二日起十日内，通过本院或者直接向江苏省南京市中级人民法院提出上诉。书面上诉的，应当提交上诉状正本一份，副本二份。

审　判　长　高　伟
审　判　员　安洪强
人民陪审员　唐明才

二〇二二年九月二十二日

书　记　员　吴双香

八、黄某华危害国家重点保护植物刑事附带民事公益诉讼案

【案情简介】

2019 年 10 月至 2020 年 12 月期间，被告人黄某华在四川省筠连县大雪山镇采挖国家二级重点保护野生植物桫椤、金毛狗蕨，并通过淘宝平台上的“雪山庭院设计”网店销售给刘某富（另案处理）、韩某晖（另案处理）、刘某军（另案处理）等人，具体为：1. 2020 年 2 月 27 日，被告人黄某华以人民币 60 元的价格，销售 1 株桫椤给刘某富。2. 2020 年 2 月 28 日，被告人黄某华以人民币 180 元的价格，销售 2 株桫椤给刘某富。3. 2020 年 9 月 26 日，被告人黄某华以人民币 50 元的价格，销售 1 株桫椤给韩某晖。4. 2020 年 11 月 16 日，被告人黄某华以人民币 500 元的价格，销售 1 株桫椤给刘某军。5. 2020 年 11 月 25 日，被告人黄某华以人民币 240 元的价格，销售 1 株金毛狗蕨给顾某云。6. 2020 年 12 月 5 日，被告人黄某华以人民币 4000 元的价格，销售 6 株桫椤给刘某军。2021 年 3 月 25 日，被告人黄某华被抓获归案，并如实供述上述主要犯罪事实。关于案涉行为造成的生态环境影响，公益诉讼起诉人委托专家对黄某华危害国家重点保护植物案相关问题进行了论证和评估，并出具了书面专家意见。经专家论证，桫椤损害费用的认定意见为：主干高度小于 25 厘米（30 年），价值为 500—1100 元；主干高度为 25—50 厘米（60 年），价值为 1100—2000 元；50—100 厘米（120 年），价值 2000—4000 元；主干高度大于 100 厘米（120 年以上），价值为 4000—25000 元。金毛狗蕨以长度和年限为价值评价标准，取其价值 50%进行认定。金毛狗蕨较桫椤养殖难度低，人工养殖成活率高，因此选择 50 厘米以下区间，结合金毛狗蕨长度认定金毛狗蕨价值为 250—1000 元。经测量，黄某华出售给刘某军 6 株桫椤长度分别为 90 厘米、56 厘米、77 厘米、60 厘米、74 厘米、65 厘米；出售给刘某富 3 株桫椤长度分别为 18 厘米、20 厘米、27 厘米；出售给韩某晖 1 株桫椤长度为 9 厘米。审理中，被告人暨附带民事公益诉讼被告黄某华主动退出违法所得 5030 元，并自愿缴纳生态资源修复费用 15000 元。

玄武法院于 2021 年 11 月 30 日作出（2021）苏 0102 刑初 442 号刑事附带民事判决：（1）被告人黄某华犯危害国家重点保护植物罪，判处有期徒刑三年，缓刑四年，并处罚金人民币 1 万元。（2）被告人黄某华所退违法所得 5030 元予以没收，上缴国库；扣押在案的桫椤、金毛狗蕨等野生植物予以没收。（3）附带民事公益诉讼被告黄某华于判决生效之日起十五日内赔偿生物资源损害费用人民币 28800 元及专家评估费人民币 8000 元。

宣判后，被告人暨附带民事公益诉讼被告黄某华未提出上诉，判决已发生法律效力。

【案例评析】

蕨类植物是进化水平最高的袍子植物，是生态系统不可或缺的一员。国家二级保护植物桫椤、金毛狗蕨因为具有较高的药用、观赏价值，是部分园艺爱好者的心头好，不法分子遂产生了盗采盗卖的动机。根据《野生植物保护条例》规定，采集国家二级保护野生植物的，必须经采集地的县级人民政府野生植物行政主管部门签署意见后，向省、自治区、直辖市人民政府野生植物行政主管部门或者其授权的机构申请采集证；出售、收购国家二级保护野生植物的，必须经省、自治区、直辖市人民政府野生植物行政主管部门或者其授权的机构批准。被告人黄某华违反国家规定，非法采伐、出售国家重点保护植物，情节严重，构成危害国家重点保护植物罪。被告人黄某华归案后，如实供述犯罪事实，系坦白，依法可以从轻处罚；其自愿认罪认罚，主动退出违法所得并自愿缴纳生态资源修复费用，可以依法从宽处理。

民事主体因同一行为应当承担民事责任、行政责任和刑事责任的，承担行政责任或者刑事责任不影响承担民事责任。黄某华无行政主管部门或者授权机构的批准，非法采伐、出售国家二级保护野生植物，侵害社会公共利益，应对由此造成的损害承担恢复原状或损失赔偿责任。被告黄某华自愿交纳 15000 元的生态资源修复费用，应当在公益诉讼起诉人主张的生物资源损害费用中予以扣除。法院遂依法作出如上判决。

落实责任一体化追究，严惩危害野生植物犯罪。本案系刑事附带民事公益诉讼案件，人民法院受理后，依法组成七人制大合议庭公开开庭进行了审理，由分管副院长担任审判长，最终对被告人黄某华以危害国家重点保护植物罪定罪处罚，并就民事公益诉讼部分判决其承担生物资源损害费用及专家评估费用；

依法采信专家评估意见，合理确定公益赔偿金额。本案系全省危害国家重点保护植物第一案，案涉的桫椤、金毛狗蕨等植物的价值认定无先例可循，人民法院依法按照公诉机关提交的专家论证评估意见，根据案涉每株植物的主干高度、年限等因素综合进行价值认定，并经庭审质证，依法确定了案涉植物的价值及民事公益诉讼中的赔偿金额。

践行环境资源恢复性司法理念，提升案件审理质效。因被告人黄某华在押，审理中法院积极与其家属联系，了解被告人家庭情况并询问退赔意愿。经了解，被告人黄某华系大学毕业后回乡创业，家庭经济困难；其本人认罪悔罪，家属愿意尽力帮助其退赔，庭审后已退出全部违法所得并预缴罚金，且已自愿缴纳了 15000 元的生态资源修复费用。人民法院认为，对其适用缓刑并判决赔偿相关费用不仅有利于被告人自我改造，更符合环境资源审判的恢复性司法理念。案件审结后，人民法院对案涉野生植物的处置情况进行跟踪回访，目前扣押的桫椤、金毛狗蕨已交由南京中山植物园管护，除一株死亡外其余均已存活。

【典型意义】

本案系江苏省首例危害国家重点保护植物刑事附带民事公益诉讼案件。案涉桫椤系木本蕨类植物，有“活化石”之称，养殖难度大；金毛狗蕨具有较高的药用、观赏、食用价值；桫椤和金毛狗蕨等蕨类植物需要严苛的生长条件，人为挖掘、移栽野生桫椤、金毛狗蕨极易造成其死亡，危害生物多样性安全。本案以危害国家重点保护植物罪依法追究黄某华刑事责任的同时，对案涉的桫椤、金毛狗蕨等植物的价值根据案涉每株植物的主干高度、年限等因素进行综合认定，依法确定了民事公益诉讼中的赔偿金额。同时落实恢复性司法理念，案发后对案涉野生植物的管护情况进行跟踪回访，保证了案涉扣押植物的科学养护。全面追究责任人的法律责任，用最严格制度最严密法治守护生态安全，以司法之力助力生物多样性保护。

【裁判文书】

江苏省南京市玄武区人民法院
刑事附带民事判决书

（2021）苏0102刑初442号

公诉机关暨附带民事公益诉讼起诉人：南京市栖霞区人民检察院。

被告人暨附带民事公益诉讼被告：黄某华，男，苗族，个人经营户，住四川省筠连县。被告人黄某华因涉嫌危害国家重点保护植物罪于2021年3月25日被南京市公安局栖霞分局刑事拘留，同年4月30日经南京市栖霞区人民检察院批准逮捕，同日由该分局执行逮捕。

指定辩护人：杨某中，江苏宁某律师事务所律师。

南京市栖霞区人民检察院以宁栖检诉刑诉（2021）Z319号起诉书指控被告人黄某华犯危害国家重点保护植物罪，向本院提起公诉。本院受理后，公益诉讼起诉人南京市栖霞区人民检察院向本院提起附带民事公益诉讼。经查，南京市栖霞区人民检察院诉前公告了案件相关情况，公告期内未有法律规定的机关和有关组织提起民事公益诉讼。本院依法组成合议庭，公开开庭审理了本案。南京市栖霞区人民检察院指派检察员鞠某出庭支持公诉，指派检察员鞠某、刘某培出庭履行公益诉讼职务，被告人暨附带民事公益诉讼被告黄某华及其指定辩护人杨某中参加诉讼。本案现已审理终结。

南京市栖霞区人民检察院指控，2019年10月至2020年12月期间，被告人黄某华在四川省筠连县大雪山镇采挖国家二级重点保护野生植物桫椤、金毛狗蕨，并在淘宝平台上以“雪山庭院设计”网店名义销售给刘某富（另案处理）、韩某晖（另案处理）、刘某军（另案处理）等人，具体是：

1. 2020年2月27日，被告人黄某华以人民币60元的价格，销售1株桫椤给刘某富。

2. 2020年2月28日，被告人黄某华以人民币180元的价格，销售2株桫椤给刘某富。

3. 2020 年 9 月 26 日，被告人黄某华以人民币 50 元的价格，销售 1 株桫椤给韩某晖。

4. 2020 年 11 月 16 日，被告人黄某华以人民币 500 元的价格，销售 1 株桫椤给刘某军。

5. 2020 年 11 月 25 日，被告人黄某华以人民币 240 元的价格，销售 1 株金毛狗蕨给顾某云。

6. 2020 年 12 月 5 日，被告人黄某华以人民币 4000 元的价格，销售 6 株桫椤给刘某军。

2021 年 3 月 25 日，被告人黄某华被抓获归案，并如实供述上述主要犯罪事实。

公诉机关认为，应当以危害国家重点保护植物罪追究被告人黄某华的刑事责任，现提请法院依法惩处。

附带民事公益诉讼起诉人南京市栖霞区人民检察院向本院提出诉讼请求：判令被告黄某华承担本案生物资源损害费用人民币 43800 元；判令被告黄某华承担本案专家评估费用人民币 8000 元。事实和理由：2019 年 10 月至 2020 年 12 月期间，黄某华在四川省筠连县大雪山镇采挖国家二级重点保护野生植物桫椤、金毛狗蕨，并在淘宝平台上以“雪山庭院设计”网店名义销售给刘某富（另案处理）、韩某晖（另案处理）、刘某军（另案处理）等人，具体是：

1. 2019 年 10 月 1 日，黄某华以人民币 40 元的价格，销售 1 株金毛狗蕨给顾某云。

2. 2020 年 2 月 10 日，黄某华以人民币 200 元的价格，销售 5 株金毛狗蕨给齐某。

3. 2020 年 2 月 27 日，黄某华以人民币 60 元的价格，销售 1 株桫椤给刘某富。

4. 2020 年 2 月 28 日，黄某华于人民币 180 元的价格，销售 2 仕桫椤给刘某富。

5. 2020 年 6 月 9 日，黄某华以人民币 246 元的价格，销售 1 株金毛狗蕨给刘某军。

6. 2020 年 8 月 16 日，黄某华以人民币 100 元的价格，销售 3 株桫椤给韩某晖。

7. 2020年9月26日，黄某华以人民币100元的价格，销售2株桫椤给韩某晖。

8. 2020年11月9日，黄某华以人民币90元的价格，销售1株金毛狗蕨给顾某云。

9. 2020年11月16日，黄某华以人民币500元的价格，销售1株桫椤给刘某军。

10. 2020年11月25日，黄某华以人民币240元的价格，销售1株金毛狗蕨给顾某云。

11. 2020年12月5日，黄某华以人民币4000元的价格，销售6株桫椤给刘某军。

经专家论证，桫椤损害费用的认定意见为：主干高度<25厘米（30年），价值500—1100元；25—50厘米（60年），价值1100—2000元；50—100厘米（120年），价值2000—4000元；>100厘米（120年以上），价值4000—25000元。

金毛狗蕨以长度和年限为价值评价标准，取其价值50%进行认定。金毛狗蕨较桫椤养殖难度低，人工养殖成活率高，因此选择50cm以下区间，结合金毛狗蕨长度认定金毛狗蕨价值250—1000元。

经测量，黄某华出售给刘某军6株桫椤长度分别为90厘米、56厘米、77厘米、60厘米、74厘米、65厘米；出售给刘某富3株桫椤长度分别为18厘米、20厘米、27厘米；出售给韩某晖1株桫椤长度为9厘米。

公益诉讼起诉人认为，被告黄某华非法采伐、出售国家二级保护野生植物，造成生态环境损害，损害社会公共利益，应当依法承担侵权赔偿责任。

被告人暨附带民事公益诉讼被告黄某华对公诉机关指控的犯罪事实和罪名没有异议，表示认罪认罚；对公益诉讼起诉人的诉请也不持异议，愿意赔偿相应费用。其辩护人提出如下辩护意见：被告人黄某华系初犯偶犯，到案后如实供述犯罪事实，系坦白，可以从轻处罚；其犯罪危害结果较小，认罪悔罪，其并非为了牟利而出售珍贵植物，而是为了培育人工繁殖植物才出售，意识到行为的严重程度后就停止了犯罪，可以从宽处罚。请求对其从轻处罚。

经审理查明：2019年10月至2020年12月，被告人黄某华在四川省筠连县大雪山镇采挖国家二级重点保护野生植物桫椤、金毛狗蕨，并在淘宝平台上以“雪山庭院设计”网店名义进行线上销售给刘某富（另案处理）、韩某晖（另案处理）、刘某军（另案处理）等人，具体是：

1. 2020 年 2 月 27 日，被告人黄某华以人民币 60 元的价格，销售 1 株桫椤给刘某富。

2. 2020 年 2 月 28 日，被告人黄某华以人民币 180 元的价格，销售 2 株桫椤给刘某富。

3. 2020 年 9 月 26 日，被告人黄某华以人民币 50 元的价格，销售 1 株桫椤给韩某晖。

4. 2020 年 11 月 16 日，被告人黄某华以人民币 500 元的价格，销售 1 株桫椤给刘某军。

5. 2020 年 11 月 25 日，被告人黄某华以人民币 240 元的价格，销售 1 株金毛狗蕨给顾某云。

6. 2020 年 12 月 5 日，被告人黄某华以人民币 4000 元的价格，销售 6 株桫椤给刘某军。

2021 年 3 月 25 日，被告人黄某华被抓获归案，并如实供述上述主要犯罪事实。

庭审中，被告黄某华认可以下事实：2019 年 10 月 1 日，黄某华以人民币 40 元的价格，销售 1 株金毛狗蕨给顾某云；2020 年 2 月 10 日，黄某华以人民币 200 元的价格，销售 5 株金毛狗蕨给齐某；2020 年 6 月 9 日，黄某华以人民币 246 元的价格，销售 1 株金毛狗蕨给刘某军；2020 年 8 月 16 日，黄某华以人民币 100 元的价格，销售 3 株桫椤给韩某晖；2020 年 11 月 9 日，黄某华以人民币 90 元的价格，销售 1 株金毛狗蕨给顾某云。

关于案涉行为造成的生态环境影响，公益诉讼起诉人委托四名专家，对黄某华危害国家重点保护植物案相关问题进行了论证和评估，并出具了书面专家意见。经专家论证，桫椤损害费用的认定意见为：主干高度<25 厘米（30 年），价值 500—1100 元；25—50 厘米（60 年），价值 1100—2000 元；50—100 厘米（120 年），价值 2000—4000 元；>100 厘米（120 年以上），价值 4000—25000 元。金毛狗蕨以长度和年限为价值评价标准，取其价值 50%进行认定。金毛狗蕨较桫椤养殖难度低，人工养殖成活率高，因此选择 50 厘米以下区间，结合金毛狗蕨长度认定金毛狗蕨价值 250

-1000 元。

经测量，黄某华出售给刘某军 6 株桫椤长度分别为 90 厘米、56 厘米、77 厘米、60 厘米、74 厘米、65 厘米；出售给刘某富 3 株桫椤长度分别为 18 厘米、20 厘米、27 厘米；出售给韩某晖 1 株桫椤长度为 9 厘米。

公益诉讼起诉人为此支出专家评估费 8000 元。

审理中，被告人暨附带民事公益诉讼被告黄某华主动退出违法所得 5030 元，并自愿缴纳生态资源修复费用 15000 元。

上述事实，有经庭审举证、质证本院予以确认的常住人口基本信息、抓获经过、扣押决定书、扣押清单、购买记录、聊天记录等书证，证人刘某军、刘某富、顾某云等人的证言，国家林业局森林公安司法鉴定中心出具的物证鉴定书，南京市公安局栖霞分局制作的搜查、辨认笔录，测量清单、关于桫椤人工繁育情况的说明、关于桫椤等珍稀野生植物价值评估专家论证等证据证实。

本院认为，被告人黄某华违反国家规定，非法采伐、出售国家重点保护植物，情节严重，构成危害国家重点保护植物罪。南京市栖霞区人民检察院指控事实清楚，证据确实、充分，指控罪名成立，本院予以支持。

被告人黄某华归案后，如实供述犯罪事实，系坦白，依法可以从轻处罚；其自愿认罪认罚，主动退出违法所得，可以依法从宽处理，有关辩护意见予以采纳。黄某华无行政主管部门或者授权机构的批准，非法采伐、出售国家二级保护野生植物，侵害社会公共利益，应对由此造成的损害承担恢复原状或损失赔偿责任。现被告黄某华同意附带民事公益诉讼起诉人提出的诉讼请求及具体赔偿数额，并已自愿交纳 15000 元的生态资源修复费用，应当予以扣除，本院予以确认。综上，黄某华还应承担生物资源损害费用人民币 28800 元及专家评估费用人民币 8000 元。

据此，根据本案犯罪事实、性质、情节和对于社会的危害程度，结合被告人黄某华的认罪悔罪表现，本院为保护环境资源不受破坏，维护社会公共利益，依照《中华人民共和国刑法》第三百四十四条、第六十七条第三款、第五十二条、第六十四条，《中华人民共和国侵权责任法》第八条、第十五条，《最高人民法院、最高人民检察院关于检察公益诉讼案件适用法律若干问题的解释》第十三条、第二十条之规定，判决如下：

一、被告人黄某华犯危害国家重点保护植物罪，判处有期徒刑三年，缓刑四年，并处罚金人民币一万元（已缴纳）。

（缓刑考验期限，从判决确定之日起计算。）

二、被告人黄某华所退违法所得5030元予以没收，上缴国库；扣押在案的桫椤、金毛狗蕨等野生植物予以没收。

三、附带民事公益诉讼被告黄某华于判决生效之日起十五日内赔偿生物资源损害费用人民币28800元及专家评估费人民币8000元。

如不服本判决，可在接到判决书的第二日起十日内，通过本院或者直接向江苏省南京市中级人民法院提出上诉。书面上诉的，应当提交上诉状正本一份，副本二份。

审　判　长　高　伟
审　判　员　安洪强
审　判　员　赵　佳
人民陪审员　胡天翔
人民陪审员　常玉琦
人民陪审员　王　芬
人民陪审员　朱永东

二〇二一年十一月三十日

书　记　员　吕寅政

九、某碳素公司、王某华等3人污染环境案

【案情简介】

某碳素公司经营范围为碳素、碳素原料、化工产品等加工、生产、销售，在生产煅后石油焦过程中产生含有二氧化硫、氮氧化物、颗粒物等污染物的烟气。某碳素公司自2020年起被某市生态环境局确定为重点排污单位，前述烟气需经治污设施治理并经自动监测设施监控方可排放。某碳素公司为提高产值、节约成本，经副总经理王某、环保负责人王某飞共同商议，并报董事长、法定代表人王某华同意后，决定在治污设施检修期间不

停产，将烟气通过旁路排放，逃避自动监测设施监控。2020 年 4 月至 2022 年 6 月期间，某碳素公司通过旁路排放大气污染物共计 2300 余小时，违法所得 22 万余元。2022 年 7 月 19 日，被告人王某、王某飞主动投案；同年 8 月 31 日，被告人王某华被抓获归案；3 被告人到案后如实供述了犯罪事实。案发后，某碳素公司主动缴纳生态修复费用 100.6 万元，退出违法所得 226296.55 元，并出资在厂区周边船山河沿线种植了具有净化二氧化硫、固碳等功能的丁香 300 株、绣球 2156 株。同时，某碳素公司主动进行产业转型升级，主动申请关停现有煅烧石油焦生产线，投资碳基石墨烯光伏一体化材料及新型复合材料生产项目，积极向绿色高端新材料产业转型发展。

江苏省南京市玄武区人民法院于 2024 年 4 月 24 日作出（2023）苏 0102 刑初 611 号刑事判决：（1）被告单位某碳素公司犯污染环境罪，判处罚金人民币十五万元。被告人王某华犯污染环境罪，判处有期徒刑一年，缓刑一年，并处罚金人民币十万元。被告人王某犯污染环境罪，判处有期徒刑九个月，缓刑一年，并处罚金人民币八万元。被告人王某飞犯污染环境罪，判处拘役六个月，缓刑八个月，并处罚金人民币三万元。（2）禁止被告人王某华、王某、王某飞在缓刑考验期内从事排污或者处置危险废物的经营活动。宣判后，各被告人未提出上诉，判决已发生法律效力。

【案例评析】

处理企业污染环境犯罪，应当坚持治罪与治理并重，结合企业的认罪悔罪表现，引导其结合污染物治理有针对性地开展生态修复，并根据从轻从宽的量刑情节，在依法追究企业和责任人刑事责任的同时，保障企业绿色高端转型发展的人力和技术供给，服务保障新质生产力发展。

《大气污染防治法》第二十条规定："企业事业单位和其他生产经营者向大气排放污染物的，应当依照法律法规和国务院生态环境主管部门的规定设置大气污染物排放口。禁止通过偷排、篡改或者伪造监测数据、以逃避现场检查为目的的临时停产、非紧急情况下开启应急排放通道、不正常运行大气污染防治设施等逃避监管的方式排放大气污染物。"被告单位某碳素公司作为重点排污单位，违反国家规定，采取干扰自动监测设施、逃避监管的方式，排放二氧化硫、氮氧化物等大气污染物，严重污染环境，构成污染环境罪。被告人王某华、王某、王某飞系直接负责的主管人员或其他直接责任人员，均应以污染环境罪定罪处罚。被告人王某华具有坦白情节，被告人王某、王某飞具有自首情节，依法均予以从轻处罚。被告单位某碳素公司，被告人王某华、王某、王某飞能够认罪认罚，依法可以从宽处理。案发后，某碳素公司主动缴纳生态修复费用、退出违法所得，并采取积极的整改措施，结合案涉污染大气因子种植具有净化二氧化硫、固碳等功能的植物促进环境改善，各被告人积极参与前述有关事项，具有较好的悔罪表现，应当予以积极评价，酌情对被告单位和各被告人从轻处罚。法院遂依法作出如上裁判。

【典型意义】

习近平总书记指出：“绿色发展是高质量发展的底色，新质生产力本身就是绿色生产力。必须加快发展方式绿色转型，助力碳达峰碳中和。”[①]本案是人民法院坚持治罪与治理并重，服务保障新质生产力发展的典型案例。涉案公司系省高新技术企业，拥有数十项发明专利、实用新型专利，产品出口多个国家，王某华、王某为企业核心技术和管理人员。案发后，该企业积极悔改，主动关停现有产生污染物的煅烧石油焦生产线，投资1亿余元新建碳基石墨烯光伏一体化材料及新型复合材料项目，大力转型绿色高端新材料产业发展。法院结合企业和责任人的认罪悔罪表现，积极引导其结合污染物治理有针对性地开展生态修复工作、组织企业员工义务植树接受法治教育，并两次现场查勘企业生产情况，与当地党委政府座谈了解企业经营状况及转型升级面临的困难问题。在此基础上，法院坚持对污染企业治罪与治理并重，根据从轻从宽的量刑情节，依法追究企业和责任人的刑事责任，保障企业绿色高端转型发展的人力和技术供给，充分彰显了服务保障新质生产力的司法担当。本案获评2023年度江苏法院环境资源审判典型案例、南京法院加强专业审判协同护航新质生产力发展典型案例。

---

① 《习近平：发展新质生产力是推动高质量发展的内在要求和重要着力点》，载《人民日报》2024年6月1日第1版。

【裁判文书】

江苏省南京市玄武区人民法院
刑事判决书

（2023）苏 0102 刑初 611 号

公诉机关江苏省句容市人民检察院。

被告单位某碳素公司，住所地江苏省镇江市，法定代表人王某华。曾因原料库废气治理设施停运构成通过不正常运行大气污染防治设施的方式排放大气污染物、轮窑烧结废气排口超标排放大气污染物，于 2022 年 7 月 19 日被江苏省生态环境厅责令改正违法行为，罚款 47 万元，责令轮窑烧结生产线限制生产 20%一个月。

诉讼代表人江某娟，某碳素公司总经理助理。

被告人王某华，男，汉族，某碳素公司法定代表人，住江苏省镇江市润州区，户籍地江苏省镇江市京口区。因涉嫌污染环境罪，于 2022 年 9 月 1 日被取保候审，因期限届满于 2023 年 8 月 31 日被解除取保候审，同年 10 月 11 日再次被取保候审。

指定辩护人庄某，北京市隆某（南京）律师事务所律师。

被告人王某，男，汉族，某碳素公司副总经理，住江苏省镇江市润州区，户籍地江苏省镇江市京口区。因涉嫌污染环境罪，于 2022 年 7 月 21 日被刑事拘留，2022 年 8 月 26 日被指定居所监视居住，同年 9 月 15 日、2023 年 7 月 12 日先后被取保候审。

辩护人郑某涛，北京市隆某（南京）律师事务所律师。

被告人王某飞，男，汉族，某碳素公司副总经理助理，住江苏省镇江市润州区，户籍地江苏省镇江市润州区。因涉嫌污染环境罪，于 2022 年 7 月 21 日被刑事拘留，2022 年 8 月 26 日被指定居所监视居住，同年 9 月 15 日、2023 年 7 月 12 日先后被取保候审。

辩护人戴某灿，江苏江某律师事务所律师。

江苏省句容市人民检察院以句检刑诉（2023）460 号起诉书指控被告单位某碳素公司、被告人王某华、王某、王某飞犯污染环境罪，向本院提起公诉。本院受理后，依法组成合议庭，公开开庭审理了本案。江苏省句容市人民检察院指派检察官邸宪刚出庭支持公诉，被告单位某碳素公司诉讼代表人江某娟，被告人王某华、王某、王某飞及各自辩护人到庭参加诉讼。本案现已审理终结。

江苏省句容市人民检察院指控：某碳素公司经营范围为碳素、碳素原料、化工产品等加工、生产、销售等，生产煅后石油焦过程中会产生含有二氧化硫、氮氧化物、颗粒物等污染物的烟气。该公司自2020年起被镇江市生态环境局依法确定为重点排污单位，生产过程中所产生的上述烟气需经治污设施治理并经由自动监测设施监控方可排放。某碳素公司经营期间，为提高产值、节约成本，该公司副总经理被告人王某与该公司环保负责人被告人王某飞共同商议，在治污设施检修期间不停产，将生产过程中产生的烟气通过旁路排放，逃避自动监测设施监控，并于2019年7月左右在公司例会上将该方案报经被告人王某华同意。此后，某碳素公司在治污设施检修期间，被告人王某或者王某飞安排工作人员关闭1号引风机并开启2号引风机将生产过程中产生的烟气不经治污处理引入无治污设施的红砖烟囱排放，或者关闭所有引风机将生产过程中产生的烟气不经过治污处理直接通过煅烧炉顶部的观察孔和空气门排放。自2020年4月至2022年6月期间，某碳素公司通过上述逃避自动监测设施监控的方式，旁路排放污染物时长共计2300余小时，违法所得22万余元。案发后，被告人王某、王某飞主动到公安机关投案，被告人王某华被公安机关抓获归案，后均如实供述了犯罪事实；某碳素公司退缴生态修复费用100.6万元。公诉机关认为，应以污染环境罪追究被告单位某碳素公司、被告人王某华、王某、王某飞的刑事责任。现提请法院依法惩处。

被告单位某碳素公司对公诉机关指控的犯罪事实、罪名不持异议，表示认罪认罚，在案发后积极进行了内部整改，已经退赔生态修复费用100.6万元，退出违法所得226296.55元，并主动开展植树活动种植具有净化二氧化硫、固碳等有益环境的植物丁香300株、绣球2156株，请求从轻从宽处理，公司以后将守法经营积极回报社会。

被告人王某华对公诉机关指控的犯罪事实、罪名不持异议，表示认罪认罚，积极悔改，请求从轻从宽处理。其辩护人提出如下辩护意见：被告人王某华具有坦白情节，依法可以从轻处罚或减轻处罚；本次犯罪缺乏主观明知，属于过失犯罪，主观恶性小，公司在案发后采取了积极整改措施，主动缴纳了生态环境修复费 100.6 万元，可以对被告人王某华酌情从轻或减轻处罚；某碳素公司的过失行为未造成严重后果，社会危险性较小，被告人王某华认罪悔罪，属于民营企业家，请求从宽处理对其免予刑事处罚。

被告人王某对公诉机关指控的犯罪事实、罪名不持异议，表示认罪认罚。其辩护人提出如下辩护意见：被告人王某在共同犯罪中处于从犯地位，应当从轻、减轻或免除处罚；其具有自首情节，认罪认罚，依法可以从轻或减轻处罚；其主观恶性相对较小，没有前科劣迹，请求从轻或减轻处罚并适用缓刑。

被告人王某飞对公诉机关指控的犯罪事实、罪名不持异议，表示认罪认罚。其辩护人提出如下辩护意见：被告人王某飞具有自首情节，可以从轻或减轻处罚；其自愿认罪认罚，可以从宽处罚；其在犯罪中明显处于从犯地位；其没有前科劣迹，案发后积极配合公司开展生态环境修复工作，请求从轻处罚并适用缓刑。

经审理查明：某碳素公司经营范围为碳素、碳素原料、化工产品等加工、生产、销售等。被告人王某华担任某碳素公司董事长、法定代表人，负责公司的全面管理工作。被告人王某担任某碳素公司副总经理，负责公司日常经营管理工作。被告人王某飞担任某碳素公司副总经理助理，协助被告人王某负责公司环保、安全、运维等工作。

某碳素公司在生产煅后石油焦过程中产生含有二氧化硫、氮氧化物、颗粒物等污染物的烟气，自 2020 年起被镇江市生态环境局确定为重点排污单位，前述烟气需经治污设施治理并经自动监测设施监控方可排放。为提高产值、节约生产成本，经被告人王某、王某飞共同商议并在 2019 年 7 月左右的公司例会上报被告人王某华同意，某碳素公司决定在治污设施检修期间不停产，将生产过程中产生的烟气通过旁路排放，逃避自动监测设施监控。此后，某碳素公司在治污设施检修期间，被告人王某或者王某飞安排工作人员关闭该公司 1 号引风机并开启 2 号引风机，将生产过程中产生的烟气不经治污处理引入无治污设施的红砖烟囱排放，或者关闭所有引风机将生产过程中产生的烟气不经治污处理直接通过煅烧炉顶部的观察孔和空气门排放。2020 年 4 月至 2022 年 6 月，某碳素公司通过前述方式旁路排放大气污染物时长共计2300余小时，违法所得22万余元。

2022年7月19日，被告人王某、王某飞主动到公安机关投案；2022年8月31日，被告人王某华被公安机关抓获归案；三被告人到案后如实供述了犯罪事实。案发后，某碳素公司主动缴纳生态修复费用100.6万元，并开展了经营整改和产业转型工作。

案件审理期间，某碳素公司主动退出违法所得226296.55元至本院账户，并出资在厂区周边的船山河沿线种植了有益于环境改善的植物丁香（4—5厘米）300株、绣球（高40厘米）2156株。经专家评估，前述植物的环境效益包括净化二氧化硫、固碳等多方面，其中的二氧化硫净化效益为首年11.96千克，固碳效益为首年11.17吨，二氧化硫净化、固碳能力等将随着植物的生长逐年递增。

上述事实，有经庭审举证、质证本院予以确认的接处警工作登记表、常住人口基本信息表、到案经过、情况说明、刑事摄影照片、任职文件、镇江市重点排污单位名录、环境影响评价报告及批复、处罚决定书、协议、付款凭证、整改工作汇报、收入证明等书证，证人蒋某平、李某涛、齐某美、陈某甲、邹某霞、徐某久、朱某顺、高某、凌某平、朱某、陈某乙等人的证言，被告人王某华、王某、王某飞的供述和辩解，提取笔录、辨认笔录、现场勘验笔录，专家评估意见，监控视频等证据证实。

本院认为，生态环境没有替代品，用之不觉，失之难存。良好的生态环境是最普惠的民生福祉。一切单位和个人都有保护环境的义务。《中华人民共和国环境保护法》第四十二条规定："排放污染物的企业事业单位和其他生产经营者，应当采取措施，防治在生产建设或者其他活动中产生的废气、废水、废渣、医疗废物、粉尘、恶臭气体、放射性物质以及噪声、振动、光辐射、电磁辐射等对环境的污染和危害。……重点排污单位应当按照国家有关规定和监测规范安装使用监测设备，保证监测设备正常运行，保存原始监测记录。严禁通过暗管、渗井、渗坑、灌注或者篡改、伪造监测数据，或者不正常运行防治污染设施等逃避监管的方式违法排放污染物。"《中华人民共和国大气污染防治法》第二十条规定："企业事业单位和其他生产经营者向大气排放污染物的，应当依照法律法规和国务院生态环境主管部门的规定设置大气污染物排放口。禁止通过偷排、篡改或者伪造监测数据、以逃避现场检查为目的的临时停产、非紧急情况下开启应急排放通道、不正常运行大气污染防治设施等逃避监管的方式排放大气污染物。”

被告单位某碳素公司作为重点排污单位，采取干扰自动监测设施、逃避监管的方式，排放二氧化硫、氮氧化物等大气污染物。被告人王某华、王某、王某飞作为长期从事相关工作的专业人员，主观上应当知晓前述行为对大气环境的危害性和行为违法性，仍然决定实施或参与实施前述行为，主观上均具有实施犯罪行为的故意，有关本案系过失犯罪的辩护意见不能成立。被告单位某碳素公司违反国家规定，排放有毒有害大气污染物，严重污染环境，构成污染环境罪。被告人王某华、王某系单位犯罪中直接负责的主管人员，被告人王某飞系单位犯罪中的其他直接责任人员，均应以污染环境罪定罪处罚。

关于被告人王某、王某飞辩护人提出的从犯意见，本院认为，本案属于单位故意犯罪案件，对其直接负责的主管人员和其他直接责任人员，可不区分主、从犯，按照其在单位犯罪中所起的作用判处刑罚，故该辩护意见不予采纳，在量刑时结合被告人王某、王某飞的具体作用予以考量。被告人王某华具有坦白情节，被告人王某、王某飞具有自首情节，依法均予以从轻处罚。被告单位某碳素公司、被告人王某华、王某、王某飞能够认罪认罚，依法可以从宽处理。案发后，某碳素公司主动缴纳生态修复费用、退出违法所得，并采取积极的整改措施，结合案涉污染大气因子种植具有净化二氧化硫、固碳等功能的植物促进环境改善，各被告人积极参与前述有关事项，具有较好的悔罪表现，应当予以积极评价，酌情对被告单位和各被告人从轻处罚。与前述一致的辩护意见，本院予以采纳。本案逃避监管污染环境的行为持续时长两年有余，社会危害性较大，不属于犯罪情节轻微，不符合免予刑事处罚的条件，被告人王某华辩护人提出的免刑意见，本院不予采纳。

据此，根据本案犯罪事实、性质、情节和对于社会的危害程度，本院为依法惩治污染环境犯罪，依据《中华人民共和国刑法》第三百三十八条第一款、第三百四十六条、第六十七条第一款和第三款、第七十二条、第七十三条、第五十二条、第六十四条，《最高人民法院、最高人民检察院关于办理环境污染刑事案件适用法律若干问题的解释》第一条第七项，《中华人民共和国刑事诉讼法》第十五条之规定，判决如下：

一、被告单位某碳素公司犯污染环境罪，判处罚金人民币十五万元。

（罚金于判决生效之日起一个月内缴纳。）

被告人王某华犯污染环境罪，判处有期徒刑一年，缓刑一年，并处罚金人民币十万元。

（缓刑考验期限，从判决确定之日起计算。罚金于判决生效之日起一个月内缴纳。）

被告人王某犯污染环境罪，判处有期徒刑九个月，缓刑一年，并处罚金人民币八万元。

（缓刑考验期限，从判决确定之日起计算。罚金于判决生效之日起一个月内缴纳。）

被告人王某飞犯污染环境罪，判处拘役六个月，缓刑八个月，并处罚金人民币三万元。

（缓刑考验期限，从判决确定之日起计算。罚金于判决生效之日起一个月内缴纳。）

二、禁止被告人王某华、王某、王某飞在缓刑考验期内从事排污或者处置危险废物的经营活动。

如不服本判决，可在接到判决书的第二日起十日内，通过本院或者直接向江苏省南京市中级人民法院提出上诉。书面上诉的，应当提交上诉状正本一份，副本二份。

审　判　长　安洪强
人民陪审员　张瑷昕
人民陪审员　张　萍

二〇二四年四月二十四日

书　记　员　吴双香

十、刘某松等 7 人危害国家重点保护植物刑事附带民事公益诉讼案

【案情简介】

2021 年 10 月至 2022 年 1 月，被告人刘某松雇用他人在黑龙江省大兴安岭地区新林区山间非法采伐野生兴安杜鹃（国家二级保护植物）枝条，并以每把（40—50 枝）6. 5—7. 8 元不等的价格对外销售，被告人赵某滢帮助其打包通过快递发货。被告人李某楠通过网络从刘某松处购进兴安杜鹃枝条，再以每把 7—9 元不等的价格对外转售赚取差价。其他 4 名被告人作为花卉市场从业者，通过网络从李某楠处购进兴安杜鹃枝条，再通过线上、线下等方式对外零售。各被告人均明知兴安杜鹃为国家重点保护植物。经评估，案涉行为造成的生态环境损害损失合计 25. 07 万元，专家评估费为 0. 6 万元。此外，参与危害案涉兴安杜鹃的案外人杨某等 6 人主动赔偿了生态损害费 9 万元，被决定不起诉处理。案发后，各被告人积极认罪悔罪，主动退赃退赔全部费用。

【案例评析】

危害国家重点保护植物犯罪中的违法所得，本质上源于国家重点保护植物的生态价值损失，可以相应冲抵公益诉讼主张的民事赔偿责任，用于修复由此受损的生态环境公共利益。人民法院在坚持对采伐、销售、收购、运输珍稀植物全链条进行打击和全面追究责任人刑事、民事责任的同时，应注意能动做好受损生态环境修复治理的后半篇文章。在裁判中，可以明确将修复资金用于受损地区的生态环境修复治理事宜。在裁判后，可以加强与珍稀植物原生地司法机关及行政部门的协同联动，推动完善珍稀植物的源头保护机制。

根据《野生植物保护条例》的规定，采集国家二级保护野生植物的，必须经采集地的县级人民政府野生植物行政主管部门签署意见后，向省、自治区、直辖市人民政府野生植物行政主管部门或者其授权的机构申请采集证；出售、收购国家二级保护野生植物的，必须经省、自治区、直辖市

人民政府野生植物行政主管部门或者其授权的机构批准。大兴安岭地区处于高寒地带，兴安杜鹃生长缓慢，非法采集兴安杜鹃会影响其自然繁衍生存，危害生物多样性和种质资源丰度。被告人刘某松、李某楠、赵某滢、薛某花、徐某、丁某、冯某违反国家规定，非法采伐或收购、出售、运输国家重点保护植物，均构成危害国家重点保护植物罪。被告人刘某松、赵某滢共同故意实施部分犯罪，系共同犯罪。在共同犯罪中，被告人刘某松起主要作用，系主犯；被告人赵某滢起辅助作用，系从犯，依法应当从轻处罚。被告人刘某松、李某楠、赵某滢、丁某、冯某具有坦白情节，被告人薛某花、徐某具有自首情节，依法从轻处罚。各被告人能够认罪认罚，主动退赃退赔，依法予以从宽处理。本案采伐兴安杜鹃枝条等危害国家重点保护植物的行为，在危害性方面与采伐整株植物等行为具有较大区别，在量刑时予以考量。

民事主体因同一行为应当承担民事责任、行政责任和刑事责任的，承担行政责任或者刑事责任不影响承担民事责任。刘某松、李某楠、赵某滢、薛某花、徐某、丁某、冯某的犯罪行为破坏野生珍稀植物资源，损害社会公共利益，应依法承担民事侵权责任。刘某松实施采伐兴安杜鹃枝条出售牟利的侵权行为，赵某滢帮助其实施侵权行为，李某楠、薛某花、徐某、丁某、冯某明知该行为违法而通过频繁购入兴安杜鹃枝条的利诱激励方式教唆其持续实施违法行为，在各自参与范围内应与刘某松承担连带责任。各被告人在犯罪活动中的违法所得，本质上源于案涉兴安杜鹃的生态价值损失，刑事部分的赃款可以用于修复由此受损的生态环境公共利益，案涉退赃款项可以相应冲抵公益诉讼主张的民事赔偿费用。附带民事公益诉讼被告未就受损的生态环境进行修复，应承担相应的生态环境损害损失及专家评估费用，扣除其他侵权人支付的 9 万元后，尚应承担的费用合计为 16.67 万元。其中，生态环境损害费用 16.07 万元用于受损地区的生态环境修复和固碳增汇工作。法院遂依法作出如上判决。

【典型意义】

本案是人民法院积极开展跨省域司法协作、共同推进生态环境修复治理的典型案例。法院在全链条打击、全面追究责任人刑事和民事责任的同时，认真做好受损珍稀植物修复治理后半篇文章。裁判中，明确将修复资金用于受损地区的生态环境修复和固碳增汇工作。裁判后，法院加强与兴安杜鹃原生地司法机关及林草、生态环境等相关部门的沟通协调，共同召开黑苏两省法检“四院”跨区域协作保护兴安杜鹃座谈会，共建兴安杜鹃司法保护基地，主动向案发地政府全额移交生态修复资金，推动形成“多方联动、跨省协同、源头治理”的兴安杜鹃保护机制。本案以扩大司法协作为抓手，以司法之力守护生物多样性，充分展现了黑苏两省南北区域生态环境保护的成效。本案获评 2023 年度江苏法院环境资源审判典型案例，并入选长三角地区人民法院服务保障新质生产力发展典型案例。

【裁判文书】

江苏省南京市玄武区人民法院
刑事附带民事判决书

（2023）苏 0102 刑初 379 号

公诉机关暨附带民事公益诉讼起诉人：江苏省南京市雨花台区人民检察院。

被告人暨附带民事公益诉讼被告：刘某松，男，汉族，大兴安岭地区新某公司员工，住黑龙江省大兴安岭地区，户籍地黑龙江省大兴安岭地区新林区。曾因吸毒，于 2013 年 9 月 4 日被大兴安岭地区新林区公安局行政拘留十日并处罚款二千元；曾因殴打他人，于 2017 年 7 月被大兴安岭地区新林区公安局行政拘留十八日并处罚款一千元。曾因犯过失致人死亡罪，于 2017 年 11 月 13 日被大兴安岭地区新林区人民法院判处有期徒刑一年，缓刑二年。因涉嫌危害国家重点保护植物罪，于 2022 年 4 月 26 日、2023 年 6 月 27 日先后被取保候审。

被告人暨附带民事公益诉讼被告：李某楠，女，汉族，无业，住河北省保定市高阳县，户籍地河北省保定市高阳县。因涉嫌危害国家重点保护植物罪，于 2022 年 3 月 9 日、2023 年 3 月 9 日先后被取保候审。

被告人暨附带民事公益诉讼被告：赵某滢，女，满族，大兴安岭地区新某公司员工，住黑龙江省大兴安岭地区，户籍地黑龙江省大兴安岭地区新林区。因涉嫌危害国家重点保护植物罪，于 2022 年 4 月 26 日、2023 年

6月27日先后被取保候审。

被告人暨附带民事公益诉讼被告：薛某花，女，汉族，个体，住江苏省南京市江宁区，户籍地安徽省阜阳市颍州区。因涉嫌危害国家重点保护植物罪，于2022年5月7日、2023年6月27日先后被取保候审。

被告人暨附带民事公益诉讼被告：徐某，男，汉族，个体，住江苏省宿迁市沭阳县新河镇，户籍地江苏省宿迁市沭阳县新河镇。因涉嫌危害国家重点保护植物罪，于2022年7月6日、2023年8月7日被取保候审。

辩护人季某刚，江苏苏某律师事务所律师。

被告人暨附带民事公益诉讼被告：丁某，男，汉族，个体，住江苏省南京市江宁区，户籍地江苏省邳州市。因涉嫌危害国家重点保护植物罪，于2022年3月29日、2023年6月27日先后被取保候审。

辩护人周某韵，江苏苏某律师事务所律师。

被告人暨附带民事公益诉讼被告：冯某，女，汉族，个体，住江苏省南京市江宁区，户籍地江苏省徐州市新沂市。因涉嫌危害国家重点保护植物罪，于2022年3月29日、2023年6月26日先后被取保候审。

辩护人武某营，江苏永某律师事务所律师。

江苏省南京市雨花台区人民检察院以雨检刑诉（2023）195号起诉书指控被告人刘某松、李某楠、赵某滢、薛某花、徐某、丁某、冯某犯危害国家重点保护植物罪，向本院提起公诉。本院受理后，江苏省南京市雨花台区人民检察院作为公益诉讼起诉人提起附带民事公益诉讼。经查，江苏省南京市雨花台区人民检察院于2023年3月1日公告了案件相关情况，公告期内未有法律规定的机关和有关组织提起民事公益诉讼。本院依法组成合议庭，公开开庭审理了本案。江苏省南京市雨花台区人民检察院指派检察官张梅菁、曹娟出庭履行职务，被告人暨附带民事公益诉讼被告刘某松、李某楠、赵某滢、薛某花，被告人暨附带民事公益诉讼被告徐某、丁某、冯某及各自辩护人到庭参加诉讼。本案现已审理终结。

江苏省南京市雨花台区人民检察院指控：2021年10月至2022年1月间，被告人刘某松为牟取非法利益，明知兴安杜鹃为国家重点保护植物，雇用滕某云等人（另案处理）在黑龙江省大兴安岭地区新林区山间非法采伐野生兴安杜鹃树枝，并以每把（40—50枝）人民币6.5—7.8元（以下币种同）不等的价格出售给被告人李某楠，刘某松妻子被告人赵某滢帮助其打包发货。被告人李某楠为获取非法利益，在明知兴安杜鹃为国家重点保护植物的情况下，从刘某松处购进兴安杜鹃树枝，采取接单后让刘某松代发货从中赚取差价的方式，以每把7—9元不等的价格对外销售。经核算，被告人刘某松、李某楠非法收购、出售兴安杜鹃共计21050把，刘某松非法获利约10000元，被告人李某楠非法获利17415元。

被告人薛某花、徐某、丁某、冯某作为花卉市场从业人员，为获取非法利益，明知兴安杜鹃属于国家重点保护植物，仍从李某楠处购入兴安杜鹃树枝，通过线上、线下等方式对外零售。其中，被告人薛某花非法收购兴安杜鹃树枝450把，出售400把；被告人徐某非法收购兴安杜鹃树枝350把，出售348把；被告人丁某非法收购兴安杜鹃树枝250把，出售150把；被告人冯某非法收购兴安杜鹃树枝250把，出售240把。被告人薛某花、徐某、丁某、冯某非法获利分别为600元、1300元、200元、400元左右。

2022年3月9日，被告人李某楠被公安机关抓获归案。同年3月29日，被告人丁某、冯某被抓获归案。同年4月26日，被告人刘某松、赵某滢被公安机关抓获归案。同年5月7日、7月6日，被告人薛某花、徐某分别经公安机关电话传唤到案。各被告人归案后均如实供述了主要犯罪事实。

公诉机关认为，应以危害国家重点保护植物罪追究被告人刘某松、李某楠、赵某滢、薛某花、徐某、丁某、冯某的刑事责任；建议分别判处被告人刘某松、李某楠有期徒刑一年六个月，缓刑一年九个月，并处罚金人民币一万元；判处被告人赵某滢有期徒刑十个月，缓刑一年，并处罚金人民币五千元；判处被告人薛某花拘役五个月，缓刑六个月，并处罚金人民币二千元；分别判处被告人徐某、丁某拘役四个月，缓刑五个月，并处罚金人民币二千元；判处被告人冯某拘役三个月，缓刑四个月，并处罚金人民币一千元。现提请法院依法惩处。

附带民事公益诉讼起诉人江苏省南京市雨花台区人民检察院向本院提出诉讼请求：1. 判令七被告共同承担生态环境损害修复费用及碳汇损失共计16.07万元。2. 判令七被告共同承担专家评估费0.6万元。事实和理由：事实与刑事部分一致。案涉行为造成了生态环境损害，经委托评估，兴安杜鹃养护复壮、幼苗抚育费用为13.54万元，固碳经济损失为11.53万元，生态损害费用合计25.07万元，专家评估费用为0.6万元。此外，参与危害案涉重点保护植物的其他人员杨某、张某芳、蒋某全、司某芳、王某芹、朱某红与检察机关诉前磋商后已经赔偿生态损害费用9万元。公益诉讼起诉人认为，刘某松、李某楠、赵某滢、薛某花、徐某、丁某、冯某的行为破坏生态环境，损害了社会公共利益，应当承担侵权责任。

被告人暨附带民事公益诉讼被告刘某松、李某楠、赵某滢、薛某花、徐某、丁某、冯某辩称：对公诉机关指控的犯罪事实和罪名没有异议，表示认罪认罚，愿意退赃退赔。

被告人徐某辩护人提出如下辩护意见：被告人徐某没有前科劣迹，具有自首情节，自愿认罪认罚，积极退赃退赔，获利仅1000余元，请求从轻处罚。

被告人丁某辩护人提出如下辩护意见：被告人丁某没有前科劣迹，获利较少，主观恶性较小，具有坦白情节，认罪认罚，积极退赃退赔，悔罪态度良好，请求从轻处罚并适用缓刑。

被告人冯某辩护人提出如下辩护意见：被告人冯某没有前科劣迹，主观恶性小，犯罪行为情节较轻，具有坦白情节，自愿认罪认罚，主动退赃退赔，请求从轻从宽处罚并减免罚金。

经审理查明：2021年10月至2022年1月间，被告人刘某松为牟取非法利益，明知兴安杜鹃为国家重点保护植物，雇用滕某云等人（另案处理）在黑龙江省大兴安岭地区新林区山间非法采伐野生兴安杜鹃枝条，并以每把（40—50枝）6.5—7.8元不等的价格对外销售以供观赏，刘某松的妻子被告人赵某滢帮助其打包通过快递发货。被告人李某楠为牟取非法利益，明知兴安杜鹃为国家重点保护植物，仍通过网络从被告人刘某松处频繁购进兴安杜鹃枝条，采取接单后由被告人刘某松代为向买家发货的交易模式，以每把7—9元不等的价格对外销售从中赚取差价。经核算，被告人刘某松、李某楠非法出售、收购兴安杜鹃枝条共计21050把，被告人刘某松非法获利约10000元，被告人李某楠非法获利17415元。

被告人薛某花、徐某、丁某、冯某作为花卉市场从业人员，为牟取非法利益，明知兴安杜鹃系国家重点保护植物，仍通过网络陆续从被告人李某楠处购进兴安杜鹃枝条，再通过线上、线下等方式对外零售。其中，被告人薛某花非法收购兴安杜鹃枝条450把，出售400把，非法获利约600元；被告人徐某非法收购兴安杜鹃枝条350把，出售348把，非法获利约1300元；被告人丁某非法收购兴安杜鹃枝条250把，出售150把，非法获利约200元；被告人冯某非法收购兴安杜鹃枝条250把，出售240把，非法获利约400元。

2021年11月，被告人李某楠通过被告人刘某松代为发货的方式向南京市雨花台区花卉经营者朱某出售兴安杜鹃枝条，后兴安杜鹃枝条被公安机关查获扣押。经国家林业局森林公安司法鉴定中心鉴定，案涉植物为杜鹃花科杜鹃花属兴安杜鹃，属于《国家重点保护野生植物名录》（2021）国家二级保护野生植物。

2022年3月9日，被告人李某楠被公安机关抓获归案。同年3月29日，被告人丁某、冯某被公安机关抓获归案。同年4月26日，被告人刘某松、赵某滢被公安机关抓获归案。同年5月7日、7月6日，被告人薛某花、徐某分别经公安机关电话传唤到案。各被告人归案后均如实供述了主要犯罪事实。

经咨询相关植物专家，非法采撷兴安杜鹃会影响该物种的自然繁衍能力、种群基数的扩大，危害生物多样性和种质资源丰度，并导致该种群固碳效果的衰减。植物专家就案涉行为造成的生态环境损害出具咨询意见：1. 人为采撷造成兴安杜鹃单株固碳量衰减，案涉行为造成的固碳经济损失为11.53万元。2. 补救措施分为对被采伐的兴安杜鹃的养护复壮以及对幼苗的抚育两个部分。养护复壮是对已被采伐的兴安杜鹃进行人为干预，以促进其繁殖能力、固碳以及参与生态循环的基本植物功能，养护复壮工作主要包括对被采伐的兴安杜鹃进行松土、施肥和病虫害的防治措施，费用评估为2.44万元。结合案件中兴安杜鹃以采撷为获取方式，野生植物资源尚存，幼苗培育（种质资源更新）费用评估为11.1万元。前述损失费用合计25.07万元。公益诉讼起诉人为此支出专家评估费用0.6万元。

另查明，参与危害案涉兴安杜鹃的案外人杨某、张某芳、蒋某全、司某芳、王某芹、朱某红已经赔偿案涉生态损害费用9万元。案件审理期间，经本院释明后，被告人刘某松、赵某滢主动退赃退赔77804元，被告人李某楠主动退赃退赔67415元，被告人薛某花、徐某、丁某、冯某在各自参与的范围内分别主动退赃退赔6859元、5668元、4477元、4477元，合计166700元。

上述事实，被告人暨附带民事公益诉讼被告刘某松、李某楠、赵某滢、薛某花、徐某、丁某、冯某供认不讳。本案事实，另有扣押的兴安杜鹃枝条等物证，户籍资料、常住人口基本信息、受案登记表、到案经过、刑事判决书、刑事摄影照片、正义网公告截图、专家咨询意见、情况说明、款项支付凭证等书证，证人杨某梦、陈某娣、朱某、滕某云等人的证言，各被告人的供述与辩解，物证鉴定书，搜查笔录等证据证实。上述证据均经庭审质证，合法有效，具有证明效力。

本院认为，根据《中华人民共和国野生植物保护条例》规定，采集国家二级保护野生植物的，必须经采集地的县级人民政府野生植物行政主管部门签署意见后，向省、自治区、直辖市人民政府野生植物行政主管部门或者其授权的机构申请采集证；出售、收购国家二级保护野生植物的，必须经省、自治区、直辖市人民政府野生植物行政主管部门或者其授权的机构批准。《中华人民共和国刑法》第三百四十四条规定：违反国家规定，非法采伐、毁坏珍贵树木或者国家重点保护的其他植物的，或者非法收购、运输、加工、出售珍贵树木或者国家重点保护的其他植物及其制品的，处三年以下有期徒刑、拘役或者管制，并处罚金；情节严重的，处三年以上七年以下有期徒刑，并处罚金。大兴安岭地区处于高寒地带，兴安杜鹃生长缓慢，非法采集兴安杜鹃会影响其自然繁衍生存，危害生物多样性和种质资源丰度。被告人刘某松、李某楠、赵某滢、薛某花、徐某、丁某、冯某违反国家规定，非法采伐或收购、出售、运输国家重点保护植物，均构成危害国家重点保护植物罪。公诉机关指控事实清楚，证据确实、充分，指控罪名成立，本院予以支持。

被告人刘某松、赵某滢共同故意实施部分犯罪，系共同犯罪。在共同犯罪中，被告人刘某松起主要作用，系主犯；被告人赵某滢起辅助作用，系从犯，依法应当从轻处罚。被告人刘某松、李某楠、赵某滢、丁某、冯某归案后如实供述犯罪事实，系坦白，依法可以从轻处罚。被告人薛某花、徐某主动投案并如实供述犯罪事实，系自首，依法可以从轻或者减轻处罚。被告人刘某松、李某楠、赵某滢、薛某花、徐某、丁某、冯某能够认罪认罚，主动退赃退赔，依法予以从宽处理。被告人徐某、丁某、冯某辩护人与前述一致的辩护意见，本院予以采纳。此外，本案采伐兴安杜鹃枝条等危害国家重点保护植物的行为，在危害性方面与采伐整株植物等行为具有较大区别，在量刑时应当予以考量。公诉机关提出的量刑建议并无明显不当，本院予以采纳。被告人冯某辩护人关于减免罚金的辩护意见，缺乏事实和法律依据，本院不予采纳。

民事主体因同一行为应当承担民事责任、行政责任和刑事责任的，承担行政责任或者刑事责任不影响承担民事责任。刘某松、李某楠、赵某滢、薛某花、徐某、丁某、冯某的犯罪行为破坏野生植物资源，损害社会公共利益，应当依法承担民事侵权责任。刘某松实施采伐兴安杜鹃枝条出售牟利的侵权行为，赵某滢帮助其实施侵权行为，李某楠、薛某花、徐某、丁某、冯某明知该行为违法而通过陆续频繁购入兴安杜鹃枝条的利诱激励方式教唆其持续实施违法行为，在各自参与范围内应与刘某松承担连带责任。案涉行为造成的兴安杜鹃养护复壮、幼苗抚育费用 13.54 万元及固碳经济损失 11.53 万元、专家评估费用为 0.6 万元，具有专家咨询意见等证据证实，附带民事公益诉讼各被告亦不持异议，本院予以确认。附带民事公益诉讼被告未就造成的生态损害进行修复，应承担相应的生态修复费用（养护复壮、幼苗抚育费）13.54 万元由他人代为修复，并赔偿受损兴安杜鹃服务功能衰减导致的固碳经济损失 11.53 万元以及本案专家评估费用 0.6 万元，扣除其他侵权参与人员支付的 9 万元后，尚应支付的费用合计为 16.67 万元。各被告人在犯罪活动中的违法所得，本质上源于案涉兴安杜鹃的生态价值损失，刑事部分的赃款可以用于修复由此受损的公共利益，案涉退赃款项可以相应冲抵公益诉讼主张的民事赔偿费用。公益诉讼起诉人主张的各项费用合计 16.67 万元，附带民事公益诉讼各被告结合参与侵权情况已经主动全部退赔在案，本院予以支持和确认，其中的生态环境损害费用（即固碳经济损失及养护复壮、幼苗抚育修复费用）16.07 万元用于受损地区的生态环境修复和固碳增汇工作。

据此，根据本案犯罪事实、性质、情节和对于社会的危害程度，本院为保护野生植物资源不受破坏，维护社会公共利益，依据《中华人民共和国刑法》第三百四十四条、第六十七条第一款和第三款、第二十五条第一款、第二十六条第一款、第二十七条、第七十二条第一款和第三款、第七十三条、第五十二条、第五十三条、第六十四条，《中华人民共和国民法典》第一百八十七条、第一千一百六十九条第一款、第一千二百三十四条、第一千二百三十五条第一项和第三项及第四项，《最高人民法院关于审理破坏森林资源刑事案件适用法律若干问题的解释》第十八条，《中华人民共和国刑事诉讼法》第十五条之规定，判决如下：

一、被告人刘某松犯危害国家重点保护植物罪，判处有期徒刑一年六个月，缓刑一年九个月，并处罚金人民币一万元（已缴纳）。

（缓刑考验期限，自判决确定之日起计算。）

被告人李某楠犯危害国家重点保护植物罪，判处有期徒刑一年六个月，缓刑一年九个月，并处罚金人民币一万元（已缴纳）。

（缓刑考验期限，自判决确定之日起计算。）

被告人赵某滢犯危害国家重点保护植物罪，判处有期徒刑十个月，缓刑一年，并处罚金人民币五千元（已缴纳）。

（缓刑考验期限，自判决确定之日起计算。）

被告人薛某花犯危害国家重点保护植物罪，判处拘役五个月，缓刑六个月，并处罚金人民币二千元（已缴纳）。

（缓刑考验期限，自判决确定之日起计算。）

被告人徐某犯危害国家重点保护植物罪，判处拘役四个月，缓刑五个月，并处罚金人民币二千元（已缴纳）。

（缓刑考验期限，自判决确定之日起计算。）

被告人丁某犯危害国家重点保护植物罪，判处拘役四个月，缓刑五个月，并处罚金人民币二千元（已缴纳）。

（缓刑考验期限，自判决确定之日起计算。）

被告人冯某犯危害国家重点保护植物罪，判处拘役三个月，缓刑四个月，并处罚金人民币一千元（已缴纳）。

（缓刑考验期限，自判决确定之日起计算。）

二、扣押在案的国家重点保护植物予以没收，由扣押机关依法处理。

三、附带民事公益诉讼被告刘某松、李某楠、赵某滢、薛某花、徐某、丁某、冯某在各自参与范围内共同支付生态环境损害费用（固碳经济损失及养护复壮、幼苗抚育修复费用）16.07万元、专家评估费0.6万元（合计16.67万元，均已支付）；前述生态环境损害费用用于受损地区的生态环境修复和固碳增汇工作。

如不服本判决，可在接到判决书的第二日起十日内，通过本院或者直接向江苏省南京市中级人民法院提出上诉。书面上诉的，应当提交上诉状正本一份，副本二份。

审 判 长 高 伟
审 判 员 安洪强
审 判 员 赵 佳
人民陪审员 李南光
人民陪审员 张瑷昕
人民陪审员 黄 伟
人民陪审员 傅 斌

二〇二三年十月二十六日

书 记 员 吴双香

十一、徐某健非法猎捕、杀害野生动物案

【案情简介】

徐某健原系南京市老山林场护林员，工作职责包括防止乱砍滥伐林木、防止猎杀野生动物等。2019 年 11 月至 2021 年 1 月，徐某健在其负责的南京市浦口区某护林点附近，使用捕猎套猎杀河麂、华南兔、貉等多种野生动物。其中，2019 年 11 月至 12 月，徐某健使用捕猎套猎杀河麂 2 只、野猪 2 只；2021 年 1 月 5 日至 15 日，徐某健使用捕猎套猎杀河麂 1 只、野猪 1 只、野兔 2 只、貉 1 只。案发时，河麂属于国家二级重点保护野生动物，华南兔、貉（野外种群现为国家二级保护动物）、野猪属于国家保护的有重要生态、科学、社会价值的陆生野生动物。案发后，徐某健主动缴纳了野生动物资源修复费 47460 元。

【典型意义】

生物多样性保护是关系生态文明建设和中华民族永续发展的重大课

题，需要全社会的共同参与。被告人作为老山景区的护林员，严重背离保护野生动物的工作职责和职业道德，非法猎杀包括珍贵、濒危野生动物河麂在内的各类野生动物，不但伤害被捕猎的野生动物，同时破坏了老山景区的生态系统，危害生物多样性和生态安全。法院从严追究其刑事责任，对保护生物多样性起到了较好的警示教育作用。本案获评 2021 年度江苏法院环境资源典型案例。

【裁判文书】

江苏省南京市玄武区人民法院
刑事判决书

（2021）苏 0102 刑初 304 号

公诉机关南京市浦口区人民检察院。

被告人徐某健，男，原老山林场平坦分场林工，现无业，住江苏省南京市浦口区。因涉嫌非法猎捕、杀害珍贵、濒危野生动物罪，于 2021 年 1 月 16 日被刑事拘留，同年 2 月 5 日、5 月 14 日先后被取保候审。

南京市浦口区人民检察院以宁浦检诉刑诉（2021）177 号起诉书指控被告人徐某健犯危害珍贵、濒危野生动物罪、非法狩猎罪，向本院提起公诉。本院受理后，依法适用简易程序，公开开庭审理了本案。南京市浦口区人民检察院指派检察官胡守珍出庭支持公诉，被告人徐某健到庭参加诉讼。本案现已审理终结。

南京市浦口区人民检察院指控，2019 年 11 月至 2021 年 1 月，被告人徐某健在老山林场平坦分场从事林工期间，在其负责的南京市浦口区汤泉街道新金村光山段护林点附近，使用猎捕套非法猎捕、杀害珍贵、濒危野生动物河麂（俗称“獐子”）3 只，非法猎杀华南兔 2 只、野猪 3 只、貉 1 只。河麂为国家二级保护动物，华南兔、野猪、貉均为“三有动物”。公诉机关认为，应当以危害珍贵、濒危野生动物罪、非法狩猎罪追究被告人徐某健的刑事责任，现提请法院依法惩处。

被告人徐某健对公诉机关指控的犯罪事实和罪名不持异议，表示认罪认罚。

经审理查明：2019 年 11 月至 2021 年 1 月，被告人徐某健在担任南京市老山林场护林员期间（工作职责包括防止乱砍滥伐、防止猎杀野生动物等），在其负责的南京市浦口区某护林点附近（位于老山景区），使用猎捕套猎杀河麂（俗称“獐子”）3 只、华南兔 2 只、野猪 3 只、貉 1 只。河麂属于国家二级保护动物，华南兔、貉、野猪属于国家保护的有重要生态、科学、社会价值的陆生野生动物。具体犯罪事实如下：

1. 2019 年 11 月至 12 月，被告人徐某健使用捕猎套在上述地点猎杀河麂 2 只、野猪 2 只，其中 1 只河麂被发现时已经腐烂，其余动物均被其杀害食用。

2. 2021 年 1 月 5 日至 15 日期间，被告人徐某健多次使用猎捕套在上述地点猎杀河麂 1 只、野猪 1 只、野兔 2 只、貉 1 只。同年 1 月 15 日，南京市公安局浦口分局民警在巡逻时发现被告人徐某健正在清洗动物尸体，后在其屋内查获并扣押疑似河麂尸体 1 个、疑似貉尸体 1 个、疑似野兔尸体 2 个、野猪肉及动物脏器等若干。后经国家林业局森林公安司法鉴定中心鉴定，确定了前述动物尸体的种属来源。此外，公安机关还从被告人徐某健处查获并扣押剥皮用刀具 2 把、捕猎套 3 个。

被告人徐某健被抓获归案后如实供述了犯罪事实，并于本案审理期间主动缴纳野生动物资源修复费 47460 元、预缴罚金 1 万元。上述查获的野生动物尸体等已被公安机关销毁处理。

上述事实，有经庭审举证、质证本院予以确认的常住人口基本信息、查获经过、发破案报告、受案登记表、立案决定书、劳动合同书、护林员职责、情况说明等书证，证人高某的证言，南京市公安局浦口分局制作的搜查、指认、检查笔录，国家林业局森林公安司法鉴定中心出具的物证鉴定书等证据证实。

本院认为，根据《中华人民共和国野生动物保护法》规定，禁止猎捕、杀害国家重点保护野生动物；禁止违法猎捕野生动物；禁止使用猎套、猎夹等工具进行猎捕。依据《南京市老山景区保护条例》第二十三条规定，老山景区内禁止非法猎捕、杀害野生动物等行为。被告人徐某健非法猎捕、杀害国家重点保护的珍贵、濒危野生动物河麂，构成危害珍贵、濒危野生动物罪；其违反狩猎法规，在禁猎区、禁猎期使用禁用的工具进行狩猎，破坏野生动物资源，情节严重，构成非法狩猎罪。被告人徐某健在判决宣告以前一人犯数罪，应依法数罪并罚。南京市浦口区人民检察院指控事实清楚，证据确实、充分，指控罪名成立，本院予以支持。

被告人徐某健作为护林员，背离保护野生动物的工作职责，非法猎杀各类野生动物，破坏老山景区生态系统，危害生态安全，应依法从严惩处。被告人徐某健归案后如实供述犯罪事实，系坦白，依法可以从轻处罚；其主动缴纳野生动物资源修复费，认罪认罚，悔罪态度较好，依法可以从宽处理。据此，根据本案犯罪事实、性质、情节和对于社会的危害程度，本院为维护野生动物资源管理秩序，保护生物多样性不受破坏，依照《中华人民共和国刑法》第三百四十一条第一款和第二款、第六十七条第三款、第六十九条、第五十二条、第六十四条之规定，判决如下：

一、被告人徐某健犯危害珍贵、濒危野生动物罪，判处有期徒刑一年九个月，并处罚金人民币一万元；犯非法狩猎罪，判处有期徒刑六个月；数罪并罚，决定执行有期徒刑二年，并处罚金人民币一万元（已缴纳）。

（刑期自判决执行之日起计算。判决执行以前先行羁押的，羁押一日折抵刑期一日。）

二、扣押在案的作案工具捕猎套、刀具予以没收。

如不服本判决，可在接到判决书的第二日起十日内，通过本院或者直接向江苏省南京市中级人民法院提出上诉。书面上诉的，应当提交上诉状正本一份，副本二份。

审　判　长　安洪强

人民陪审员　陈玉华

人民陪审员　邵牙妹

二〇二一年六月四日

书　记　员　吴双香

十二、张某武诉南京市浦口区农业农村局等行政协议纠纷案

【案情简介】

2010年，南京市浦口区农业农村局与南京鑫某有限公司、江苏绿某有限公司签订协议，将长江浦口绿水湾4000余亩水域出租给其经营，租赁期限50年。后江苏绿某有限公司等将其中约2000亩水域转租给张某武从事渔业养殖经营，期限自2017年11月24日至2020年11月24日。2019年11月4日，因长江大保护战略需要，浦口区农业农村局通知江苏绿某有限公司等将承租的全部水域退养，于2019年12月31日前完成捕捞、采收等；同年11月11日，江苏绿某有限公司等将前述情况告知张某武。2020年3月18日，浦口区农业农村局再次向江苏绿某有限公司等发出《通知》，要求于2020年4月10日前完成水产品捕捞和采收，拆除相关设施等；同年4月1日，浦口区农业农村局与南京金某有限公司等商定后解除了之前的协议，并对补偿事宜进行了约定。之后，浦口区农业农村局接管了绿水湾水域，张某武要求在该水域继续捕鱼未获准许。2021年3月，张某武诉至法院。

【典型意义】

加强长江流域生态环境保护和修复，坚持生态优先、绿色发展，保障生态安全，实现中华民族永续发展，是长江保护法的原则要求。本案充分发挥行政审判的职能，通过人民法院依法支持和保障行政机关履行行政管理职责，形成落实长江大保护战略、保护长江生态安全的工作合力。本案获评南京环境资源法庭五周年十大典型案例（2019—2024）。

【裁判文书】

江苏省南京市玄武区人民法院
行政判决书

（2021）苏0102行初6号

原告：张某武，男，汉族，住南京市鼓楼区。

委托诉讼代理人：吴某祥、李某，江苏永某昭辉律师事务所律师。

被告：南京市浦口区农业农村局，住所地南京市浦口区江浦街道象山路4号市民中心B座7楼。

法定代表人：刘某，该局局长。

行政机关负责人：李某星，该局副局长。

委托诉讼代理人：毛某贵，北京大某（南京）律师事务所律师。

委托诉讼代理人：陈某沙，男，该局工作人员。

第三人：南京金某有限公司，住所地南京市建邺区。

法定代表人：孙某春，该公司总经理。

委托诉讼代理人：蔡某，女，该公司行政主管。

第三人：江苏绿某有限公司，住所地南京市建邺区。

法定代表人：孙某奎，该公司副总经理。

委托诉讼代理人：陈某、戴某雁，江苏圣某律师事务所律师。

原告张某武与被告南京市浦口区农业农村局（以下简称浦口农业局）、第三人南京金某有限公司（以下简称金某公司）、江苏绿某有限公司（以下简称绿某公司）行政协议纠纷案，向本院提起行政诉讼。本院于2021年3月15日立案后，依法向被告及第三人送达了起诉状副本及应诉通知书。本院依法组成合议庭，于2021年5月19日公开开庭审理了本案。原告张某武及其委托诉讼代理人吴某祥，被告浦口农业局负责人李某星及委托诉讼代理人毛某贵、陈某沙，第三人金某公司委托诉讼代理人蔡某，第三人绿某公司委托诉讼代理人陈某到庭参加诉讼。本案现已审理终结。

原告张某武向本院提出诉讼请求：1. 确认被告2020年3月18日的《通知》无效；2. 判令被告给予原告合理期限继续捕鱼。事实与理由：

2010年4月10日，被告与金某公司签订《绿水湾综合开发经营项目补充协议书》，被告将绿水湾4013.25亩区域出租给金某公司，用于经营农业、养殖业及都市旅游、商业度假开发等，期限50年。绿某公司系金某公司的关联公司，负责绿水湾区域的经营。原告与绿某公司签订《浦口绿水湾夹江承包合同》，由原告承包绿水湾约2000亩水域用于养殖，期限3年，自2017年11月24日至2020年11月24日。2020年3月18日，被告向金某公司发出《通知》，要求2020年4月10日前退出绿水湾的种植、养殖，逾期未采收等视为放弃。自2020年4月15日起，被告开始管理绿水湾水面等区域。2020年9月15日，原告至被告处要求继续捕捞养殖鱼，被告答复不得捕捞。原告对鱼享有所有权，被告禁止原告捕鱼无法律依据，其与第三人协议终止的处理严重损害原告财产权，现诉至法院要求处理。

原告向本院提交了以下证据：1.《绿水湾综合开发经营项目补充协议书》；2.《浦口绿水湾夹江承包合同》；3. 购买鱼苗的付款凭证和证明、投放鱼苗视频、聊天截图；4. 原告与被告工作人员沟通捕鱼事宜的录音资料；5. 2020年3月18日被告向金某公司发出的《通知》；6. 案发水域照片、《农业农村部关于长江流域重点水域禁捕范围和时间的通告》《江苏省农业农村厅关于长江干流江苏段水域禁捕的通告》。

被告浦口农业局辩称，2020年3月18日的《通知》系被告向金某公司发出，原告无诉讼主体资格。被告与金某公司就绿水湾水域经营签订民事协议，后因污染等问题经与第三人协商一致解除协议，通知系民事协议解除过程中被告作为合同当事人行使权利的行为，不属于行政行为，非行政诉讼受案范围。通知系针对金某公司撤出时间的告知和提醒，内容上不存在无效情形。原告与第三人、被告与第三人之间系独立的法律关系。原、被告之间无合同关系，亦不存在行政许可问题，原告系基于与第三人的合同关系进行养殖，产生的问题与被告无关。综上，原告的诉讼请求没有事实和法律依据，请求予以驳回。

被告向本院提交了以下证据：1. 被告与第三人等签订的《绿水湾综合开发经营合同书》《绿水湾综合开发经营项目转让及合作协议》《绿水湾综合开发经营项目补充协议书》；2.《江苏省林业局关于同意建立南京绿水湾省级湿地公园的批复》（苏林业〔2005〕118号）、《江苏省林业局关于同意南京长江绿水湾省级湿地公园总体规划修编的批复》（苏林湿〔2017〕

12 号)；3. 被告通知第三人等退出绿水湾湿地水域养殖事宜的签到簿、2019 年 11 月 4 日被告向绿某公司发出的《关于解除绿水湾水域承包合同的通知》；4. 2020 年 3 月 18 日被告向金某公司发出的《通知》；5. 2020 年 4 月 1 日被告与第三人签订的《解除合同协议书》；6. 案涉水域管理权演变及被告机构职能文件。

第三人金某公司、绿某公司述称，金某公司与绿某公司系关联公司。第三人不应承担行政法律责任，与原告之间的合同无违约行为，在 2019 年 11 月接到被告的有关通知后及时向原告等租户传达了政策，尽到了通知和风险告知义务，亦配合政府部门履行了企业义务，在没有取得实质补偿的情况下即与被告解除了协议，2019 年 11 月之后也没有向原告等租户收取租金。请求法院依法处理。

第三人向本院提交了如下证据：1.《绿水湾综合开发经营合同书》《绿水湾综合开发经营项目转让及合作协议》《绿水湾综合开发经营项目补充协议书》；2. 2019 年 11 月 4 日被告向绿某公司发出的《关于解除绿水湾水域承包合同的通知》、2019 年 11 月 11 日第三人召集原告等承租户告知退出养殖水域、避免损失等事宜的会议签到表、照片、录音资料以及要求原告 2019 年 12 月 31 日前完成绿水湾水域捕捞等全面退出养殖经营行为的告知函。

经庭审质证，原告对被告举证的真实性不持异议；否认收到第三人举证的告知函，对第三人提交的其他证据不持异议。被告认为，无法确认原告第 2、3 组证据的真实性，对其他证据的真实性不持异议，第 2 组证据即便属实亦属于原告与第三人之间的民事协议；对第三人提交的涉及被告的证据不持异议。第三人认为，不认可原告第 3 组证据的真实性，对其他的证据无异议。

经审理查明：浦口农业局承担该区种植业、畜牧业、渔业等农业各产业的监督管理，负责农业投资管理和农业领域投资促进工作，指导农用地、渔业水域以及农业生物物种资源的保护与管理等工作职能。

为加快推进现代化都市农业发展，充分利用“三资”开发农业、种植业、养殖业，2010 年，被告与第三人绿某公司、金某公司就绿水湾综合开发经营事宜辗转签订《绿水湾综合开发经营项目补充协议书》等，将长江浦口绿水湾 4013. 25 亩区域出租给其经营，租赁期限 50 年。2017 年 11 月，绿某公司（甲方）与原告（乙方）签订《浦口绿水湾夹江承包合同》，将从被告处承租的前述部分水域约2000亩出租给原告，期限自2017年11月24日至2020年11月24日。双方还约定：乙方承包期租金为80万元（其中60万元以现金方式支付，此款为甲方税后净利所得，乙方自签订合同当日需一次性付清，20万元以餐费、垂钓方式支付）；合同承包期内，如因不可抗拒的原因，导致合同不能继续履行时，双方应立即终止合同，甲方将依据乙方的年租金和实际使用时间，一次性退还乙方的租金；等等。原告承租前述水域后从事渔业养殖经营，但没有依法申请取得水产养殖证。

2019年11月4日，因南京绿水湾湿地公园已被列入省级重要湿地名录，根据环保问题整改需要和上级工作要求，被告向第三人发出《关于解除绿水湾水域承包合同的通知》，主要内容为：被告与第三人协议约定的4013.25亩水域全部退养；2019年12月31日前完成绿水湾水域捕捞、采收等工作，全面退出绿水湾湿地种植养殖经营行为；解除合同协议签订前，第三人负责绿水湾水域的日常管护，禁止投放鱼种或种植水生植物；做好企业内部承包户矛盾的化解，维护退养工作期间的社会稳定；等等。同年11月11日，第三人召集原告等承租人，向其告知了行政部门要求退出绿水湾水域养殖、避免损失的相关事宜。

2019年12月27日，农业农村部发布《关于长江流域重点水域禁捕范围和时间的通告》（农业农村部通告〔2019〕4号），明确要求：长江流域水生生物自然保护区和水产种质资源保护区，自2020年1月1日0时起，全面禁止生产性捕捞；长江干流和重要支流除水生生物自然保护区和水产种质资源保护区以外的天然水域，最迟自2021年1月1日0时起实行暂定为期10年的常年禁捕，其间禁止天然渔业资源的生产性捕捞，鼓励有条件的地方在此之前实施禁捕；等等。

2020年3月18日，根据上级关于长江大保护的工作要求，被告再次向金某公司发出《通知》，主要内容为：请金某公司于2020年4月10日前完成绿水湾水域鱼类、珍珠蚌、莲藕、芡实的捕捞和采收，拆除相关设施，彻底退出养殖；2020年4月10日之后，未完成采收和未拆除的设施，视为自动放弃。

2020年4月1日，被告与第三人签订了《解除合同协议书》，主要内容为：双方自愿解除签订的《绿水湾综合开发经营项目补充协议书》；因前述协议解除给第三人的正常生产经营造成损失，被告同意按照浦口区

2019年度长江岸线专项整治“以奖代补”导则内容（浦水发〔2020〕43号）予以奖补；等等。后被告接管了绿水湾水域。

2020年7月22日，江苏省农业农村厅发布《关于长江干流江苏段水域禁捕的通告》，决定对长江干流江苏段水域实施禁捕，内容包括：长江干流江苏段除水生生物保护区以外水域自通告发布之日起，禁止天然渔业资源的生产性捕捞；长江干流江苏段范围包括长江防洪大堤向江侧水域；等等。

此外，原告承租从事渔业养殖的绿水湾水域属于长江干流禁捕水域，该水域通过涵洞与长江水体相连。

本院认为，被告与第三人就绿水湾综合开发经营事宜签订的案涉协议，系行政机关为了实现行政管理、公共服务目标，与第三人协商订立的具有行政法上权利义务内容的协议，属于行政协议。原告作为承租绿水湾水域的渔业养殖人员，与前述行政协议具有利害关系，可以提起本案诉讼。

关于原告的诉讼请求。被告就绿水湾综合开发经营事宜与第三人签订协议后，履行期间因长江大保护需要，为维护国家利益和社会公共利益，可以解除协议。被告于2019年11月4日即就协议解除有关事宜向第三人发出了通知，2020年3月18日的《通知》系在前述基础上对第三人作出的意思表示，双方于同年4月1日协商达成一致意见并签订《解除合同协议书》。原告要求确认被告2020年3月18日的《通知》无效，缺乏法律依据，本院不予支持。

根据《中华人民共和国渔业法》第三十条规定，禁止在禁渔区、禁渔期进行捕捞，禁渔区、禁渔期等由国务院渔业行政主管部门或者省、自治区、直辖市人民政府渔业行政主管部门规定。鱼儿离不开水，原告所称对鱼的所有权有别于普通的物权。被告于2019年11月4日通知第三人解除协议事宜后，第三人于当月11日即告知原告等人退出绿水湾水域养殖及避免损失的事宜，农业农村部亦于同年12月就长江禁捕事宜发布通告，而如原告所述直至2020年4月仍未完成养殖鱼的捕捞，实系其怠于行使权利所致。原告诉称的绿水湾水域属于长江天然水域，根据省渔业行政主管部门规定系长江禁捕水域，被告接管该水域系正当履行行政管理职能。综上，原告要求被告给予期限继续捕鱼，法律依据不足，本院不予支持。如原告的养殖利益受有损失可以另行处理。

据此，依据《中华人民共和国行政诉讼法》第六十九条之规定，判决如下：

驳回原告张某武的诉讼请求。

案件受理费50元，由原告张某武负担。

如不服本判决，可在判决书送达之日起十五日内，向本院递交上诉状，并按对方当事人的人数提出副本，上诉于江苏省南京市中级人民法院。

审 判 长 安洪强
人民陪审员 田晓群
人民陪审员 杨锦强

二〇二一年九月十四日

书 记 员 吴双香

十三、被告人吴某等非法捕捞水产品案

【案情简介】

被告人吴某、叶某君共同出资1万余元购置摩托艇一艘，被告人吴某购置蓄电池及逆变器。2019年1月至2月，被告人吴某、叶某君、马某驾驶该摩托艇，在南京建邺区江心洲洲头至长江五桥中间长江水域国家级水产种质资源保护区内，使用蓄电池、逆变器、绑有电线的木棍、竹竿网兜组成的自制电捕捞设备，采用电鱼的方法多次捕捞水产品。被告人吴某、叶某君采用电鱼方法于2019年1月8日前后捕捞渔获物300千克左右（马某开车帮忙拖鱼），于2019年1月29日前后捕捞渔获物20千克左右，于2019年1月31日前后捕捞渔获物（三四条青鱼）20千克左右，于2019年2月3日前后捕捞渔获物一二十千克，于2019年2月22日前后捕捞渔获物90千克左右。吴某将上述渔获物拖至叶某君家时电话联系马某，马某帮忙抬鱼、称鱼。2月23日，吴某、马某开车到安徽当涂，将渔获物送给吴某的朋友王某平。2019年春节前某一天，被告人吴某、叶某君、杨某银（另案处理）采用上述电鱼的方法非法捕捞渔获物（七八条青鱼）20千克左右。2019年1月12日、14日，被告人张某忠在明知吴某所售的青鱼是非

法捕捞的水产品的情况下，仍两次从吴某处以每千克50元的价格收购青鱼约300千克，共计付款15000元。

2019年2月26日，被告人吴某、叶某君、马某被抓获归案，民警在叶某君位于南京市建邺区江心洲某处的搭建房内鱼池中查获鲤鱼1条，重5.7千克；青鱼2条，共重15.65千克；鲶鱼1条，重12.49千克。同年3月21日，民警电话传唤张某忠接受调查，其到案后如实供述了犯罪事实。

经南京市渔政渔港监督管理处认定，涉案扣押的电瓶、逆变器、电抄子及导线可以作为电鱼工具的组成部分。被告人吴某等人捕捞水域位置为江心洲外江往上到乌江水域，处于长江大胜关长吻鮠铜鱼国家级水产种质资源以及南京江豚自然保护区范围内。

法院经审理认为，吴某、叶某君、马某为牟取非法利益，违反保护水产资源法规，在禁渔区、禁渔期内使用禁用的工具非法捕捞水产品，情节严重，构成非法捕捞水产品罪。吴某多次因非法捕捞水产品受到处罚，主观恶性大，依法对其从严惩处；张某忠明知渔获物系非法捕捞得来却予以收购，以掩饰、隐瞒犯罪所得罪对其定罪处罚。依法分别判处吴某、叶某君、马某有期徒刑二年六个月、一年六个月，判处张某忠罚金三万元，扣押的摩托艇、电捕鱼设备等犯罪工具予以没收。

【案例评析】

长江拥有独特的生态系统，是国家重要的生态宝库。水产种质资源保护区，是国家为保护水产种质资源及其生存环境，在具有较高经济价值和遗传育种价值的水产种质资源的主要生长繁育区域，依法划定并予以特殊保护和管理的水域、滩涂及其毗邻的岛礁、陆域。本案中，被告人吴某、叶某君、马某为牟取非法利益，违反保护水产资源法规，在禁渔区、禁渔期内使用禁用的工具非法捕捞水产品，情节严重，构成非法捕捞水产品罪；被告人吴某多次因非法捕捞水产品受到处罚，主观恶性大，依法对其从严惩处；被告人张某忠明知渔获物系非法捕捞得来却予以收购，以掩饰、隐瞒犯罪所得罪对其定罪处罚，对非法捕捞水产品行为的产销链条形成打击。

【典型意义】

采用电鱼等严重破坏生态环境的方式进行非法捕捞，不仅危害渔业资源正常繁殖，还会对生长在水中的鱼虾幼体、微生物等水生态要素造成重大损害，破坏水生态系统平衡，甚至威胁到人类自身安全。本案不仅对非法捕捞行为实施者予以严厉惩治，还对明知渔获物来源的收购者依法定罪处罚，体现对非法捕捞犯罪实施全链条打击的立场，在长江大保护战略实施背景下，彰显了司法保护长江生态环境的决心和意志。本案获评南京环境资源法庭2020年度十大典型案件。

【裁判文书】

江苏省南京市玄武区人民法院
刑 事 判 决 书

（2019）苏0102刑初431号

公诉机关江苏省南京市鼓楼区人民检察院。

被告人吴某，男，汉族，个体运输户，住江苏省南京市××号。被告人吴某曾因违反禁渔期规定进行电力捕捞，于2012年5月被罚款人民币3000元；曾因犯非法捕捞水产品罪，于2014年9月被江苏省南京市鼓楼区人民法院判处罚金人民币一万二千元。被告人吴某因涉嫌犯非法猎捕、杀害珍贵、濒危野生动物罪于2019年2月27日被南京市公安局水上分局刑事拘留，同年4月4日因涉嫌犯非法捕捞水产品罪经南京市鼓楼区人民检察院批准逮捕，当日由南京市公安局水上分局执行逮捕。现羁押于南京市秦淮区看守所。

辩护人练某芳，江苏圣某律师事务所律师。

辩护人陈某，江苏圣某律师事务所实习律师。

被告人叶某君，男，汉族，自由职业者，住江苏省南京市××号。被告人叶某君因涉嫌犯非法猎捕、杀害珍贵、濒危野生动物罪于2019年2月27日被南京市公安局水上分局刑事拘留，同年4月4日因涉嫌犯非法捕捞水产品罪经南京市鼓楼区人民检察院批准逮捕，当日由南京市公安局水上分局执行逮捕。现羁押于南京市第三看守所。

辩护人张某辰，北京友某（南京）律师事务所律师。

被告人马某，男，汉族，住江苏省南京市××号。被告人马某因涉嫌犯非法猎捕、杀害珍贵、濒危野生动物罪于2019年2月27日被南京市公安局水上分局刑事拘留，同年4月4日被南京市公安局水上分局取保候审。

辩护人刘某淋，江苏科某律师事务所律师。

被告人张某忠，男，汉族，个体经营户，住江苏省常州市××号。被告人张某忠因涉嫌犯非法猎捕、杀害珍贵、濒危野生动物罪，于2019年3月21日被南京市公安局水上分局刑事拘留，同年3月28日被该分局取保候审。

辩护人吴某良，江苏汇某律师事务所律师。

江苏省南京市鼓楼区人民检察院以宁鼓检诉刑诉（2019）552号起诉书指控被告人吴某、叶某君、马某犯非法捕捞水产品罪，被告人张某忠犯掩饰、隐瞒犯罪所得罪，于2019年7月4日向本院提起公诉。江苏省南京市鼓楼区人民检察院于2019年7月16日就该案向本院提起刑事附带民事公益诉讼。本院依法适用普通程序，于2019年10月11日公开开庭审理了本案。江苏省南京市鼓楼区人民检察院检察长朱赫、检察员葛珍珍出庭支持公诉，被告人吴某、叶某君、马某、张某忠及其辩护人均到庭参加诉讼。本案现已审理终结。

江苏省南京市鼓楼区人民检察院指控，2019年1月至2月间，被告人吴某、叶某君、马某驾驶摩托艇，在本市建邺区江心洲洲头至长江五桥中间长江水域国家级水产种质资源保护区内，使用蓄电池、逆变器、绑有电线的木棍、竹竿网兜组成的自制电捕捞设备，采用电鱼的方法多次捕捞水产品，共计捕捞渔获物450余千克，非法获利15000元。被告人张某忠明知是非法捕捞水产品的情况下仍分两次予以收购。公诉机关认为，被告人吴某、叶某君、马某的行为已构成非法捕捞水产品罪，被告人张某忠的行为已构成掩饰、隐瞒犯罪所得罪，现提请法院依法惩处。

被告人吴某对公诉机关指控其犯非法捕捞水产品罪的事实及定性均不持异议，承认控罪。其辩护人对公诉机关指控的犯罪事实及定性亦无异议，提出如下辩护意见：被告人吴某具有坦白情节，认罪认罚，主观恶性不大，社会危害性较小，请求对其从轻处罚。

被告人叶某君对公诉机关指控其犯非法捕捞水产品罪的事实及定性均不持异议，承认控罪。其辩护人对公诉机关指控的犯罪事实及定性亦无异议，提出如下辩护意见：被告人叶某君具有坦白情节，系初犯，无前科劣迹，主观恶性较小，认罪悔罪，请求对其从轻处罚。

被告人马某对公诉机关指控其犯非法捕捞水产品罪的事实及定性均不持异议，承认控罪。其辩护人对公诉机关指控的犯罪事实及定性亦无异议，提出如下辩护意见：被告人马某具有坦白情节，在共同犯罪中属于从犯，其主观恶性较小，没有前科劣迹，未谋取个人利益，请求对其从轻处罚。

被告人张某忠对公诉机关指控其犯掩饰、隐瞒犯罪所得罪的事实及定性均不持异议，承认控罪。其辩护人对公诉机关指控的犯罪事实及定性亦无异议，提出如下辩护意见：被告人张某忠具有自首情节，主观恶性小，认罪认罚，请求对其从轻处罚。

经审理查明：被告人吴某、叶某君共同出资1万余元购置摩托艇一艘，被告人吴某购置蓄电池及逆变器。2019年1月至2月间，被告人吴某、叶某君、马某驾驶该摩托艇，在本市建邺区江心洲洲头至长江五桥中间长江水域国家级水产种质资源保护区内，使用蓄电池、逆变器、绑有电线的木棍、竹竿网兜组成的自制电捕捞设备，采用电鱼的方法多次捕捞水产品。具体犯罪事实分述如下：

1. 2019年1月8日前后的一天晚上，被告人吴某、叶某君采用上述电鱼的方法两次捕捞渔获物（青鱼）300千克左右。其间，吴某电话联系被告人马某帮助拖鱼，马某开车将其二人第一次捕捞的十几条青鱼送至叶某君家鱼池。2019年1月12日、14日，被告人张某忠在明知吴某所售的青鱼是非法捕捞的水产品的情况下，仍两次从吴某处以每千克50元的价格收购青鱼约300千克，共计付款15000元。

2. 2019年1月29日前后的一天晚上，被告人吴某、叶某君采用上述电鱼的方法非法捕捞渔获物20千克左右（其中三四条青鱼，每条重十几斤；一条鲴鱼重二三斤）。

3. 2019年1月31日前后的一天晚上，被告人吴某、叶某君采用上述电鱼的方法非法捕捞渔获物（三四条青鱼）20千克左右。

4. 2019年2月3日前后的一天晚上，被告人吴某、马某采用上述电鱼的方法非法捕捞渔获物二三十斤。

5. 2019年2月22日前后的一天晚上，被告人吴某、叶某君采用上述电鱼的方法非法捕捞渔获物90千克左右（其中一条青鱼重52.5千克，另三条青鱼每条重二十斤左右；一条鲶鱼重二三十斤）。吴某将上述渔获物拖至叶某君家时电话联系马某，后马某帮忙抬鱼、称鱼。2月23日，吴某、马某开车到安徽当涂，将渔获物送给吴某的朋友王某平。

6. 2019 年过年前某一天晚上，被告人吴某、叶某君、杨某银（另案处理）采用上述电鱼的方法非法捕捞渔获物（七八条青鱼）20 千克左右。

2019 年 2 月 26 日，被告人吴某、叶某君、马某抓获归案，民警在叶某君位于南京市建邺区某处的搭建房内鱼池中查获鲤鱼一条，重 5.7 千克；青鱼两条，共重 15.65 千克；鲶鱼一条，重 12.49 千克。同年 3 月 21 日，民警电话传唤张某忠接受调查，其到案后如实供述了犯罪事实。

经南京市渔政渔港监督管理处认定，涉案扣押的电瓶、逆变器、电抄子及导线可以作为电鱼工具的组成部分。被告人吴某等人捕捞水域位置为江心洲外江往上到乌江水域，处于长江大胜关长吻鮠铜鱼国家级水产种质资源以及南京江豚自然保护区范围内。

上述事实，有经庭审举证、质证本院予以确认的常住人口基本信息，抓获经过，调取证据通知书，关于非法猎捕杀害珍贵、濒危野生动物案中涉案渔具渔法、捕捞水域的相关认定的说明，《关于确认第二批国家级水产种质资源保护区面积范围和功能分区的函》，扣押决定书，扣押清单，微信聊天记录，微信转账记录，刑事摄影照片等书证，证人杨某银、张某、杨某军、唐某燕、张某芹、王某平、李某琦、季某、汪某的证言，现场勘验笔录、辨认笔录等工作笔录，电子数据等证据予以证明。

本院认为，长江拥有独特的生态系统，是国家重要的生态宝库。非法捕捞严重破坏长江水体生态安全，其中采用电捕鱼方式不仅危害到鱼类的繁殖，更是对生长在水中的小鱼小虾、微生物等生态环境造成毁灭性破坏，严重影响到渔业生态的平衡，甚至威胁到人类生存环境的平衡。被告人吴某、叶某君、马某为牟取非法利益，违反保护水产资源法规，在禁渔区、禁渔期内使用禁用的工具非法捕捞水产品，情节严重，其行为均已构成非法捕捞水产品罪，其中被告人吴某曾因违反禁渔期规定进行电力捕捞，于 2012 年 5 月被处罚款人民币三千元；曾因犯非法捕捞水产品罪，于 2014 年 9 月被江苏省南京市鼓楼区人民法院判处罚金人民币一万二千元，被告人吴某明知故犯，主观恶性较大，情节严重。南京市鼓楼区人民检察院指控事实清楚，证据确实、充分，指控罪名成立，本院予以支持。被告人张某忠明知是犯罪所得而予以收购，其行为已构成掩饰、隐瞒犯罪所得罪。被告人吴某、叶某君、马某共同实施非法捕捞行为，系共同犯罪。其中，被告人马某在共同犯罪中起次要作用，系从犯，依法可以从轻处罚。被告人吴某、叶某君、马某归案后如实供述其犯罪事实，系坦白，依法可以从轻处罚。被告人张某忠经电话传唤后主动到案，如实供述其罪行，系自首，依法可以从轻处罚。各辩护人提出的与此相一致的辩护意见予以采纳。综上，为维护国家保护水产资源的管理制度不受侵犯，依照《中华人民共和国刑法》第三百四十条、第三百一十二条第一款、第二十五条第一款、第二十七条、第六十七条第一款和第三款、第七十二条、第七十三条第二款和第三款、第五十二条、第五十三条、第六十四条之规定，判决如下：

一、被告人吴某犯非法捕捞水产品罪，判处有期徒刑二年六个月。

（刑期自判决执行之日起计算。判决执行以前先行羁押的，羁押一日折抵刑期一日，即自2019年2月27日至2021年8月26日止。）

被告人叶某君犯非法捕捞水产品罪，判处有期徒刑一年六个月。

（刑期自判决执行之日起计算。判决执行以前先行羁押的，羁押一日折抵刑期一日，即自2019年2月27日至2020年8月26日止。）

被告人马某犯非法捕捞水产品罪，判处有期徒刑六个月，缓刑一年。

（缓刑考验期限，自判决确定之日起计算。）

被告人张某忠犯非掩饰、隐瞒犯罪所得罪，判处罚金人民币三万元。

（罚金于判决生效之日起一个月内缴纳。）

二、被告人吴某、叶某君的违法所得15000元予以追缴；扣押涉案的摩托艇、电捕鱼设备等犯罪工具及渔获物予以没收。

如不服本判决，可在接到判决书的第二日起十日内，通过本院或者直接向江苏省南京市中级人民法院提出上诉。书面上诉的，应当提交上诉状正本一份，副本二份。

审 判 长 高 伟

审 判 员 何 俊

审 判 员 方 田

二〇一九年十一月二十八日

书 记 员 章 颖

结　语

江苏省环境资源司法改革已走过五年，环境资源案件跨行政区划管辖、专业化审判的模式正稳步发挥其优势和效果。各生态功能区环境资源法庭和南京环境资源法庭谋划创新举措、强化环境资源审判的努力方兴未艾，正共同推进环境资源审判改革的江苏实践蓬勃发展。

玄武区人民法院将以西南低山丘陵区域环境资源法庭设立为机遇，以环境资源审判专门化为抓手，落实落细环境资源审判机制改革举措，进一步强化司法协作和执法联动，推进裁判尺度统一完善，探索建立打击野生动物犯罪宣传教育基地；依法严惩污染环境、破坏生态犯罪，依法维护群众环境民事权益，积极推进环境公益诉讼制度实施，切实履行司法保护生态环境的重要职责，为满足人民群众对优美生态环境的向往提供有力司法保障。

附录 西南低山丘陵区域环境资源法庭大事记

1. 2018年1月23日，玄武法院受理某水务公司污染环境案，于2018年10月30日至11月1日、11月3日、11月6日、11月7日、2019年3月26日至3月30日公开开庭审理了本案，2019年5月17日刑事部分公开宣判，2019年10月南京市中级人民法院二审维持原判。2019年12月该案附带民事公益诉讼调解协议内容在网上公告，2020年2月6日达成调解协议。

2. 2019年10月29日，江苏省高级人民法院决定在玄武法院设立西南低山丘陵区域环境资源法庭。

3. 2019年11月1日，玄武法院西南低山丘陵区域环境资源法庭开始审理南京市、句容市环境资源一审刑事、民事和行政案件。

4. 2019年12月19日，玄武法院制定2020年度土壤污染防治主要任务工作计划。

5. 2019年12月30日，玄武法院与玄武区检察院、南京市公安局玄武分局和南京市玄武生态环境局共签《生态环境保护执法司法联动机制实施办法》。

6. 2020年1月6日，某水务公司污染环境案入选南京法院2019年度十大典型案件。

7. 2020年1月22日，玄武法院制定贯彻落实《长江三角洲地区法院环境资源司法协作框架协议》工作方案。

8. 2020年2月8日，新冠疫情防控初期，玄武法院制定《关于强化环资审判有效应对疫情的十条意见》，强化环境资源审判职能助力疫情防控，为人民群众生命安全和身体健康保驾护航。

9. 2020年4月21日，玄武法院申报的课题《行政主管部门作为第三人参与环境民事公益诉讼研究——以刑事附带民事公益诉讼为视角》，入选2020年度南京市中级人民法院重点调研课题。

10. 2020年4月30日，由中国法学会案例法学研究会、中国政法大学诉讼法学研究院、最高人民法院环境资源审判庭、最高人民检察院第八检察厅、最高人民法院司法案例研究院、《法治周末》报社联合主办的第九届（2019年度）十大公益诉讼评选活动中，鼓楼区检察院诉某水务公司污染环境刑事附带民事公益诉讼案入选第九届（2019年度）十大公益诉讼。

11. 2020年5月8日，最高人民法院召开新闻发布会，发布2019年度人民法院环境资源典型案例，鼓楼区检察院诉某水务有限公司、郑某庚等12人污染环境刑事附带民事公益诉讼案入选2019年度人民法院环境资源典型案例，属环境公益诉讼及生态环境损害赔偿案件类。

12. 2020年5月22日，在国际生物多样性日当天，玄武法院为增强全社会生物多样性保护意识，促进人与自然和谐相处，对多起非法捕捞水产品刑事案件进行了集中审理，并当庭宣判。

13. 2020年6月5日，玄武法院召开“6·5”世界环境日主题新闻发布会，通报了玄武法院关于环境资源案件的办理情况，并发布了3件具有代表性的典型案例，发布会前集中宣判了8起环境资源类案件。

14. 2020年6月5日，西南低山丘陵区域环境资源法庭员额法官安洪强受邀参加最高人民法院第24期案例大讲坛并作主题发言。

15. 2020年6月24日，《西南低山丘陵区域环境资源法庭环境资源审判白皮书（2019.11—2020.6）》发布。

16. 2020年6月29日，玄武法院、高淳区检察院、高淳区公安分局、高淳区农业农村局共同协商建立南京固城湖生态修复基地，共建协议签约仪式在高淳区检察院举行。

17. 2020年7月15日，玄武法院环境资源审判工作入选南京市基层法院特色品牌创建项目。

18. 2020年7月17日，玄武法院与鼓楼区检察院、南京市公安局水上分局、长江航运公安分局、南京市公安局鼓楼分局、南京市海事局、南京市农业综合行政执法总队、鼓楼区市场监督管理局、南京江豚保护协会召开联席会议，并联合会签了《关于开展打击破坏长江流域渔业资源违法犯罪及公益保护专项行动的方案》，决定自2020年7月至年底联合组织开展为期6个月的打击破坏长江流域渔业资源违法犯罪及公益保护专项行动。

19. 2020 年 7 月 22 日，玄武法院开展非法捕捞水产品案件集中审理活动，举行“扬司法利剑 · 护长江生态”主题新闻发布会，就有关案件办理情况及主要做法进行交流并发布典型案例。

20. 2020 年 8 月 12 日，江苏省高级人民法院领导、南京环境资源法庭负责人到玄武法院调研指导环境资源审判工作。

21. 2020 年 10 月 29 日，与钟山风景名胜区管理局签订《生态环境保护合作框架协议》。

22. 2020 年 11 月 4 日，西南低山丘陵区域环境资源法庭举行挂牌仪式，江苏省高级人民法院主要领导和南京市委常委、政法委主要领导共同为法庭揭牌。

23. 2020 年 11 月 4 日，紫金山生态环境司法保护基地设立，江苏省高级人民法院主要领导和南京市委常委、政法委主要领导共同为基地揭牌。

24. 玄武法院引导涉案污染企业打造绿色企业文化的报告获省委领导批示肯定。2020 年 11 月 6 日，省委领导就该报告批示“应予宣传引导”。

25. 2020 年 11 月 13 日，最高人民法院环境资源审判庭主要领导调研紫金山生态环境司法保护基地。

26. 2020 年 11 月 17 日，召开西南低山丘陵区域环境资源审判工作推进会，就深化环境资源审判跨区域司法协作事项进行了研究。南京市中级人民法院领导出席会议，南京环境资源法庭、南京市各基层法院、句容市人民法院相关负责同志参加。

27. 2020 年 11 月 21 日，由南京师范大学中国法治现代化研究院、中国法治研究院等单位联合主办的中国法治现代化暨中国法治实践学派 2020 年智库论坛在南京举办，玄武法院受邀参加论坛并作主题报告。《行政主管部门作为第三人参与环境民事公益诉讼研究——以刑事附带民事公益诉讼为视角》被收入论坛论文集。

28. 2021 年 1 月 8 日，玄武法院西南低山丘陵区域环境资源法庭审结的长江航运企业偷排废油水污染环境案入选南京法院 2020 年度十大典型案件。

29. 2021 年 2 月 4 日，玄武法院与南京玄武环境集团有限公司共同签订《玉带河水环境综合提升工程项目合作协议》。

30. 2021 年 3 月 1 日，玄武法院西南低山丘陵区域环境资源法庭就两起长江流域非法捕捞水产品案件进行集中宣判，对涉案的10名被告人判处有期徒刑一年十个月至六个月不等刑罚，交付公安机关执行。多家媒体现场报道。

31. 2021年3月1日，玄武法院协办“贯彻长江保护法共同守护母亲河”江苏环境司法修复增殖放流活动，向长江放流包括胭脂鱼等珍贵苗种在内的100万尾适宜在长江水域繁衍的鱼苗，促进长江流域生态环境持续改善。

32. 2021年3月1日，玄武法院与鼓楼区检察院、下关滨江商务区管理委员会共同签署了《长江生态环境资源保护合作框架协议》，鼓楼区政府主要领导出席签约仪式。

33. 2021年3月3日，玄武法院西南低山丘陵区域环境资源法庭与南京市生态环境局共同签订《生态环境保护执法司法联动机制合作协议》。双方将以此为契机完善协作联动机制，及时通报生态环境执法、司法态势情况，就环境资源案件审理、执行及调查取证进行密切配合，深化就生态环境公益诉讼的对接协作，共同探索多样化生态环境修复方式，推动建立生态环境保护专家咨询、培训研讨、联络会商及宣传引导机制。

34. 2021年3月，玄武法院依法审结的某水务公司污染环境刑事附带民事公益诉讼案载入2021年全国“两会”最高人民法院工作报告。该案还载入江苏省“两会”江苏省高级人民法院工作报告，江苏省高级人民法院主要领导在全省政法领导干部学习贯彻习近平法治思想专题研讨班上作为案例援引，评价该案系“恢复性司法实践+社会化综合治理”的有益探索。

35. 2021年3月19日，与钟山风景名胜区管理局（中山陵园管理局）在紫金山共同开展了“补植增新绿 司法护山林”植树增绿活动。南京市中级人民法院领导、钟山风景名胜区管理局主要领导、玄武法院主要领导率队参加活动，并现场手植苗木。玄武法院与钟山风景名胜区管理局以此为契机，在紫金山明孝陵大金门南侧设立了紫金山生态环境司法保护基地保育林区。

36. 2021年4月20日，玄武法院与市生态环境局共同走访辖区企业，了解企业经营情况，进行普法宣传，帮助解决企业发展中遇到的问题。走访活动是为贯彻新发展理念、助力企业绿色发展，积极践行“为群众办实事”，更好落实政法队伍专项教育整顿的具体实践。活动中，玄武法院、南京市生态环境局分别向南京高科水务有限公司赠送了民法典和长江保护法，帮助企业更好掌握生态环境保护法律要求和立法精神，助力企业实现绿色长远发展。

37. 2021 年 4 月 22 日，玄武法院作为联办单位，参加了由市绿化园林局主办，林业站、红山森林动物园、省动物学会承办的“爱鸟护鸟万物和谐”2021 年南京市爱鸟周活动，现场放飞救助的国家二级保护动物林雕一只，玄武法院员额法官在活动周赴高校讲授生态环境法治教育课。玄武法院西南低山丘陵区域环境资源法庭以此为契机，与红山森林动物园、南京市环境资源法庭共同设立了南京生物多样性保护司法实践基地。

38. 2021 年 6 月 2 日，如皋市人民法院、江阴市人民法院、玄武法院在如皋市签订长江流域（江苏）生态环境保护司法协作框架协议。

39. 2021 年 6 月 4 日，第 50 个世界环境日即将到来之际，玄武法院举行环境资源案件公开宣判及专题新闻发布活动，江苏电视台“南京零距离”、江苏电视台“新闻 360”、南京电视台“法治现场”、人民法治杂志社、江南时报报社等媒体参与报道。

40. 2021 年 6 月 5 日，玄武法院在中山陵音乐台广场参加南京市“6·5 世界环境日”主会场活动暨首届南京市“最美生态环保人”颁奖大会。

41. 2021 年 6 月 5 日，中华环保联合会主要领导一行到南京调研紫金山生态环境司法保护基地及生态环境司法审判工作开展情况。

42. 2021 年 6 月 8 日，玄武法院与南京市生态环境局、雨花经济开发区管委会会签《雨花三桥湿地公园生态修复基地共建协议》，设立雨花三桥湿地公园生态修复基地。

43. 2021 年 6 月 17 日，国家重点研发专项“生态环保类案件智能审判与态势预警技术研究”项目组到玄武法院开展调研，就生态环保类案件的智能化审理及案件态势预警实践应用进行了深入交流并座谈。

44. 2021 年 7 月 16 日，玄武区人大调研玄武法院环境资源审判工作，并到紫金山生态环境司法保护基地和玉带河现场进行了实地调研。

45. 2021 年 8 月 25 日，江苏省人大领导到南京环境资源法庭调研环境资源审判工作，江苏省、南京市法院和玄武法院有关人员参加调研。

46. 2021 年 9 月 10 日，玄武法院与句容市自然资源和规划局（林业局)、句容市赤山湖管委会会签《赤山湖国家湿地公园生态修复基地共建协议》，南京市中级人民法院、句容市人民法院有关领导出席仪式。

47. 2021 年 9 月 14 日，玄武法院会同鼓楼区检察院，组织专家及人大代表、政协委员实地考察了拟申请使用“4·10”案生态环境替代性修复费用的项目，并召开专家评审会。

48. 2021 年 9 月 23 日，国务院新闻办公室举行了“司法审判服务保障全面建成小康社会”新闻发布会，最高人民法院领导出席，点名 21 个典型案例，其中第 15 个向长江非法排污案为玄武法院依法审结的“4·10”污染环境案，该案让排污者支付 5.2 亿元环境修复费用和罚金，开出迄今为止全国法院对污染环境“最严厉罚单”。

49. 2021 年 10 月 23 日，南京、滁州、马鞍山沿滁河流域九家法检机关会签《关于加强滁河流域生态保护跨区域司法协作的意见》，构建长三角宁、滁、马地区跨省域生态环境司法协作机制。

50. 2021 年 11 月 2 日，最高人民法院举行新闻发布会，发布《法院服务和保障长三角一体化发展司法报告》暨典型案例并回答记者提问。本次发布的典型案例共 12 个案例、2 个事例。其中南京某水务有限公司、郑某庚等 12 人污染环境刑事附带民事公益诉讼案为玄武法院依法审结的“4·10”污染环境案。

51. 为深入践行习近平生态文明思想，积极落实南京市第十五次党代会提出的“努力促进人与自然和谐共生，绘就美丽中国的南京画卷”环境建设要求，2021 年 11 月 6 日，玄武法院在紫金山开展“践行绿色发展，共享低碳家园”普法宣传活动，院领导班子成员及各部门干警代表参加活动。

52. 2021 年 11 月 16 日，玄武法院与六合区人民检察院、公安分局、江苏池杉湖农业发展有限公司会签《池杉湖湿地公园生态环境司法保护基地共建协议》。

53. 2021 年 11 月 30 日，玄武法院依法审结江苏省首例危害国家级濒危珍稀植物桫椤和金毛狗蕨刑事附带民事环境公益诉讼案。

54. 2022 年 1 月 20 日，玄武法院参加玄武环境集团有限公司组织召开的“玄武区玉带河水环境综合提升工程”专家咨询会。

55. 2022 年 2 月 14 日下午，生物多样性司法保护馆启用暨《以案释法·漫画生物多样性保护》新书首发仪式在南京市红山森林动物园举行。南京市委政法委主要领导与江苏省高级人民法院领导共同为生物多样性司法保护馆启用揭幕。南京市中级人民法院主要领导主持仪式。

56. 2022年2月，在红山森林动物园设立全国首家生物多样性司法保护馆，该馆系省市区三级法院共建，是南京市中级人民法院“我为群众办实事”项目之一，被命名为“南京市法治文化宣传教育基地”、省级“法治文化建设示范点”。

57. 2022年3月1日，在长江保护法颁布施行一周年之际，玄武法院与南京环境资源法庭、鼓楼区检察院、下关滨江商务区管委会联合有关单位，共同开展“贯彻长江保护法共同守护母亲河”长江保护系列活动，在长江增殖放流胭脂鱼、长吻鮠、细鳞斜额鲴等共4.5万尾，并设立长江生态司法保护基地。

58. 2022年3月1日，玄武法院办理的句容市后白镇某村民委员会、袁某正等非法掩埋废酸、废油脂等污染环境案入选最高人民法院发布的人民法院依法审理固体废物污染环境典型案例，南京某大桥有限责任公司与南京某物流公司等环境污染责任纠纷案入选江苏法院长江保护典型案例。

59. 2022年3月3日，玄武法院将危害国家动植物案审理中被告已履行的野生动物赔偿款移交南京市野生动物收容救护中心，用于野生动物的救护，玄武法院还特别邀请了南京市公安局、六合区检察院、红山森林动物园就野生动物救护问题召开座谈会，针对审理案件中涉及的野生动物救护问题展开研讨，听取各方意见，拟联合公安、检察、林业等相关部门拟定专门的野生动物救护实施办法，为野生动物救护提供科学合理的救护方案。

60. 2022年4月28日，玄武法院与六合区检察院、六合区公安分局、农业农村局（林业局）、平山林场会签《南京市六合区平山林场生态环境司法保护基地共建协议》。

61. 2022年4月29日，玄武法院、鼓楼区检察院邀请专家对玉带河水环境综合提升工程项目、长江滨江生态修复工程项目进行评审。

62. 2022年5月31日，在世界环境日来临之际，玄武法院到南京市高淳区东坝街道游子山村，集中开展非法占用农用地罪案件公开宣判和世界环境日普法宣传活动。

63. 2022年6月1日，在第51个世界环境日到来之际，玄武法院开展危害珍贵、濒危野生动物罪刑事附带民事公益诉讼案件公开宣判及专题新闻发布会。

64. 2022年6月6日，江苏省高级人民法院发布2021年度江苏法院环境资源典型案例十篇，玄武法院办理的“澄某公司、欧阳某、李某污染环境案”“句容市后白镇某村民委员会、袁某政等污染环境案”“徐某健非法猎捕、杀害野生动物案”3篇案例入选。

65. 2022年6月8日，受句容市赤山湖管理委员会邀请，玄武法院到江苏省省级重要湿地——江苏句容赤山湖国家湿地公园开展普法宣传，共话湿地保护工作。

66. 2022年8月，时任玄武法院党组成员、副院长高伟被最高人民法院评为“人民法院环境资源审判工作先进个人”。

67. 2022年9月1日，在江心洲长江江豚科教中心设立生态法治宣传教育基地。

68. 2022年9月，参与南京电视台《改革进行时》节目“聚焦生物多样性保护开创依法护江新局面”录播。

69. 2022年9月16日，南京市人大领导调研南京红山森林动物园生物多样性司法保护馆。

70. 2022年10月，最高人民法院从全国范围内选择了十项亮点工作开展“非凡十年看法院”系列直播活动，其中第六场“环境资源审判看江苏”在南京红山森林动物园生物多样性司法保护馆进行。玄武法院法官在该场直播中带领大家沉浸式漫游了生物多样性司法保护馆，同时也展示了环境资源法官的别样风采，广受网友好评。

71. 2022年12月，某长江航运公司、向某等12人污染环境刑事附带民事公益诉讼案入选最高人民法院第37批指导性案例，并获评江苏法院第十七届“金法槌”杯优秀案例特等奖。

72. 2023年1月9日，南京市中级人民法院从民法典实施以来南京市中级人民法院审结的29万余件民事案件中，评选出十件典型案例（第一批），陈某非法占用农用地刑事附带民事公益诉讼案入选典型案例。

73. 2023年3月1日，在《长江保护法》施行两周年之际，开展“关爱珍稀水生物种，共护长江良好生态”活动，向长江干流投放中华鲟300

尾、胭脂鱼4000尾。

74. 2023年3月1日，在我国首部有关流域保护的专门法律长江保护法正式施行两周年之际，由南京市发改委（市长江办）、玄武法院、南京理工大学共同举办的“以青春之名，共护一江清水——长江保护法普法进高校”活动，在南京理工大学环境与生物工程学院举行。

75. 2023年3月24日，在六合区平山林场设立全国首个“江苏珍稀植物司法保护基地”。

76. 2023年3月24日，玄武法院赴句容市，就深化跨域生态环境司法执法协作与句容市有关单位进行会商。

77. 2023年3月31日，江苏省中国科学院植物研究所（中山植物园）主要领导一行到江苏珍稀植物司法保护基地进行调研，并与部分基地共建单位开展座谈。

78. 2023年4月17日和18日，玄武法院以延伸环境资源审判职能护航企业合规经营为切入点，实地走访曾因污染环境涉案的公司企业，就企业整改进程和发展情况进行深入了解，为企业绿色转型、长远发展提供零距离司法服务。

79. 2023年4月26日，南京市委政法委开展了2020—2022年度全市政法工作优秀创新成果评选活动。构筑“3+N”生态法治文化阵地集群获评2020—2022年度全市政法工作“十佳创新成果”第六名。

80. 2023年5月31日，与重庆市万州区、四川省宜宾市翠屏区、湖北省荆州市荆州区、湖南省岳阳市君山区、江西省瑞昌市五家基层法院联合在重庆市万州区法院大周法庭开展长江大保护司法案例发布活动，协同推进长江全流域一体化保护，共同探索司法保护长江的新路径、新举措、新智慧。

81. 2023年6月，玄武法院参与《南京市长江岸线保护条例》立法工作。

82. 2023年6月5日，玄武法院公开审理的任某勇非法捕捞水产品罪刑事附带民事公益诉讼案被江苏卫视频道、江苏公共新闻频道、江苏城市频道同步播放。

83. 2023年6月5日，朱某生等23人、雩某公司非法采矿、串通投标等案和陈某非法占用农用地刑事附带民事公益诉讼案2篇案例获评江苏法院环境资源审判典型案例。

84. 2023 年 8 月 14 日，值首个全国生态日到来之际，玄武法院会同鼓楼区检察院、长江航运公安局南京分局、南京海事局联合开展非法捕捞水产品案件中没收的禁用渔具等集中销毁处置活动。

85. 2023 年 8 月 15 日，在玄武湖梁洲，玄武法院与市生态环境保护宣传教育中心、玄武湖管理处、玄武生态环境局共同承办“绿水青山就是金山银山”首个全国生态日主题宣传活动。

86. 2023 年 8 月 15 日，与南京环境资源法庭、中山植物园会签《关于生物多样性保护框架合作协议》，设立全国首个植物种质资源司法保护基地。

87. 2023 年 8 月 15 日，在红山森林动物园，玄武法院与市长江办共同开展“以法之名，护佑万物生灵”研学活动。

88. 2023 年 9 月，积极参与南京市人大《南京市人民代表大会常务委员会关于加强长江江豚保护的决定》的立法工作。

89. 2023 年 10 月 18 日，玄武法院与句容市人民法院、句容检察院、句容公安局、句容财政局、句容生态环境局共同签署了《生态环境保护（修复）合作框架协议》。

90. 2023 年 10 月，由国家法官学院、最高人民法院司法案例研究院联合编的《中国法院 2023 年度案例》出版发行，消极处置危险废物污染环境的刑事责任认定——科技公司等污染环境案案例成功入选。

91. 2023 年 10 月 24 日，正值第 14 个国际淡水豚日和第 5 个长江江豚保护日，为深入贯彻长江大保护国家战略，修复长江水生生物资源，助力中华鲟野外种群恢复，玄武法院在长江增殖放流滨江公园基地开展“用真心爱护 用行动守护”中华鲟增殖放流活动。

92. 2023 年 11 月，江苏某作物科技有限公司等污染环境案和某长江航运公司、向某等 12 人污染环境刑事附带民事公益诉讼案分别被《江苏省高级人民法院公报》刊载。

93. 2023 年 11 月 6 日，南京市人大主要领导率部分常委会组成人员、南京市人大代表调研生物多样性司法保护展馆、植物种质资源司法保护基地。

94. 2023 年 11 月 12 日，最高人民法院环境资源审判庭主要领导调研植物种质资源司法保护基地。

95. 2023 年 11 月 24 日，玄武法院与六合区检察院、六合区公安分局、六合区财政局、长江湿地保护中心会签《江苏南京龙袍长江湿地公园生态环境司法保护基地共建机制》，设立江苏南京龙袍长江湿地公园生态环境司法保护基地。

96. 2023 年 12 月 6 日，某长江航运公司、向某等 12 人污染环境刑事附带民事公益诉讼案被载入联合国环境规划署网站公布的第四批中国环境资源司法案例和司法报告。

97. 2023 年 12 月 30 日，某水务公司污染环境案总额 5. 2 亿元的全国污染环境“最严罚单”全额履行，入选 2023 年度中国法治实施十大事件。

98. 2024 年 1 月 22 日，玄武法院与江北新区检察院、综合行政执法局会签《南京江北新区浅山林地司法保护框架合作协议》，合力推动生态环境损害修复治理。

99. 2024 年 1 月，玄武法院就环境资源案件审理中发现的湿地保护方面存在的问题向上级提出对策建议，获江苏省领导批示肯定。

100. 2024 年 2 月 2 日，玄武法院与浦口区检察院、浦口区生态环境局会签《南京老山生物多样性司法保护框架合作协议》，宣传推广生物多样性保护科学与法律知识，推动生物多样性保护案件办理专业化。

101. 2024 年 2 月 2 日，玄武法院与雨花台区检察院、雨花台烈士陵园管理局会签《南京市雨花台历史文化司法保护基地共建合作协议》，共同提升陵园生态系统的多样性、稳定性和持续性，加强历史文化遗产保护力度，传承和保护红色基因。

102. 玄武法院“三个聚焦”筑牢湿地生态保护屏障载入 2024 年第 2 期南京市中级人民法院信息简报。“三个聚焦”包括：一是聚焦协同联动，夯实湿地综合治理之基；二是聚焦审判职能，巩固湿地司法保护之本；三是聚焦文化宣传，凝聚湿地生态共治之识。

103. 2024 年 2 月 29 日，玄武法院主要领导带队前往雨花台烈士陵园管理局调研雨花台历史文化司法保护基地规划建设情况。

104. 2024 年 3 月 1 日，玄武法院承办“保护长江生态共佑美丽家园”长江保护法实施三周年暨增殖放流活动，在长江新济洲国家湿地公园南京环境资源审判司法修复基地举行，在长江投放包括中华鲟、胭脂鱼、长吻鲶和铜鱼四种珍稀鱼类2万余尾。

105. 2024年3月11日，中国首部环保司法题材电视剧《江河之上》在央视一套上映，该剧创作灵感来源于江苏省高级人民法院编著的《中国环境司法改革之江苏实践》，剧情以包括玄武法院审理的案件在内的真实案例为蓝本，展示了人民法院护航生态文明建设的创新探索和守护江河之美的法治力量。2024年3月22日，玄武法院与江苏省高级人民法院和南京市中级人民法院共同参加最高人民法院组织的《江河之上》座谈会。

106. 2024年3月22日，玄武法院在六合区平山林场开展江苏珍稀植物司法保护基地二期建设启动仪式暨春季植树活动。各共建单位协同推进江苏珍稀植物司法保护基地二期建设，加大对珍稀植物种群资源保护、恢复和有效利用力度，建立珍稀植物司法保护长效机制。

107. 2024年4月11日，玄武法院与雨花台区检察院、雨花台烈士陵园管理局共同设立"雨花台历史文化司法保护基地"。

108. 2024年4月22日，玄武法院与玄武区检察院、玄武区公安分局、玄武区生态环境局召开工作联席会并会签《关于助力玄武区生态文明建设的十项措施》。

109. 2024年5月15日，玄武法院与雨花台区检察院、黑龙江省大兴安岭地区新林区检察院、黑龙江大兴安岭地区新林区林业和草原局会签《关于野生珍稀植物保护框架合作协议》，并设立兴安杜鹃司法保护基地，将相关生态修复资金移交至大兴安岭地区用于对野生兴安杜鹃的保护。

110. 2024年5月23日，《绿色司法保障环境权益 促进人与自然和谐共生》入选全市政法系统法治保障十佳案例。

111. 2024年5月25日，参加由市委宣传部和市生态环境局组织的全市习近平生态文明宣讲大赛，荣获三等奖。

112. 2024年6月3日，在南京林业大学举行"全面推进美丽中国建设"2024年环境日主题活动，以"绿色司法保障环境权益，促进人与自然和谐共生"为主题进行宣讲，活动现场举行了玄武生态环境宣传联盟成立授旗仪式。

113. 2024年6月5日，钟山生态司法展示中心启用。展馆以图片、影像等为素材，融入元宇宙元素，通过沉浸、互动式呈现，集中展示西南低山丘陵区域环境资源法庭设立以来的环境资源审判工作情况及生态环境司法保护成果。

114. 2024年6月5日，某碳素公司、王某华等3人污染环境案和刘某松等7人危害国家重点保护植物刑事附带民事公益诉讼案2篇案例入选2023年度江苏法院环境资源审判典型案例。

115. 2024年6月5日，玄武法院刑庭副庭长安洪强入选2024年“南京环保人物故事”。

116. 2024年6月12日，玄武法院与安徽省滁州市南谯区法院共同签署了《滁河流域环境资源保护司法协作框架协议》，就依法保护长江支流滁河流域生态环境资源，加强滁河流域司法机关的协作配合，共同推进滁河沿线美好生态环境建设等方面达成多项共识。

117. 2024年6月14日，玄武法院与南京市中级人民法院、南京市人民检察院、南京江北新区检察院、南京江北新区综合行政执法局在江北新区浅山林地共同为“生态环境司法保护公益林”揭牌。

118. 2024年8月15日，玄武法院打造“3+N”多层次立体化修复平台入选江苏环境司法改革典型事例。

119. 2024年8月21日，全国人大环资委领导等专家学者调研植物种质资源司法保护基地、紫金山生态环境司法保护基地和紫金山南霹雳沟水系生态修复工程项目。江苏省高级人民法院主要领导，南京市委政法委主要领导，南京市中级人民法院主要领导等共同参加调研。

120. 2024年11月12日，玄武法院西南低山丘陵区域环境资源法庭被最高人民法院评为“人民法院环境资源审判工作成绩突出集体”。

后　记

2019年10月西南低山丘陵区域环境资源法庭设立以来，玄武法院环境资源审判工作已走过五个春秋。五年来，玄武法院实现指导性案例历史突破，多起案例在国家级、省级和市级评选活动中入选，环境资源案件集中化管辖、专业化审理的工作机制日益健全，跨域协作、多元联动的生态环境保护和修复格局日益完善，弘扬时代新风、践行为民理念的生态法治文化阵地日益稳固，环境资源审判的“玄武品牌”影响力、辐射力持续提升。

值此环境资源审判工作运行五周年之际，编写组编写本书，旨在总结玄武法院在环境资源审判改革中的思考和实践，回顾奋斗历程，梳理工作经验，为各界提供理论研究样本和素材，推动环境司法实务研究深入开展。也期待相关职能部门、社会组织和广大群众通过本书更加了解当前法院环境资源审判工作，加深对环境资源审判工作的理解和支持。

上级法院的有力指导和协作单位的大力帮助是本书得以问世的基础条件，没有上级法院和协作单位的关心支持帮助，就没有本书创作的素材和灵感来源。南京报业传媒集团高级记者殷学兵创作的《绿水青山应无恙——南京市玄武区法院西南低山丘陵区域环境资源法庭司法护绿侧记》报告文学作品，全景呈现环境司法保护多彩画卷，增强了内容可读性。人民法院出版社的大力支持为本书顺利出版提供了坚实保障。在此，对上级法院和协作单位的倾情指导帮助表示衷心感谢！对关心、支持本书创作和出版的全体人员致以诚挚敬意！本书编写过程中，武汉大学教授、上海政法学院特聘教授、最高人民法院环境资源司法研究中心学术委员会副主任王树义老师和江苏省高级人民法院原一级巡视员、一级高级法官刘亚平专委给予了专业的指导意见并作序，谨表示特别感谢！

本书编写组成员来自环境资源审判工作一线，作为新一轮环境资源审判改革事业的参与者，亲历和见证了江苏环境资源审判改革起步、发展和深入的历程。但由于水平和经验所限，书中的错误和不足在所难免，敬请专家学者、法院同仁和广大读者指正。玄武法院环境资源审判工作站在新的起点，我们深知，新时代对环境资源审判工作提出了更高要求，新征程上环境资源审判职能有待更好发挥，改革创新永远在路上！

编写组

二〇二四年十二月